数字信息资源开发利用与管理研究丛书

丛书主编　马费成

消费者社会化搜寻行为研究

On Cusumer's Information Seeking Behavior
Under Social Media Enviornment

袁红　著

WUHAN UNIVERSITY PRESS
武汉大学出版社

图书在版编目(CIP)数据

消费者社会化搜寻行为研究/袁红著.—武汉：武汉大学出版社，2014.12
数字信息资源开发利用与管理研究丛书
ISBN 978-7-307-15096-6

Ⅰ.消…　Ⅱ.袁…　Ⅲ.消费者行为论—研究　Ⅳ.F713.55

中国版本图书馆 CIP 数据核字(2015)第 021635 号

责任编辑:詹　蜜　　责任校对:汪欣怡　　版式设计:马　佳

出版发行：**武汉大学出版社**　（430072　武昌　珞珈山）
（电子邮件：cbs22@whu.edu.cn　网址：www.wdp.com.cn）
印刷:武汉中远印务有限公司
开本：720×1000　1/16　印张:25.5　字数:366 千字　插页:1
版次:2014 年 12 月第 1 版　2014 年 12 月第 1 次印刷
ISBN 978-7-307-15096-6　定价:48.00 元

总　　序

自 20 世纪 50 年代数字信息资源产生之后，数字信息资源的开发利用和管理就一直受到各国政府、企业机构以及学术界的重视，仅相关法规就超过2 000部。尤其是近年来，数字信息资源的“井喷式”增长，给理论研究和管理实践都带来极大挑战。主要表现在四个方面：

第一，总量急剧膨胀，但组织无序，存取效率低；第二，数字信息资源生命周期极大缩短，老化速度加快，以致数字信息资源所依托的技术环境、业务环境、管理体制和政策难以适应，技术方案深陷“数据危机”；第三，数字信息资源的拥有和利用能力形成的数字鸿沟严重影响了社会公平，影响其可持续开发；第四，数字信息资源的集中保存机制弱化以致存储机构更加扁平化，数字信息资源内容的权威性面临极大挑战，使得有价值的资源得不到有效利用。而我们当前的数字信息资源管理方法、理念和机制还仍然停留在传统信息资源的生命周期环境，凸显出很多不适宜、不协调的因素。此外，数字信息资源本身不同于以往任何信息资源的特殊性，也给其管理和利用带来极大不便。

数字信息资源本身具有十分重要的作用。作为信息存储和传递的重要载体，是科学决策的重要依据，也是科学研究和创新的重要支撑，是提升公众社会福利的重要领域，还是一国或一个地区精神文化的重要组成。数字信息资源也是一个国家的数字资产，是学术研究信息的数字存档，一个国家的科技创新能力以及与此相关的国际竞争力都依赖于其快速、有效地开发与利用数字信息资源的能力。因而，必须结合我国的国情，深入研究，制定科学、可行的管理体系。具体到我国，数字信息资源总量还不够（仅占全球信息总量的 7.9%)，分布和结构都不合理，作为大国崛起的文化战略也需加强数字信息资源开发利用。因此，国民经济和社会发展“十一五”规划纲要、国家中长期科学和技术发展规划纲要(2006—2020)、2004 年《关于加强信息资源开发利用工作的若干意见》以及《2006—2020 年国家信息化发展战略》都将网络(数字)媒体信息资源的开发利用计划列为我国的战略发展计划，还是今后很长一段时间内的重要任务。

著名的数字图书馆专家 Neil Beagrie 和 Maggie Jones 指出，“数字信息的飞速增长，已经严重影响我们的文化、知识库和经济。”尤其是数字信息资源总量呈高指数增长，已经影响到信息资源的有效开发利用，并危及人类的知识再创造活动，因而围绕数字信息资源而展开的研究在全球范围内兴起。美国加州大学伯克利分校的博格曼教授坦言，数字信息的研究是歧义最多，解释视角最为广泛的模糊研究领域；DPC 报告也指出，数字信息资源研究“作为新生学科，最大不足是缺乏科学的术语定义和术语分类体系”。目前，国内专家学者关于数字信息资源的狭义定义大体上能达成一致，即电子形式的信息资源，指一切以数字形式生成和发行的信息资源。但是对数字信息资源管理的内涵，却存在三类不同的研究范式：系统(技术)学派专注于其技术实现和信息管理，而对于其资产、内容及文化的价值属性没有有效考虑；经济管理学派专注市场、产业、制度和社会行为，却面临公平与效率、创新与保护的两难抉择，而且对信息商品生产过程的复杂性关注也不够；过程学派能够比较综合考察技术、管理和经济行为，却往往局限于图书情报的应用领域，未能建立面向政府和企业的综合理论模型。因而，亟须建立一种数字信息资源管理的“全息视野”，数字信息资源的生命周期模型正是分析数字信息资源管理的一个理想的思路和工具。

数字信息资源生命周期系指数字信息资源从生成到其价值失去的整个时间区间，尽管不同主体、不同类型的数字信息资源生命周期各不相同，但都可以映射到由生产—分发—采集—加工—存储—服务—再生产等环节构成的循环上。这一循环实际上对应于数字信息资源的业务流程，为观察和研究数字信息资源生命周期提供了一条清晰的主线，同时也为管理和控制数字信息资源的生命周期提供了可能，使得我们可以采用先进适用的技术方法、合理的政策法律工具通过生命周期循环来管理数字信息资源，以提高其有效开发和利用的效率，而且可以实现数字信息资源的深度开发。

鉴于以上原因，我们在2008年以“基于生命周期理论的数字信息资源深度开发与管理机制研究”为题申请国家自然科学基金重点项目获得批准。我们希望以数字信息资源的生命周期为主线，研究数字信息资源开发、利用和管理的主体、客体和过程的相互影响关系，构建数字信息资源深度开发和管理机制，确立数字信息资源的政策内容架构，有效协调各主体矛盾，并建立过程环节的有效关联，实现数字信息资源的有序管理、深度开发、有效利用和可持续发展，发挥数字信息资源在社会经济、科技、文化发展中的最佳效能。具体实现以下目标：

(1)研究数字环境下信息资源的新特征、新趋势，构建数字信息资源的生命周期模型，并将这一模型应用于数字信息资源开发、利用和管理的不同主体、客体和过程，揭示其相互联系与影响的内外因素，建立数字信息资源深度开发模式和管理机制。

(2)开展政府、企业、学术等不同领域数字信息资源生命周期的实证研究，并对不同生命周期的数字信息资源管理成本、风险、交换和流通效率进行评估，分析其影响因素，建立更为通用的方法论体系。

(3)以数字信息资源生命周期为工具和主线，解决数字信息资源开发过程中的各环节关联性差、技术标准不统一、多元主体冲突、产业高度集中而创新分散、政策法规不完备等给数字信息资源开发带来的问题，促进数字信息资源的深度开发，建立我国数字信息资源产业生态模式并揭示其运作机制。

(4)建立基于数字信息资源生命周期的、结合架构体系和信息资源目录体系的数字信息资源管理架构，并开发或引入相应的辅助工具软件，为政府、企业的数字信息资源管理制度提供参考工具。

(5)通过对数字环境下的政策需求、政策目标的研究，确立数字信息资源政策的内容架构，为制订结构合理的数字信息资源政策提供依据。

课题组通过4年多的探索和研究，基本实现了上述目标。我们在国内外重要杂志上发表学术论文近百篇，提供咨询研究报告3份，并按课题的预定目标完成了多部专著，其中《网络信息序化原理》和《网络信息生命周期模型及规律研究》两部著作已经在科学出版社出版，《数字信息资源优化配置》被列为武汉大学学术丛书即将出版。本套丛书作为上述成果的补充，我们计划出版6本，分别讨论数字信息资源规划、信息搜索、知识网络演化、数字信息资源管理政策等方面的问题，能够比较全面地展示生命周期视角下数字信息资源的开发、规划、管理和利用方面的研究成果。

感谢参加丛书撰写的课题组成员查先进、唐晓波、陆伟、裴雷、丁韧、刘向、罗琳、张晓娟、王晓光、刘萍、陆泉、望俊成等同志，他们不仅承担了课题研究的任务，而且为本套丛书的写作付出了艰苦的努力，特别感谢武汉大学出版社詹蜜女士，她为本书的出版付出了许多辛劳。

数字信息资源开发管理的过程和环境涉及多主体、多维度、多环节、多类型的数字信息资源，相当复杂。依靠一个项目来解决其有效开发利用中的各种问题是不现实的，需要我们继续沿着这一方向深入探索和研究。

马费成

2012年10月于珞珈山

前　　言

社会化媒体是给予用户极大参与空间的新型在线媒体，它使Web超越了庞大而僵化的站点集合，网络信息在基于人的关系间通过互动自由流动。随着近年来社会化媒体的发展，消费者信息搜寻行为正在发生巨大的变化。相对于传统网络环境的信息搜寻，消费者通过社会化媒体来获取信息，即使这种搜寻行为更具有个性、情境性以及交互性，搜寻更为有效。

用户信息行为研究一直是情报学的研究热点。情报学对消费者这一特定类型用户的信息搜寻行为的关注和研究由来已久。本书全面梳理了消费者信息搜寻行为和社会化媒体的基本概念与基础理论，从信息搜寻全过程和持续信息搜寻的视角，深入揭示了社会化媒体环境下消费者信息搜寻行为的规律。以社会化媒体为研究背景对于拓宽用户信息搜寻行为领域的研究视角、发展其研究方法具有一定的理论意义。同时，深入了解社会化媒体环境下消费者信息搜寻行为，对于改善消费者网络信息搜寻的体验，建立以用户为中心的优化的网络信息资源环境，实现其有效组织和利用有着重要的现实意义。

本书综合运用了文献研究、深度访谈、搜寻实验、扎根理论分析、聚类分析、结构方程模型等研究方法。本书分为理论研究和实证研究两个部分。在理论研究中，通过文献研究总结了社会化媒体的要素和类型，以及信息搜寻行为的要素、策略和搜寻过程模型，其中社会化媒体的特点和要素影响了信息搜寻行为的各个要素层次、信息搜寻策略和信息搜寻过程。实证研究由三个部分构成。第一部分研究社会化媒体的兴起对消费者的信息搜寻行为的影响。第二部分从认知行为理论、信息交流、信息经济分析的多重视角研究消费者信息搜寻行为的具体问题。第三部分构建社会化媒体下消费者信息搜寻行为模型。

与同类研究相比，本书的创新性体现在：一是，研究平台选择的多样化。社会化媒体形式多样，但现有文献的研究平台选择多集中于微博和虚拟社区，为了更为全面地反映社会化媒体环境，本书选择了内容分享型和关系 & 内容分享型社会化媒体中不同领域的研究平台，这些平台用户之间的关系类型完善，既有社交关系，也有兴趣关系；既有强关系，也有弱关系；既有单向关系，也有双向关系。多种研究平台的选择充分体现了社会化媒体的特质。二是，研究视角的多样化。本书以用户中心为研究导向，以搜寻行为过程为内容逻辑主线，将日常生活信息搜寻意义建构研究视角和问题解决研究视角相结合；将消费者信息搜寻行为研究的认知行为视角、信息交流视角和信息经济分析视角相结合，深入地揭示了社会化媒体环境下消费者信息搜寻行为的规律以及各环节之间相互作用的机制。三是，将信息搜寻行为视作一个动态的持续的发展过程。本书不仅对搜寻前和搜寻中两阶段给予了关注，更是对信息搜寻过程中较少关注的搜寻后阶段的若干研究问题，如消费者购后搜寻行为研究、消费者社会化分享行为与信息搜寻之间关系的揭示，基于搜寻前、搜寻中和搜寻后三阶段的信息搜寻行为模型的建立予以全面关注。

本书的撰写得到了武汉大学信息管理学院马费成教授的指导，感谢王夏青、金晶、王丽君、朱媛媛、崔延、鞠雅茹同学在数据收集上给予的极大的帮助。

由于时间仓促及笔者水平所限，书中谬误之处在所难免，希望广大专家读者及时批评指正。

袁　红

2014 年 6 月 9 日

目　　录

第1章　引　　言

1.1　研究背景与意义

1.1.1　研究背景

随着 Web 2.0 技术与服务的蓬勃发展，社会化媒体(Social Media)获得了越来越多的关注和应用。社会化媒体是一种给予用户极大参与空间的新型在线媒体，最常见的社会化媒体有博客、微博、论坛、社交网络、维基百科、社会化书签、点评类社区和内容分享网络等。社会化媒体使 Web 超越了庞大而僵化的站点集合，信息在基于人的关系这一条看不见的纽带间通过人与人之间的互动自由流动。

“互联网的社会化不会朝生暮死，更不会昙花一现。互联网的社会化将逐渐影响到每个人、每家公司，深入到世界的每个角落”，正如社会化媒体研究专家，美国学者 Antony Mayfield 所言，社会化媒体已经成为一种不可阻挡的潮流，它正深刻影响和改变着我们的生活。

网络消费者是以计算机技术和网络技术为媒介，购买或使用商品和接受服务的一类特定的信息用户。消费者信息搜寻是消费者购买决策过程中的一个重要阶段。社会化媒体环境下的消费者信息搜寻行为正在发生巨大的变化。信息搜寻的对象不仅是用户产生的内容如文字、图片、数据库，同时也关注用户和用户之间的关系并进行广泛的互动。传统网络环境中的商品和服务信息的传递与接收只是单向到达了用户，用户所了解到的信息是千篇一律的商品展示。而社会化媒体有效地完善了信息流的有效传达，帮助用户甄选信息和再度传播信息。此外，作为一种全新的网络信息环境，社会化媒体环境利用各种 Web 2.0 技术为用户查找资源提供了更多的渠道和方法。已有研究证明，消费者通过社会化媒体来获取信息比传统网络环境下的信息搜寻更具有个性化、情境性、交互性和有效性。

因此，社会化媒体一方面成为消费者信息搜寻最频繁使用的渠道之一，消费者可以快捷地寻找信息、灵感、志趣相投的朋友、社区或者合作伙伴，迅速地获得商品的相关资讯、功能特点、产品测评、使用者体验、口碑、好友推荐、生产商营销等一系列的信息内容，更大程度地实现信息的价值。社会化媒体对消费者行为影响的调查(DEI Worldwide 2008)显示，超过70%的消费者运用社会化媒体进行产品和服务的信息搜寻。

但另一方面，由于UGC(用户产生内容)使得信息数量难以控制，而信息的碎片化和误导性的评论、推荐和转发使得信息质量参差不齐，所以用户面临着比传统网络环境中更严重的信息过剩和无用信息问题，因此海量信息和差异化信息需求之间高效匹配的信息搜寻就成为需要解决的关键问题。

情报学的基本目标和任务是将知识和信息组织有序化，以用户认为方便的形式提供有效利用①。消费者信息搜寻行为一直是情报学用户行为领域的研究热点。随着社会化媒体这一新兴网络形态的出现，情报学的研究范畴进一步拓展。

1.1.2 研究意义

1.1.2.1 理论意义

用户搜寻需要的信息、知识或情报是情报学的主要任务之一。在这一目标任务框架下，要解决“找”的问题，必须研究知识信息与用户之间相互作用的规律。在用户信息行为研究领

① 马费成．论情报学的基本原理及理论体系构建[J]．情报学报，2007，26(1)：3-13.

域，对消费者这一特定类型的用户的信息搜寻行为的关注和研究由来已久。本书探索了社会化媒体环境下消费者信息搜寻行为的规律和特点，以社会化媒体为研究背景对于拓宽用户信息搜寻行为领域的研究视角、发展其研究方法具有一定的理论意义。

1.1.2.2　现实意义

了解社会化媒体环境下的消费者信息搜寻行为，有助于更好地理解社会化媒体对消费者信息搜寻行为的影响，理清社会化媒体环境下消费者信息搜寻意愿、搜寻模式、搜寻效率等问题，对于企业制定更有效的网络营销策略，改善消费者网络信息搜寻的体验，以及建立以用户为中心的优化的网络信息资源环境，实现其有效组织和利用有着重要的现实意义。

1.2　国内外研究概况

下面从社会化媒体、消费者信息搜寻行为和消费者的社会化搜寻三个方面对国内外相关文献进行总结与梳理。

1.2.1　社会化媒体研究

社会化媒体研究的实践性很强，社会化媒体的平台属性、技术属性、社会化属性等吸引了来自行为心理、图书情报、新闻传播、企业营销管理以及电子商务等诸多领域的学者的关注。社会化媒体的技术属性使得用户从消费变成消费、创造、分享于一体，社会化媒体的平台属性完成了用户生产的微内容的聚合，而在平台上建立的社会关系网络让内容产生空前的影响力，带来了信息内容、信息主体、信息交流方式的彻底变革，这是目前关于社会化媒体研究的理论出发点。研究重点涉及如下几个方面：

1.2.1.1　社会化媒体的内涵和功能

社会化媒体的概念首先由 Spanmrworks 内容和媒体部门的主管 Antony Mayfield 在《什么是社会化媒体》一书中提出，社会化媒体具有定义的模糊性、快速的创新性和各种技术的“融合”，它是一种给予用户极大参与空间的新型在线媒体①。Antony Mayfield 同时总结了社会化媒体的特征和基本形式。他的研究有利于更好地了解社会化媒体的基本概念和全景概览。

万维网创始人 Tim Bemers-Lee 等更强调社会化媒体的技术性，他认为社会化媒体是一系列促进个体共享信息、协作、创建并发展在线社区的软件工具的集合②。

Gene Smith 从用户及其相互之间关系的角度出发，提出社会软件的七大功能模块，包括身份(Identity)、对话(Conversations)、分享(Sharing)、状态(Presence)、关系(Relationships)、声望(Reputation)、圈子(Groups)。田鹏从信息本体的角度，归纳了社会化媒体的 SLATES 功能模型，即搜索、联结、编写、标签、扩展以及信息通知六种功能③。

1.2.1.2　社会化媒体的应用

社会化媒体的应用研究关注社会化媒体的宏观影响，主要包括社会化电子商务、具体平台研究(在国内主要集中在新浪微博、腾讯微博、人人网、豆瓣网等)。

1.2.1.3　社会化媒体中的用户行为

社会化媒体中的用户行为研究关注社会化媒体的微观影响，主要包括具体行为分析(如分享行为)，不同人群行为特征分析(如意见领域、学生人群等)，不同平台或不同国家间相似平台的比较分析以及社会化媒体营销。

尽管目前对社会化媒体的研究还不够深入，但可以达成共识的是，社会化媒体的兴起将构建或重塑相关学科新的研究范式。

---

① Antony Mayfield. *What is Social Media*[M/OL]. iCrossing, 2008, http://www.icrossing.co.uk/fileadmin/uploads/eBooks/What_is_Social_Media_iCrossing_ebook.pdf.

② Berners-Lee, T., Hall. W., et al. A Framework for Web Science[J]. *Foundations and Trends in Web Science*, 2006, 1(1): 3.

③ 田鹏. Web2.0 环境下组织知识共享机制研究[D]. 华中师范大学, 2011: 26-27.

1.2.2 消费者信息搜寻行为研究

1.2.2.1 消费者信息搜寻行为过程及模型

英国情报学家 Wilson 是信息行为研究领域最有成就的学者之一，他认为信息搜寻行为是“个体进行的目的性的查寻信息的活动，这种活动是为了满足一定的目标需求的结果”①。Marchionini (1995)则认为，信息搜寻是“人们为了改变其知识状态而从事的有决心的活动过程”②。

在信息搜寻行为研究中，系统中心(System-Oriented)的信息搜索(Information Searching)和用户中心(User-Oriented)的信息搜寻(Information Seeking)经常被混用。实际上，信息搜索只是信息搜寻的一个子集。信息搜索仅关注用户与计算机/网络的交互行为；而信息搜寻还试图探究用户行为规律背后的复杂机制。

消费者信息搜寻的行为受各种因素的影响，其行为模式多样化。一些学者按照搜寻活动场景将信息搜寻行为模式划分为内容驱动模式、系统驱动模式、计划模式和反馈性行为模式③；还有学者通过搜寻策略特征将信息搜寻行为划分为聚焦式和转移式搜寻模式④，有学者按照消费者的性格及习惯、搜寻任务的特点来划分信息搜寻行为模式。

现有研究在一定程度上反映了用户信息搜寻行为过程的特征。

---

① Wilson, T. D. Human Information Behavior[J]. *Information Science*, 2000, 3(2): 49-55.

② Marchionini, G. *Information Seeking in Electronic Environments*[M]. New York: Cambridge University Press, 1995.

③ Markdy, K., Atheron, P. C. *Online Training and Practice Manual for ERIC Database Searchers*[M]. Syracuse, NY: ERIC Clearing House on Information Resources, 1978.

④ Fidel, R. , Davies, R, K. A Visit to the Information Mall: Web Searching Behavior of High School Student[J]. *Journal of the American Society for Information Science*, 1999(50): 24-37.

Lin等①依据信息搜寻实践将信息搜寻行为模式划分为八种，依次为转化式、产卵式、变迁式、返回式、迷失式、无满意答案式、培养式和预期式。Ferrara② 采用 VCR 观察法将网络信息搜寻行为模式划分为深入链接模式、最小化结果集模式、快速浏览模式、快速判断模式、提问纠结模式和弹弹跳模式。

消费者信息搜寻行为研究往往被嵌入到理性行为理论(TRA)、技术接受模型理论(TAM)、EBM 模型理论、计划行为理论(TPB)、交易成本理论(TCE)、社会学习理论、消费者卷入理论等不同理论框架之中，这些理论来源于信息学、经济学和认知科学等不同学科。在众多消费者信息搜寻的行为模型和过程模型中，比较知名的有 Ellis 模型、Wilson 模型、Kuhlthau 模型和 Choo 三阶段模型。

Ellis（1989)③将不同个体信息搜寻的共性归结为开始、追踪、浏览、区分、动态跟踪和提取六个过程。Wilson（1996)④对用户从信息需求阶段到信息搜索行为阶段整个过程的影响因素进行了重点分析。Wilson 将传播交流理论与个体信息搜索行为联系起来，将信息源视为“交流的渠道”，将交流者视为渠道中所传播信息的来源。Kuhlthau(1991)⑤重点对信息搜索全过程中的个体认知因素影响进行了分析。Choo 模型⑥将信息搜索行为分为信息需要、信息搜索和信息利用三个阶段。

---

① Lin, S. , Belkin, N. Validation of Model of Information Seeking Over Multiple Search Sessions[J]. *Journal of the American Society for Information Science and Technology*, 2005, 56(4): 393-415.

② Ferrara, J. Patterns of Behavior [EB/OL]. [2008-01-30]. http://www.boxesandarrows.com/view/search-behavior.

③ Ellis, D. A Behavioural Model for Information Retrieval System Design [J]. *Journal of Information Science*, 1989, 15(4/5): 237-247.

④ Wilson, T. D. Models in Information Behaviour Research[J]. *Journal of Documentation*, 1999, 55(3): 249-270.

⑤ Kuhlthau, C. C. Inside the Search Process: Information Seeking from the User's Perspective[J]. JASIS, 1991, 42 (5): 361-371.

⑥ Choo, C. W. , Detlor, B. , Turnbull, D. Information Seeking on the Web: An Integrated Model of Browsing and Searching[J/OL]. *First Monday*, 2000, 5(2).

此外，Punj 消费者外部搜寻行为模型①提出从信息经济学中成本和收益的角度解释消费者信息搜寻行为。日本电通公司提出了消费者信息搜寻的 AISAS 理论。

国内情报学领域的学者在借鉴国外研究的基础上，对不同用户群体和不同信息系统环境下的用户信息搜寻行为进行了研究。甘利人提出了基于启动、搜索和获取的三阶段的科技用户信息搜索行为影响因素模型②。还有学者对城市居民出行信息搜寻行为、创业网络中的信息搜寻行为、大学图书馆用户信息搜寻行为、农民日常生活信息搜寻行为等方面开展了研究。王知津构建了包括理论基础、搜寻阶段和影响因素三层次的顾客信息搜寻行为过程模型③，从触发、网站选择、商品检索、店内信息浏览和比较评价五个阶段对顾客信息搜寻行为的形成机制进行了探索。此外，“秒杀”、团购等新兴网络营销方式下的消费者信息搜寻行为正日益受到关注。

1.2.2.2 消费者信息搜寻影响因素

Engel、Blackwell、Miniard (1990)④较为全面地概括了消费者搜寻信息努力的影响因素，包括环境因素、情景因素、产品因素及个体因素。目前关于消费者信息搜寻影响因素的研究基本上围绕着这四个方面来展开。

(1)环境因素

Taylor (1991)把“信息使用环境”定义为一系列元素构成的综合体⑤，包括方案的数量、方案的复杂性、方案的市场营销组合、

---

① Punj, G. N. ,Staelin, R. A Model of Consumer Information Search Behavior for New Automobiles[J]. *Journal of Consumer Research*, 1983(3): 366-380.

② 甘利人，等. 基于三阶段过程的信息搜索影响因素分析[J]. 图书情报工作, 2007(2): 59-62.

③ 王知津，韩正彪，等. 电子商务网站顾客信息搜寻行为形成机制研究[J]. 图书与情报, 2011(3): 12-16.

④ Engel, J. F. , Blackwell, R. D. , Miniard P. W. *Consumer Behavior* [M]. 6th Edition. New York: the Dryden Press, 1990.

⑤ Taylor, R. S. *Information Use Environments*[M]//Dervin, B., Voigt, M. J. Progress in Communication Sciences. Norwood, NJ: Ablex Publishing, 1991: 217-255.

方案的完全性、信息的可用性、商店的分布等。Pineda(1998)①发现创业者更倾向于收集外部信息，并且在环境复杂多变时，信息的搜索强度急剧增加。甘利人等(2007)指出组织的环境、目的和策略会在很大程度上影响个体的信息搜索行为。

(2)情境因素

Freund, Toms, Clarke (2005)②认为工作任务是影响信息搜寻行为的情境要素之一。Ozgen (2007)③认为信息搜索者与他人、文档、互联网等各类信息来源之间的关系影响着信息的搜索渠道、频率、交互方式等。信息搜索者与信息来源之间最重要的关系是信息搜索者与他人之间的社会网络，人际交流在收集信息的活动中扮演了重要的角色。

(3)产品因素

廖鹏等④建立了商品价格与信息搜寻成本的最小值期望算法模型和市场平均值期望算法模型，证明了在最小期望下消费者搜寻能取得更低的价格。Sujay Dutta 等⑤研究了 LPG(最低价格保障)对消费者信息搜寻的影响，研究认为，LPG 刺激了消费者的价值感知和搜寻意愿，同时刺激了追求价值的消费者购后的信息搜寻。

(4)个体因素

---

① Pineda, R. , Lemer, L. , Miller, C. An Investigation of Factors Affecting the Information-Search Activities of Small Business Managers [J]. *Journal of Small Business Management*, 1998, 36(1): 60-71.

② Freund, L. Toms, E. G., Clarke, C. L. A. Modeling Task-Genre Relationships for IR in the Workplace[C]. ACM SIGIR, Proceedings of SIGIR'05. New York, NJ: ACM Press, 2005.

③ Ozgen, E. , Baron, R. A. Social Sources of Information in Opportunity Recognition: Effects of Mentors, Industry Networks, and Professional Forums[J]. *Journal of Business Venturing*, 2007, 22(2): 174-192.

④ 廖鹏，方云安. 商品价格与信息搜寻成本关系研究[J]. 情报杂志，2005, 24(7): 62-66.

⑤ Sujay Dutta, Abhijit Biswas. Effects of Low Price Guarantees on Consumer Post-Purchase Search Intention: The Moderating Roles of Value Consciousness and Penalty Level[J]. *Journal of Retailing*, 2005(81): 283-291.

个体因素主要包括心理变量和人口特征变量两大类。李东进①在广告媒体信息搜寻影响因素的研究中增加了感知风险、自我卷入、时间压力等个体因素变量。孙曙迎②的研究发现，每周上网的时间、网上信息搜寻能力感知以及购买经验对信息搜寻努力有正向影响。

1.2.2.3 述评

根据 Wilson 的归纳，以用户为中心的信息行为研究强调信息需求、信息搜寻行为、个人认知、情境、所需完成任务等因素交互作用这一整合的研究思路，消费者信息搜寻行为领域的研究，国外起步较早，研究视角宽泛，理论研究与方法应用成熟，揭示了消费者信息搜寻行为中的某些共性或规律性，并以模型的方式加以总结描述。

在研究内容上，对消费者信息需求与搜寻动机、搜寻内容偏好、搜寻方式与特征、搜寻者特性等几个领域关注较多。在研究方法上，借助搜索引擎、网页监控、眼球跟踪、屏幕捕捉等软件工具，采用实验法、问卷调查、深度访谈等方法，以及文本挖掘过程追踪和有声思维记录等网络技术获取数据，综合运用统计方法，使研究结论更具科学性和应用价值。

然而，已有研究成果对搜寻行为影响因素的研究过于零散，搜寻主体之间关系的研究也鲜有涉及，更为重要的是，对移动互联网及社会化媒体等新兴网络环境下的消费者搜寻行为的研究深度还不够。由于网络技术与环境处在一个不断发展的过程中，网络消费者信息搜寻行为研究亟待在新的网络框架下加以完善。

1.2.3 消费者社会化搜寻研究

伴随着社会化和电子商务结合的日益紧密，实践领域中消费者

① 李东进．消费者搜寻信息努力与影响因素的实证研究——以广告媒体为中心[J]．南开管理评论，2000(4)：52-59.

② 孙曙迎，徐青．消费者网上信息搜寻努力影响因素的实证研究[J]．重庆大学学报(社会科学版)，2007，13(2)：32-37.

对社会化搜寻的巨大需求以及社会化媒体环境的丰富性和复杂性，社会化搜寻(social search)迅速进入研究者的视野。

1.2.3.1 社会化搜寻的基本概念

Brynn M. Evans 和 Ed H. Chi① 在 *Elaborated Model of Social Search* 一书中认为任何包含社会交互的搜寻都是社会化搜寻，它是 Web2.0 最普遍的应用之一。这一定义包括了一系列的促进信息搜寻与意义建构任务的社会交互和协作。持相近观点的 W. Bruce Croft② 认为，社会化搜寻是一个概括性术语(Umbrella Term)，用来描述社会与他人的互动搜索行为，不论这些行为是显在明确或是隐含、是同一位置或是远程、是同步或是异步。他们的定义均强调了人与人之间的社会化交互的重要性，这显然有别于传统搜寻如搜索引擎重点关注人机交互。

对社会化搜寻的定义有宽派和窄派之分，宽派如 EH Chi 等③认为社会化搜寻系统不仅是社会化交互，还包括对社会化资源的利用。窄派如 Jiandong Cao 等④认为社会化搜寻是 SNS(社交网络)与搜索引擎的结合，以帮助用户快速准确地获得所需信息。中国领先的社会化商业资讯提供商 CIC 也持相同观点，认为社会化搜索是“基于社会化媒体平台，通过社会化关系，将传统的搜索加入社交的元素，通过关键字搜索和复杂的社交关系，将搜索行为发展成为丰富社交的一种手段”⑤。

---

① Brynn M. Evans, Ed H. Chi. Elaborated Model of Social Search[J]. *Information Processing and Management*, 2010(46): 656-678.

② W. Bruce Croft, Donald Metzler, Trevor Strohman. *Search Engines: Information Retrieval in Practice*[M]. Addison Wesley, 2009: 401-483.

③ EH Chi. Information Seeking Can Be Social[J]. *Computer*, 2009, 42(3): 42-46.

④ Jiandong Cao, Yang Tang, Binbin Lou. Social Search Engine Research [C]. Computer Science and Information Technology (ICCSIT), 2010 3rd IEEE International Conference, ChenDu, 9-11 July 2010: 308-309.

⑤ 2013CIC 中国社会化媒体格局图[EB/OL].[2013-04-02]. http://www.ciccorporate.com/index.php? option = com _ content&view = article&id = 1079&catid = 84:archives-2013&Itemid = 194&lang = zh.

鉴于社会化搜寻建立在社会化交互的基础上，学者对社会化交互进行了深入探讨，以加深对社会化搜寻内涵的理解。Baker (1986)①研究了实体商店营销环境对消费者的影响，他提出的社会交互特征(Social Characteristics)只有顾客到顾客、顾客到商店两个维度。Sean Sands 等②分店铺选择(Store Choice)和购物价值感知(Shopping Value Perceptions)两个阶段研究了社会化媒体环境赋予消费者社会交互的第三个维度，即顾客和非顾客之间的交互行为。

1.2.3.2 消费者社会化搜寻模式研究

传统网络环境下，消费者信息搜寻渠道方式单一。社会化媒体通过多种功能的高度聚合实现了信息搜寻方式的多元化。

Brynn M. Evans 和 Ed H. Chi ③在社会化搜寻概念的基础上，划分了社会化搜寻的三种模式：导航性(Navigational)搜寻、信息性(Informational)搜寻和交易性(Transactional)搜寻。导航性搜寻主要是对指定网页的搜寻；信息性搜寻主要是对用户提出问题的搜寻；交易型搜寻的目的性比较强，搜寻请求集中在具体任务上。此外，他们在研究中将社会化搜寻划分为三个阶段：购前搜寻(Before Search)、购中搜寻(During Search)和购后搜寻(After Search)，建立了社会化搜寻模型，研究了模型中社会化互动流程各节点之间的数量转换关系。

W. Bruce Croft 从网络搜索技术的角度详述了社会化搜寻的实现途径：用户标签搜索、社区内搜索、协同搜索、过滤和推荐、P2P 搜索和元搜索。雅虎新任 CEO Marissa Mayer 认为社会化搜寻

---

① Baker, J. *The Role of Environment in Marketing Services: The Consumer Perspective*[M]//Czpeil, J. A., Congram, C., Shanaham, J., eds. The Services Marketing Challenge: Integrated for Competitive Advantage, American Marketing Association, Chicago, 1986: 79-84.

② Sean Sands, Elly Harper, Carla Ferraro. Customer-to-Noncustomer Interactions: Extending the "Social" Dimension of the Store Environment [J]. *Journal of Retailing and Consumer Services*, 2011(18): 438-447.

③ Brynn M. Evans, Ed H. Chi. Elaborated Model of Social Search [J]. *Information Processing and Management*, 2010(46): 656-678.

将会是消费者搜寻的发展趋势，目前社会化电子商务中消费者搜寻的模式包括：社会化标注、消费者类似的搜寻或购买推荐、融入社交网络和基于社会化影响的网页排序①。

1.2.3.3 消费者社会化搜寻行为研究

社会化媒体给消费者信息搜寻行为带来了影响和变革。消费者所处社会网络的结构特征显著影响信息搜索的绩效。同时，消费者在社会网络中的位置也显著影响其获取信息的地位和能力。Sherman Chris② 将消费者的社会化搜寻行为描述成基于社会化判断(Human Judgement)影响下的寻路(Wayfinding)行为，其中社会化判断指基于他人消费或体验的内容创造并分享，而“寻路”则将社会化搜寻行为拓宽为一个社会化学习的过程，不再限于传统的对搜索引擎的使用。

Liu Chen，et. al③ 通过 Yahoo Movie 上消费者对美国电影(2005—2006)在开拍前、公映前和公映后的留言评论的文本语义分析，研究了口碑(Word-of-Mouth)对消费者社会化搜寻的影响。研究认为，消费者信息搜寻努力与评论的正负性不相关，与评论的数量高度相关。Chen，Yubo 等④通过对 Amazon 的数码相机信息搜寻实验和计量模型分析研究了观察学习(Observational Learning)对消费者的影响，研究揭示正面观察模仿信息的影响远远大于负面观察模仿信息的影响。

社会化媒体环境下的用户类型研究也受到了一定的关注。如英

---

① Doug Sherrets. Google's Marissa Mayer：Social Search is the Future[EB/OL]. [2012-01-05]. http://venturebeat.com/2008/01/31/googles-marissa-mayer-social-search-is-the-future.

② Sherman，Chris. What's the Big Deal with Social Search? [EB/OL]. [2006-08-15]. http://searchenginewatch.com/3623153.

③ Liu Chen，Yong Liu，Jurui Zhang. When Do Third-Party Product Reviews Affect Firm Value and What Can Firms Do? The Case of Media Critics and Professional Movie Reviews[J]. *Journal of Marketing*，2012，76 (2)，116-134.

④ Chen Yubo，Qi Wang，Jinhong Xie. Online Social Interactions：A Natural Experiment on Word of Mouth Versus Observational Learning [J]. *Journal of Marketing Research*，2011(April)：238-254.

国咨询公司 Trendstream（2011）发起的全球用户使用互联网和社会化媒体的调查，调查结果将用户使用社交网络的行为分为三种：消息者（Messagers）、群居者（Groupers）和内容分享者（Content Sharers）；Brandtzæg(2010)①依据信息扩散模型，通过针对四个挪威 SNS 网站的网络问卷调查，按用户的参与程度将社会化媒体用户划分为偶尔使用者、潜水者、交际者、热衷讨论者以及积极全面参与者；Johnson 和 Kulpa（2007）②运用人格理论和社交理论，对美国大学生的 Web 2.0 使用情况进行了实证研究，将社会化媒体用户划分为社交型、实用主义型和互惠型。上述成果多是从用户角色和参与程度的综合角度对社会化媒体用户分类进行研究，但从某个具体信息行为(如信息搜寻、信息利用等)的角度进行的用户类型研究还很缺乏。

1.2.3.4 述评

消费者社会化搜寻的研究横跨消费者行为、用户信息搜寻、社会化媒体等多个研究领域，具有一定的难度和新颖性，国内外仅开展了探索性研究。

在研究成果的数量上，呈现逐年增加的趋势，但这一趋势显见于国外的研究，零星可见一些国内学者对微博、消费型虚拟社区用户行为(其中包括信息搜寻行为)的研究，但基于社会化媒体整体环境或是针对多种社会化媒体平台的研究极为少见。

在研究方法上，仍沿用传统网络环境下的信息搜寻行为研究的方法体系，如数据挖掘、统计实证、定性分析。所以有必要更多地引入针对社会化媒体环境的社会网络分析、内容分析、计量模型分析等方法，从信息经济分析、认知行为理论和信息交流理论的角度开展综合研究。

---

① Brandtzæg, P. B. Towards an Unified Media-User Typology (MUT): A Meta-Analysis and Review of the Research Literature on Media-User Typologies[J]. *Computers in Human Behavior*, 2010, 26(5): 940-956.

② Johnson, G. M., Kulpa, A. Dimensions of Online Behavior: Toward a User Typology[J]. *Cyber Psychology & Behavior*, 2007, 10(6): 773-780.

在研究内容上，尚停留在社会化搜寻的概念及方式、社会网络的关系和结构特征对个体信息搜寻的影响、社会化搜寻的过程等基本理论的研究。技术层面的社会化搜寻的研究受到了重视，如实时搜寻引擎研究、购物搜寻引擎测评、社会化传播解决方案等。但总的来说，对社会化搜寻的研究框架、社会化媒体影响信息搜寻的作用机制以及消费者社会化搜寻的行为模型等诸多方面的研究均不太明晰。

笔者认为，社会化媒体对消费者信息搜寻行为的影响研究可作为进一步研究的切入点，在此基础上，可重点关注以下领域：

(1)消费者社会化搜寻意愿及其对搜寻行为的影响。可借鉴已有搜寻动机与行为研究的成果，重点研究不同群体在不同的社会化媒体平台搜寻意愿的差异，以及搜寻意愿对搜寻内容偏好、搜寻策略和满意度的影响。

(2)基于社会化媒体环境的消费者信息搜寻行为模式研究。现有该领域的研究较少置于社会化媒体环境下，而且社会化媒体环境下用户行为研究没有深入到具体的信息搜寻行为层面，难以揭示社会化媒体环境下消费者及其信息搜寻行为的特征和规律。

(3)社会化搜寻行为影响因素及其机理。现有传统网络环境中信息搜寻行为的影响因素稍显凌乱，缺乏层次性，社会化搜寻行为影响因素应基于搜寻主体与客体的视角，考虑环境和情境及任务的设定，加强消费者之间关系和互动对信息搜寻行为影响的研究，揭示社会化搜寻过程中障碍感知及搜寻失败行为的规律。

(4)社会化搜寻效率评价及搜寻结果的改进。建立社会化搜寻效率评价的指标体系，通过搜寻实验或问卷等形式，比较社会化媒体与传统网络环境下消费者信息搜寻的效率。当然，从技术上探讨社会化搜寻结果的改进需要加强搜索结果的获取方式或搜索结果的排序算法的研究。

(5)动态持续的社会化搜寻行为研究。消费者的社会化搜寻是一个动态的持续性过程，这不仅表现在消费者的购物搜寻和日常生活搜寻的分界更加模糊，同时也表现在社会化搜寻行为 AISAS 模式中循环闭环的形成以及各环节之间更为复杂的作用机制。但已有研究多集中于搜寻前和搜寻中，缺乏对带有社会化媒体特质的社会化分享行为及进一步的信息搜寻行为的研究，因此，有必要加强探索信息搜寻各阶段搜寻的动态变化过程。

1.2.4 国内外相关研究述评

综观国内外上述三个领域的研究成果，各领域的研究内容之间存在着交叉和承接。当许多学者在进行营销实证研究时发现，以SOR(刺激—主体—反应)概念为首的消费者行为模型难以解释现实生活中消费者的各种购买行为，也就意味着消费者行为理论亟待从模型细化和引入新的环境变量两个方面来寻求突破。同时，消费者信息搜寻行为研究呈现出对用户、产品、渠道等多元化趋势的关注，其理论亟待丰富和深化。可以认为，消费者信息搜寻的研究丰富了消费者行为理论，社会化媒体研究又拓展了消费者网络信息搜寻行为的研究视域，社会化媒体环境下的消费者信息搜寻行为研究将是上述相关领域研究的发展、深化和突破。

1.3 研究目标与内容

1.3.1 研究目标

本书的研究目标在于全面梳理消费者信息搜寻行为与社会化媒体的基本概念和基础理论，从而理解新兴社会化媒体环境下知识信息运动的规律，并从信息搜寻全过程和持续信息搜寻的视角，深入揭示社会化媒体环境下消费者信息搜寻行为的规律，为用户中心导向的系统构建和服务的创新提供参考。

1.3.2 研究内容

本书研究内容共分九章，各章内容概述如下：

第1章，引言。主要介绍社会化媒体环境下消费者信息搜寻行为研究的背景和研究意义，介绍国内外的研究现状，明确研究目标、研究内容、研究方法和技术线路，并提出本书的创新之处。

第 2 章，概念基础与基本理论。详细阐述消费者信息搜寻行为的定义、要素、策略和行为模型，以及社会化媒体的定义、发展概况、特点、要素和类型。在对上述关键性概念进行全面梳理的基础上，从理论上分析消费者信息搜寻的社会化发展趋势，包括社会化电商的兴起、消费者社会化搜寻与传统网络搜寻的比较以及社会化搜寻的特点。

第 3 章，社会化媒体对消费者信息搜寻行为的影响。运用深度访谈以及扎根理论的分析方法，从社会化媒体对消费者、信息源及其组织、信息搜寻过程以及信息搜寻策略四个方面研究社会化媒体对消费者信息搜寻行为的影响。本章在全书内容的逻辑结构上起到承上启下的作用，既是对基本概念与理论基础的理论深化和总结，也是后文开展的多个实证研究的理论依据。

第 4 章，社会化媒体环境下消费者信息搜寻意愿。首先解析搜寻意愿的概念，构建社会化媒体环境下消费者购前和购后信息搜寻意愿的影响因素模型。信息搜寻意愿位于搜寻行为的最前端，通过消费者社会化搜寻意愿的研究可以更好地了解消费者的信息需求以及信息搜寻行为。研究模型以技术接受模型为基础，引入社会化媒体的特征、感知风险、搜寻动机等变量，通过问卷调查和 SPSS 数据分析，对研究假设进行检验，形成最终的消费者社会化搜寻意愿影响因素模型。

第 5 章，社会化媒体环境下消费者信息搜寻行为模式。首先构建包括信息搜寻行为主体、客体、信息搜寻本身和环境四个层次的信息搜寻行为模式研究框架，其要素构成包括社会化媒体中的关系和互动、搜寻能力、搜寻内容、搜寻策略、搜寻障碍、搜寻努力和进阶搜寻。选取旅游社交网站研究平台，通过对问卷调查数据的二阶聚类分析，从多个研究层次上划分社会化媒体中消费者信息搜寻模式行为模式，并对各类型行为模式的主要特征进行分析讨论。

第6章，社会化媒体环境下消费者信息搜寻效率。设定不同难度级别的搜寻任务，选择具有代表性的传统网络媒体平台和社会化媒体平台开展信息搜寻实验，通过对信息搜寻实验结果中数量和质量指标数据的分析，从搜索、浏览、追踪、偶遇、询问五种信息搜寻模式的视角对社会化媒体与传统网络媒体环境下的消费者信息搜寻效率，以及不同社会化搜寻策略的搜寻效率进行深入的比较。

第7章，基于信息搜寻有效性的消费者社会化分享行为。研究AISSAS消费者社会化信息搜寻全过程模型中社会化分享与信息搜寻环节之间的关系。首先介绍社会化分享的概念、分享动机、分享渠道和方式，以及分享内容等理论问题，选取购物分享社会化媒体平台，通过人工获取系统数据，比较分析消费者的社群地位、消费者之间的关系强度以及社会化分享信息量对消费者信息搜寻有效性的影响，深入探寻消费者的社会化分享在信息搜寻行为中的作用机制。

第8章，社会化媒体环境下消费者信息搜寻行为模型。为了进一步探究社会化媒体环境下消费者信息搜寻全过程各环节之间内在联系和相互影响，从整体上把握新兴网络环境中的消费者信息搜寻行为规律，本章在第4章至第7章研究的基础上，采用结构方程模型分析方法，以社会化媒体中消费者之间的关系和互动、消费者信息搜寻意愿、信息搜寻模式、信息搜寻效率、社会化分享行为为研究变量，建立社会化媒体环境下消费者信息搜寻行为模型，既是本章研究内容的深化，也是对前面相关研究结论的验证，同时总结了本书的实证研究。

第9章，结论与展望。总结归纳本书主要内容和贡献，阐述研究不足以及对后续研究的展望。

各章逻辑关系如图1-1所示：

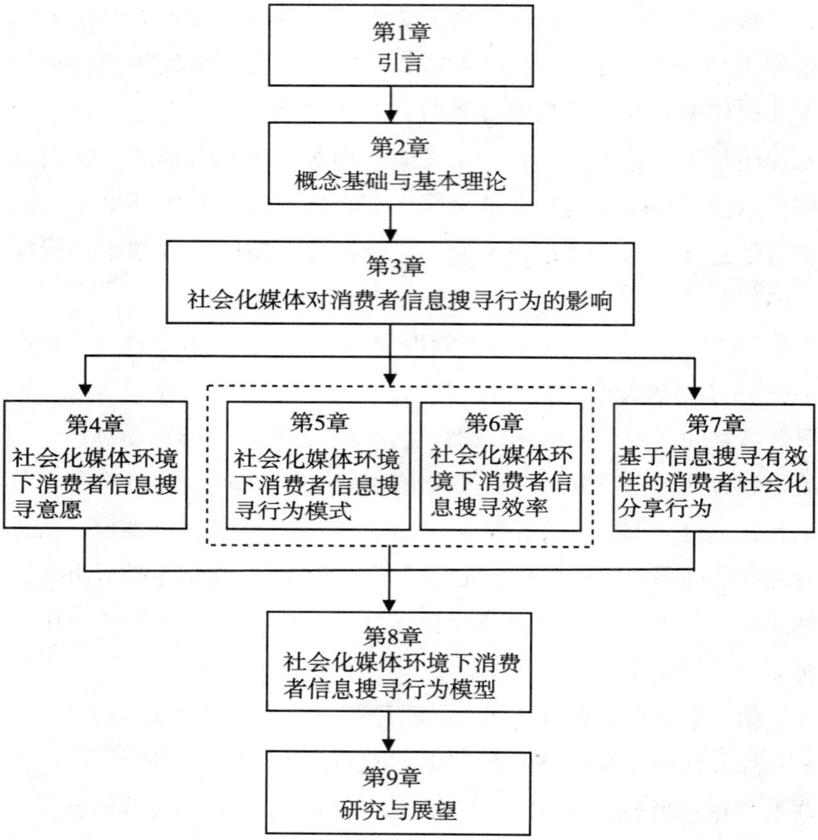

图 1-1　本书章节安排

1.4　研究方法与技术路线

1.4.1　研究方法

根据研究目标和研究内容的需要，本书采用了规范研究与实证研究相结合、定性研究与定量研究相结合的研究方法。

1.4.1.1 数据收集方法

① 文献研究方法。通过文献梳理和回顾，追踪国内外相关领域研究动态，对研究问题做出准确界定；针对现有研究的不足，提出本书的研究内容和研究思路；无论是研究假设的提出、模型构建，还是量表开发都是在借鉴国外学者的研究成果的基础上经修正和发展而形成的。

② 深度访谈。在进行社会化媒体环境对消费者信息搜寻的影响这一研究主题时，通过深度访谈获得受访消费者对于该研究主题的认知。

③ 问卷调查法。社会化媒体环境下消费者的搜寻意愿、搜寻模式和搜寻行为模型的研究都用到问卷调查法。在文献回顾的基础上，形成初始量表，通过小规模前测来检验量表的信效度，并据以修正量表，问卷发放采取在线方式。

④实验法。根据任务的复杂性、开放性等标准设定搜寻实验任务，实验平台的选择要兼顾不同信息搜寻策略的可操作性和实验数据的可获得性，通过科学的实验流程以全面评价消费者在不同网络环境下采用不同信息搜寻策略的搜寻效率。

1.4.1.2 数据分析方法

① 扎根理论分析。通过扎根理论分析的开放性编码、轴心编码和选择性编码，对访谈资料进行细致的分析和比较，从资料中提炼出有价值的内容，进而建构社会化媒体环境对消费者信息搜寻影响的新理论。

② 聚类分析法。采用 SPSS 聚类分析对社会化媒体环境下消费者信息搜寻行为模式进行分类并分析各类型在关系和互动、搜寻能力、搜寻内容、搜寻策略等方面呈现的共同特征。

③ 结构方程模型法。以社会化媒体环境下的消费者为研究对象进行问卷调查，获取消费者在社会化媒体中的关系和互动情况，以及消费者信息搜寻全过程的相关数据，运用结构方程模型分析方法，通过 LISREL 验证研究中提出社会化媒体环境下信息搜寻行为概念模型的合理性，分析各变量之间的关系，对社会化媒体环境下

消费者信息搜寻行为特征做出科学解释。

④ 普遍采用了 SPSS 中的描述性统计分析、因子分析、相关分析、回归分析等多种统计分析方法。

1.4.2 技术路线

基于上述研究内容和研究方法，本书研究主要分为理论研究和实证研究：

1.4.2.1 理论研究

①通过文献研究总结社会化媒体的要素和类型，以及信息搜寻行为的要素、策略和搜寻过程模型，其中社会化媒体的特点和要素影响信息搜寻的各个要素层次，影响信息搜寻策略，同时影响信息搜寻过程。这里形成的理论研究结论将为实证研究奠定理论基础。

②社会化媒体的分类。社会化媒体的表现形式丰富多样，且处于快速发展阶段，这给科学的分类带来了困难。本书将梳理并评价目前具有代表性的社会化媒体的分类方式，进而依据社会化媒体的要素将其划分为关系型、内容分享型、关系 & 内容分享型，并阐述各类社会化媒体的基本特征，列举代表性平台。社会化媒体的分类研究将为后文各实证研究中围绕不同的研究内容选取社会化媒体研究平台提供科学依据。

1.4.2.2 实证研究

实证研究由三个部分构成。第一个部分解决的问题是社会化媒体的兴起对消费者的信息搜寻行为带来了哪些影响。第二个部分从认知行为理论、信息交流、信息经济分析的多重视角研究消费者信息搜寻行为的具体问题。第三个部分构建社会化媒体环境下消费者信息搜寻行为模型。三个部分之间的关系是总(质性研究)—分(细化研究问题)—总(定量模型研究)，其研究结论相互印证和补充。

实证研究以理论研究的成果为基础，其中社会化媒体的特点和要素是所有实证研究的基础理论，但不同的实证研究问题以理论研究中不同的基础理论为支撑：

(1)社会化媒体对消费者信息搜寻的影响研究全面运用信息搜寻行为的理论研究成果，包括信息搜寻的要素、策略和过程。

(2)社会化媒体环境下消费者信息搜寻意愿研究主要运用了信息搜寻的四个要素来设定自变量，同时根据信息搜寻的购前购后过程将搜寻意愿研究的因变量设定为两个：购前搜寻意愿和购后搜寻意愿。

(3)社会化媒体环境下消费者信息搜寻行为模式研究框架是建立在信息搜寻的四要素基础之上的，针对信息搜寻的主客体、环境及信息搜寻本身来设定调查问卷的测量变量，同时信息搜寻策略作为搜寻模式的一个重要组成部分，其基本理论是量表题项设定的理论依据。

(4)社会化媒体环境下信息搜寻效率研究的目的在于常见的信息搜寻策略在传统网络环境下和社会化媒体环境下的搜寻效率的比较，以及社会化媒体环境下不同策略之间效率比较，所以本章研究主要以信息搜寻策略的理论研究为基础。

(5)基于信息搜寻有效性的消费者社会化分享研究主要涉及信息搜寻过程模型的搜寻中的“搜寻”和搜寻后“分享”两个阶段，尽管两个阶段之间存在相互作用，但本研究主要揭示分享对于搜寻的影响。所以本章研究的理论基础是信息搜寻过程模型。

(6)社会化媒体环境下消费者信息搜寻行为概念模型是AISSAS，研究模型是社会化媒体的关系和互动作用下的简化的AISSAS，而AISSAS是消费者信息搜寻过程的高度概括。本研究的模型也是一个三阶段模型，将搜寻行为划分为搜寻前、搜寻中、搜寻后。所以信息搜寻过程模型是本章的理论基础。

鉴于内容分享和关系 & 内容分享型社会化媒体平台中信息搜寻行为表现得更为充分，所以本书没有将关系型社会化媒体作为研究对象，同时，研究主题是消费者的信息搜寻行为，所以研究平台的选择还需带有“社会化电商”的基因。

本书研究技术路线如图1-2所示：

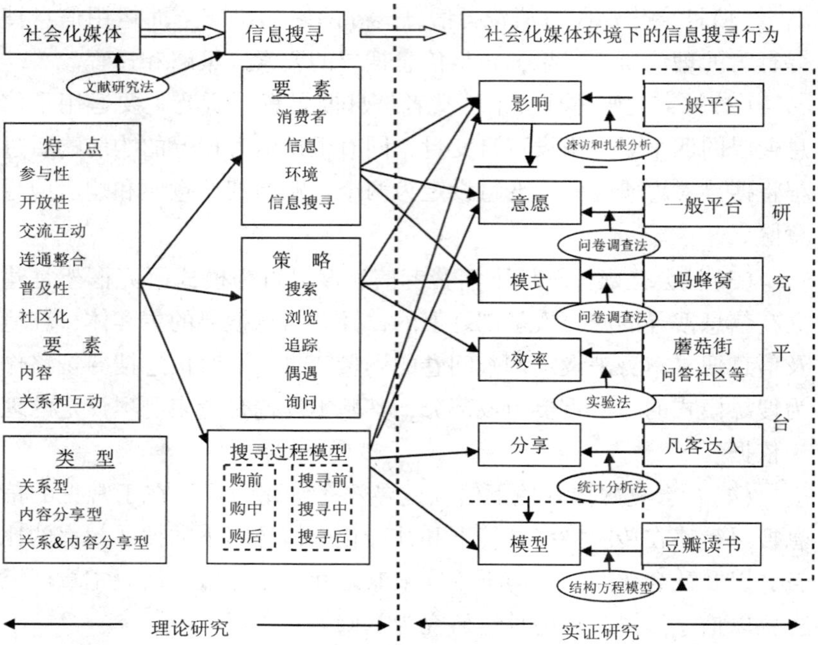

图 1-2　全书技术路线图

1.5　研究特色与创新之处

(1) 研究平台选择的多样化。社会化媒体形式多样，但现有文献的研究平台选择多集中于微博和虚拟社区，为了更为全面地反映社会化媒体环境，本书选择了内容分享型和关系 & 内容分享型社会化媒体中不同领域的研究平台，包括旅游社交平台“蚂蜂窝”、读书分享平台“豆瓣读书”、购物分享平台“凡客达人”、社会化导购平台“蘑菇街”、问答社区“百度知道”等。这些平台偏重于信息内容的交流，但平台用户之间的关系类型仍是完善的，既有社交关系，也有兴趣关系；既有强关系，也有弱关系；既有单向关系，也有双向关系。多种研究平台的选择充分体现了社会化媒体的特质，能够支持本书主题的研究工作的全面开展。

(2)研究视角多样化。本书以用户中心为研究导向，以搜寻行为过程为内容逻辑主线，将日常生活信息搜寻意义建构研究视角(旅游、读书、购物等的信息搜寻行为研究)和问题解决研究视角(规定任务下的信息搜寻行为研究)相结合；将消费者信息搜寻行为研究的认知行为视角(搜寻意愿研究)、信息交流视角(搜寻行为模式研究)和信息经济分析视角(搜寻效率研究)相结合，深入地揭示了社会化媒体环境下消费者信息搜寻行为的规律以及各环节之间相互作用的机制。

(3)将信息搜寻行为视作一个动态的持续的发展过程。本书不仅对搜寻前和搜寻中两阶段予以关注，涉及的研究内容包括消费者搜寻意愿影响因素模型的建立、消费者社会化搜寻行为模式的聚类实现、消费者在传统网络环境和社会化媒体环境下信息搜寻效率的比较，更是对信息搜寻过程中较少关注的搜寻后阶段的若干研究问题，如消费者购后搜寻行为研究、消费者社会化分享行为与信息搜寻之间的关系的揭示，基于搜寻前、搜寻中和搜寻后三阶段的信息搜寻行为模型的建立给予了关注。

第2章　概念基础与基本理论

本章将对消费者信息搜寻行为和社会化媒体的基本理论进行深入梳理，在此基础上，分析消费者信息搜寻社会化的内涵。本章的基础概念和基本理论将奠定社会化媒体环境下消费者信息搜寻行为研究的理论基础。

2.1　消费者信息搜寻行为基本理论

2.1.1　信息搜寻行为

2.1.1.1　信息搜寻(行为)的概念

信息搜寻(Information Seeking)是人类信息行为中涉及通过信息源和信息系统搜索(Searching)或搜寻(Seeking)信息的部分①。信息搜寻行为起源于个体对某种需要的认知，是为了满足这种需要而激活个体记忆里已有的或者是在周围环境中有目的的搜寻信息的行为过程②。

信息搜寻的概念通常被置于问题解决和意义建构两种研究框架下。问题解决框架将信息搜寻视作一种分阶段完成的信息建构过程，例如根据 Wilson（1999）提出的问题识别、问题定义、问题解

---

① Ingwersen, P., Järvelin, K. *The Turn: Integration of Information Seeking and Retrieval in Context*[M]. The Information Retrieval Series, Dordrecht: Springer, 2005.

② Wilson, T. D. Human Information Behaviour [J]. *Informing Science*, 2000, 3(2): 49-56.

决、方案陈述四阶段问题解决模型，信息搜寻活动始于信息用户识别到某种信息需求(Information Need)的存在，并且以问题解决或方案陈述作为最终目标①。意义建构框架将有目的(主动)的和无目的(被动)的信息行为结合起来研究，视信息搜寻为搜寻主体基于“情境约束”的意义建构过程②。

信息搜寻的概念由斯蒂格勒在其 1961 年发表在《政治经济学杂志》上的题为《信息经济学》的著名论文中提出。他认为，经济行为主体掌握的是不完全信息，因此经济主体的行为具有极大的不确定性。经济主体要做出最优决策，必须对相关信息进行搜寻，而信息搜寻是需要成本，信息搜寻的作用(收益)在于获取更高的预期收益、降低不确定性、增加用户满意度，或是改变其已有知识③。

2.1.1.2　概念辨析：信息搜寻、信息搜索

在国外的研究文献中，常以 Information Gathering，Online Exploratory 等作为信息搜寻的代名词。和信息搜寻最为相近的一个概念是信息搜索，两者经常被混用。

Wilson 的嵌入式模型(见图 2-1)揭示了信息行为、信息搜寻行为和信息搜索行为的关系。信息搜寻行为是信息行为的子集，其目的在于探究人们发现和获取不同信息资源的方式；信息搜索行为则是信息搜寻行为的子集，侧重于研究信息用户如何利用信息系统获取信息及信息用户与系统的交互④。

信息搜索和信息搜寻代表着两种不同的研究导向，信息搜索导向又称为系统导向，仅仅关注用户与计算机/网络的交互行为；信息搜寻导向又称为用户导向，除了关注人机交互行为外，还试图探

---

① Wilson, T. D. Models in Information Behaviour Research[J]. *Journal of Documentation*, 1999, 55(3): 249-270.

② Cole, C., Spink, A. *New Directions in Human Information Behavior*[M]. Springer, 2006: 247.

③ Lin, Q. C., Lee, J. Consumer Information Search When Making Investment Decisions[J]. *Financial Services Review*, 2004(13): 319-332.

④ 李月琳，胡玲玲．基于环境与情境的信息搜寻与搜索[J]．情报科学，2012，30(1)：110-114.

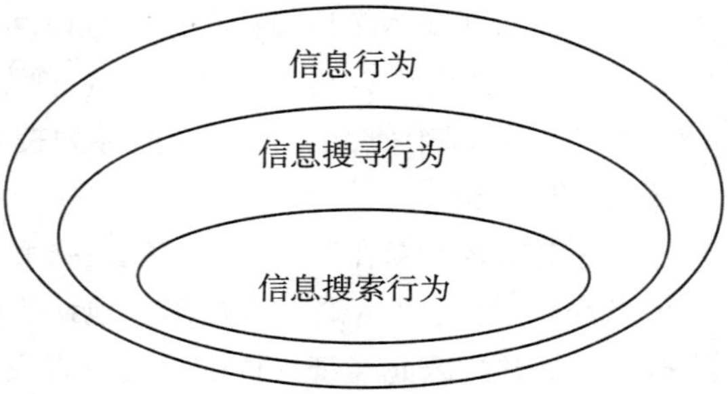

图 2-1　信息行为概念的嵌入式模型

寻用户行为背后的原因①。信息搜寻研究导向将用户的特征和差异纳入考察范围，考虑个体的信息需求、情感、认知、体验等因素对信息搜寻行为影响；信息搜寻着眼点是满足一个完整的信息需求，而信息搜索的目的是满足一个独立、具体的信息需求。信息搜寻是更为广泛采用的一种研究导向。

本书使用信息搜寻这个相对广义的概念，而将信息搜索看做信息搜寻的一个阶段，即消费者与系统的实际交互；或是将信息搜索看做信息搜寻的一种策略，即借助搜索引擎等技术手段来实现的搜寻。但是书中在介绍或引用相关研究成果时，有些表述仍尊重原文的表达，用信息搜索代指信息搜寻。

2.1.1.3　信息搜寻行为研究的理论基础

信息经济学、认知行为理论和信息交流理论是信息搜寻行为研究的理论基础。

信息经济学是对信息活动中信息及其影响进行经济分析的经济学。有关经济主体决策及行动的信息研究得到信息经济学越来越多的重视，试图为用户决策提供定量化的准则。信息经济学对信息搜寻行为的研究主要是从成本—收益视角出发，得出了市场

① Ingwersen, P., Järvelin, K. *The Turn: Integration of Information Seeking and Retrieval in Context*[M]. The Information Retrieval Series, Dordrecht: Springer, 2005.

信息搜寻模型和最佳的市场信息搜寻次数。同时，将风险理论融入其中，认为信息搜寻是消费者为减少购买决策不确定性或风险的方法之一。

认知行为理论强调内在认知与外在环境之间的互动。基于认知行为理论的信息搜寻围绕着研究人类认知这一个体特征如何影响信息搜寻过程的中心问题开展，将信息搜寻过程视为一个问题解决活动，同时是一个意义构建过程，其目的在于促使人类的信息搜寻行为更加科学、合理，提高信息利用的效率。

信息交流理论研究社会活动中借助某种符号系统，利用某种传递通道而实现的信息发送者与信息接收者之间的传播和交换行为。信息搜寻的过程同时也是信息交流的过程，包括信息传递和信息交互。信息交流视角的信息搜寻行为研究将信息搜寻过程中的信源、信宿、信道和信息符号四类要素纳入研究内容，影响信息交流动力和效率的因素同时也影响信息搜寻行为。

2.1.2　信息搜寻行为的要素

2.1.2.1　信息搜寻主体

信息搜寻的主体是用户。网络环境下的信息搜寻是人(个体)和机器(搜索引擎)之间的交互，社会化媒体环境下的信息搜寻建立在人(群体)和关系(人与人)之上。可见，用户是信息搜寻研究的中心。

20 世纪 70 年代以来，以 Dervin、Belkin、Taylor 等人为代表的学者相继提出以用户为中心来研究信息行为(信息搜寻行为)。

Dervin 提出的意义建构模式实质上是一种信息搜寻过程中的认知观，承认信息搜寻是一个包含内部认知的过程，“情境—缺口—使用”模式是普适性的①。Dervin 强调了用户和信息之间的相互依赖性，这种相互依赖体现在信息是由用户建构的事物，是需要解释

---

① Belkin, N. J., Oddy, R. N., Brooks, H. M. ASK for Information Retrieval: Part I. Background and Theory[J]. *Journal of Documentation*, 1982, 38(2): 61-71.

的。所以应关注信息传递中的人的因素，以及人与信息系统沟通的过程。她认为信息的意义由使用者决定，只有使用者认为有意义，信息才有意义。

英国情报学家 Belkin 的研究是基于用户对知识的非常态(Anomalous State of Knowledge)的认识，用户无法精确描述需要什么来解决这种非常态①。因此用户向信息系统求助，以描述、理解和解决这种非常态。信息搜寻的出发和归宿是用户信息需求及其满足。用户是信息搜寻行为的发起者和实施者。信息搜寻行为研究强调从用户的视角出发，在于降低用户的搜寻成本和解除搜寻障碍，给用户带来愉悦的搜寻体验。

提出问题磋商模式(Question Negotiation)的 Taylor 认为，找出不同特定群体信息搜寻和信息利用行为的差异性与相似性，理解用户信息利用是环境的关键②。因此研究不同人群的行为就显得尤为重要了。Taylor 同时承认，更具逻辑性的研究方法是探讨不同信息用户在解决问题时的相似性，他在研究中选取了工程师、律师和物理学家为研究对象。特定或多类型用户对象的选择是信息搜寻行为研究的重要内容。

2.1.2.2 信息搜寻的客体

信息搜寻的客体是信息，主要包括信息来源和信息内容。

(1)信息来源

消费者信息搜寻的信息来源首先可以分为内部和外部信息来源，还可以分为商业和非商业的个人信息来源。个人来源一般为建议性的，而商业来源为告知性和说服性。表 2-1 比较了不同信息来源的形式、与交易的关系及消费者的接受程度。消费者对非商业的个人信息来源具有最高的接受程度。

---

① Dervin, B. Strategies for Dealing with Human Information Needs: Information or Communication? [J]. *Journal of Broadcasting & Electronic Media*, 1976, 20(3): 323-333.

② Taylor, R. S. Question-Negotiation and Information-Seeking in Libraries [R]. Lehigh University Bethlehem, PA Center for Information Science, 1967.

表 2-1　　**消费者外部信息搜寻来源比较**

类型	非商业的个人来源	商业来源	
特征	建议性	告知性	说服性
主要形式	亲朋好友、其他消费者的经验建议	产品介绍、产品名录、企业宣传、企业公告等	宣传单、广告、中介、代理
与交易的关系	无强烈的促成交易动机	通常无法立即促成交易	有强烈的促成交易动机
消费者接受程度	接受程度高	有一定的接受程度	接受程度低

(2)信息内容

消费者信息搜寻的内容是全面的，主要包括：

① 价格信息。价格信息是消费者信息搜寻的最重要内容。CNNIC 发布的《2012 年中国网民搜索行为研究报告》显示，87%的消费者会搜寻产品价格信息，所占比例最大。

价格搜寻的研究成果也最为丰硕。在促销价格搜寻模型中，常规价格和优惠价格、整合价和分离价①同时被搜寻。价格搜寻有两个层次，一个是店铺级，一个是商品级②。

② 产品质量信息。相对于价格信息，产品的质量信息更加隐蔽，消费者所具备的产品质量信息主要包括三个层次③：产品质量的内部属性，即表明产品的内部属性以及判定这些属性的方法，通常是产品自身的组成部分；购买经验，即消费者通过多次购买积累

---

① Banks, J., Moorthy, S. A Model of Price Promotions with Consumer Search[J]. *International Journal of Industrial Organization*, 1999, 17(3): 371-398.

② Mägi, A. W., Julander, C. R. Consumers' Store-Level Price Knowledge: Why are Some Consumers More Knowledgeable than Others? [J]. *Journal of Retailing*, 2005, 81(4): 319-329.

③ 赵冬梅. 电子商务市场价格离散问题研究[M]. 北京: 经济科学出版社, 2006.

的知识经验，如产品的性价比、服务质量、使用体验；产品质量的外部属性，即产品内在属性的外在替代，如厂商声誉、品牌形象、价格、产地、售后服务等。消费者通过搜寻这三个层次的信息，对产品质量作出整体的推断。

③ 交易及商品评价信息。在信息不对称的情况下，消费者更倾向于选择从众，以减少交易风险。消费者发表的交易及商品评价信息是基于自身体验或他人经历的，无论是正面还是负面信息，对于有购买意向的其他消费者都会有所帮助，对于经验产品尤为如此。

可信赖的第三方中介机构的评价或评级是网络消费者信息搜寻的另一个重要信息来源。中介机构可以降低网络市场中"逆向选择"的程度，帮助消费者有效地进行信息搜寻。

2.1.2.3 环境

班杜拉的社会认知理论强调了环境、个体和行为之间存在着互动关系。由于信息搜寻依附于一定的环境，因此，作为"时空背景"的环境已成为消费者信息搜寻行为不容忽视的影响因素。

Taylor 把环境定义为"一系列元素构成的综合体"①。但研究者往往基于特定研究的需要从狭义的角度定义环境。Ng 认为环境主要指搜索环境②。Choi 与 Rasmussen，Wolfram 与 Xie 认为网络搜索引擎为用户提供了不同的搜索环境③④。

---

① Taylor, R. S. *Information Use Environments* [M]//Dervin, B., Voigt, M. J. Progress in Communication Sciences, Norwood, NJ: Ablex Publishing, 1991: 217-255.

② Ng, K. B. Toward a Theoretical Framework for Understanding the Relationship Between Situated Action and Planned Action Models of Behavior in Information Retrieval Contexts: Contributions from Phenomenology [J]. *Information Processing and Management*, 2002, 38(5): 613-626.

③ Choi, Y., Rasmussen, E. M. Users, Relevance Criteria in Image Retrieval in American History [J]. *Information Processing and Management*, 2002, 38(5): 695-726.

④ Wolfram, D., Xie H. Traditional IR for Web Users: A Context for General Audience Digital Libraries [J]. *Information Processing and Management*, 2002, 38(5): 627-648.

Taylor 指出，研究信息行为必须研究不同环境下的用户信息行为表现出的不同特点。现有研究遵循这一思路。如 Solomon 研究公共机构中工作规划任务(Workplanning Task)与工作人员的信息搜寻行为之间的关系①，Limberg 调查了教育环境下以学习为目的的信息使用情况②。这些研究同时体现了环境对用户信息行为特征的影响。

Cool 与 Spink 把信息搜寻环境划分成四个层次③：①信息环境层，包括教育机构、各类组织或工作任务环境。②信息搜寻层，包括搜寻目标、解决不同问题的任务所构筑的环境等。③信息检索交互层，交互本身创造了一种信息搜索环境。④检索语句层，通过检索词构筑了不同含义的语言环境。

2.1.2.4　信息搜寻

作为信息搜寻行为要素的信息搜寻是指信息搜寻行动本身，是信息搜寻要素中最为重要的组成部分，与信息搜寻的其他要素均存在着互动关系，其核心是"怎么搜"，如信息搜寻策略、克服搜寻障碍、搜寻努力程度、信息搜寻过程等。

2.1.3　消费者信息搜寻的策略

信息搜寻策略是用户对其信息搜寻行动的规划，是信息搜寻方法的集合，同时也是信息搜寻特性的反映。广义的搜寻策略，包括

① Solomon, P. Information Mosaics: Patterns of Action That Structure[C]//Wilson, T. D., Allen, D. K. Exploring the Contexts of Information Behaviour: Proceedings of the Second International Conference on Research in Information Needs, Seeking and Use in Different Contexts. London: Taylor Graham, 1999.

② Limberg, L. Information Use for Learning Purposes[C]//Vakkari, P., Savolainen, R., Dervin, B. Information Seeking in Context: Proceedings of an International Conference on Research in Information Needs, Seeking and Use in different Contexts, London: Taylor Graham, 1997.

③ Cool, C., Spink, A. Issues of Context in Information Retrieval(IR): An Introduction to the Special Issue[J]. *Information Processing and Management*, 2002, 38(5): 605-611.

信息搜索查询的路径、战术、使用的过滤规则，以及信息的反馈等①。简单地说，搜寻策略指搜寻信息时所使用的方法、工具以及二者的组合②。

搜寻策略的选择受到多方因素的影响。Lazonder 等研究发现，用户寻找网站时搜索策略的使用多于浏览，而在搜寻网站上的信息时，浏览策略较多使用③，这说明，搜寻策略受信息组织方式的影响。王知津等④指出消费者的类型、消费者购买商品的类型以及电子商务平台的信息环境将决定具体检索策略的选择。

Nachmias 与 Gila（2002）提出了三种主要的网络搜寻策略：搜寻引擎策略、浏览策略和直接接触策略⑤。其中，搜索引擎策略是指通过关键词及其组合等方式进行信息搜寻；浏览策略是指寻找感兴趣的主题或点选首页分类目录浏览信息；直接接触策略指直接输入网址访问网站。

台湾学者李国志⑥全面总结了四种消费者网络旅游信息搜寻策略：外部信息来源策略、信息搜寻数量策略、信息搜寻顺序策略和时间性搜寻策略。其中，外部信息来源策略指在决策时使用过网络外部信息来源搜寻资讯；信息搜寻数量策略指在购前利用网络搜寻

---

① 赵星，等．风险、知识与记忆对在线搜索进入路径选择的影响研究[J]．科技管理研究，2013(5)：206-208，217.

② Snepenger，D.，Snepenger，M. Information Search by Pleasure Travelers [C]//Kahn，M. A.，Olsen，M. D.，Var，T. Encyclopedia of Hospitality and Tourism，New York：Wiley，1993：830-835.

③ Lazonder，A. W.，Biemans，H. J. Wopereis，I. G. Differences Between Novice and Experienced Users in Searching Information on the World Wide Web [J]. *Journal of the American Society for Information Science*，2000，51(6)：576-581.

④ 王知津，韩正彪，周鹏．电子商务网站顾客信息搜寻行为形成机制研究[J]．图书与情报，2011(3)：12-16.

⑤ Nachmias，R.，Gilad，A. Needle in a Hyper Stack：Searching for Information on the World Wide Web [J]. *Journal of Research Technology in Education*，2002，34(4)：475-486.

⑥ 李国志．消费者网路资讯搜寻行为之研究[D]．高雄："国立"中山大学，2004.

信息的数量；信息搜寻顺序策略指搜寻的起点和经历的顺序；时间性搜寻策略指的是消费者是持续或为特定目的而搜寻，即是持续经常性搜寻，或是有需要时才搜寻。

借鉴现有研究的思路，本章对信息搜寻策略进行了多角度的划分：按具体的搜寻方式划分，可以分为主动搜寻和被动搜寻以及直接搜寻和间接搜寻；按照搜寻范围和顺序划分，可以分为固定样本搜寻和连续搜寻；按照搜寻阶段划分，可以分为内部搜寻和外部搜寻。

2.1.3.1　信息搜寻方式的二维分类

Bates 根据信息搜寻的主动性和方向性，建立了主动和被动、直接和间接的二维研究框架①(见图 2-2)。他同时提出了信息搜寻的四种重要模式，即搜索(Searching)、浏览(Browsing)、追踪(Monitoring)和偶遇(Encountering)。Choo(1998)②等将这四种策略命名为 Find、Explore、Monitoring、Collect。

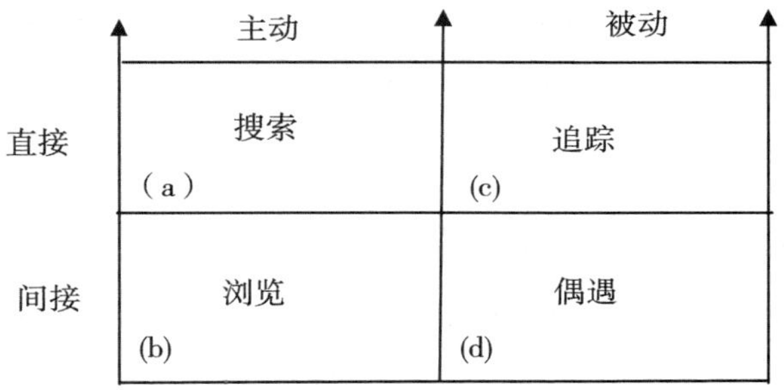

图 2-2　信息搜寻的四种模式

(1)搜索

搜索(图 2-2 中的 a 单元)是一种主动的搜寻方式，需要消

---

① Bates, M. J. Toward an Integrated Model of Information Seeking and Searching[J]. *New Review of Information Behaviour Research*, 2002, Vol. 3: 1-15.

② Choo, C. W., Detlor, B. Turnbull, D. Information Seeking on the Web: An Integrated Model of Browsing and Searching[J]. *First Monday*, 2000, 5(2).

耗人的认知资源从记忆中唤起搜索词来表达信息需求，或向搜索引擎提出需求，然后由搜索引擎返回匹配结果。搜索将积极尝试回答问题或形成在特定问题上的理解。搜索可以使用顺序搜索工具，消费者输入若干关键词后，搜索引擎将根据结果与搜索需求的拟合程度对产品信息排序；也可以使用平行搜索工具，消费者选择与输入具体指标后，以表格等方式横向对比多种产品的价格参数、型号、功能。对于需求明确的搜寻，通常会用搜索来完成；而需求不能加以明确概括时，使用其他搜寻策略，如浏览。

(2)浏览

浏览(图 2-2 的 b 单元)指没有特别的信息需求或兴趣，但主动地把自己暴露在可能的信息中，随意查看一些内容，对信息进行略读，主要依靠人的感知能力从环境中主动识别有用的信息。Licklider① 按用户对浏览信息的熟悉程度，将浏览分为近程浏览、中间浏览和远程浏览；Levin② 按用户对浏览所处物理环境的熟悉度，将浏览分为随机浏览、半随机浏览和半确定性浏览；Vickery③ 根据用户是否有浏览目标，将浏览分为有目标浏览、娱乐性浏览和探索性浏览。

(3)追踪

追踪(图 2-2 的 c 单元)指对感兴趣的事情和在探索的问题保持一种警觉(Alertness)，警觉是面对外部环境中变化的信息时行为模式的一种倾向性和敏感性(Ray&Cardozo，1996)④，实质是对环境

---

① Licklider, J. C. *Proposed Experiment in Browsing*[M]. Cambridge, MA: M. I. T. Press, 1965: 86-88.

② Levin, M. M. An Essay on Browsing[J]. RQ, 1969(9): 35-36.

③ Vickery, J. E. A Note in Defense of Browsing[J]. BLL *Review*, 1977(5): 110.

④ Ray, S., Cardozo, R. Sensitivity and Creativity in Entrepreneurial Opportunity Recognition: A Framework for Empirical Investigation[C]. Sixth Global Entrepreneurship Research Conference, London: Imperial College, 1996.

中信息的警觉和对客观环境的动态适应(Ardichvili et al., 2003)①。因为警觉的存在，尽管没有信息搜寻的迫切需要，当相关的信息出现时就会加以捕捉。追踪得到的信息与已有的信息需求相关。

(4)偶遇

偶遇(图 2-2 的 d 单元)指用户在没有搜寻任何信息或者没有搜寻某特定信息等未预期的情景中，意外发现有兴趣或可用的以解决问题的信息。信息偶遇的概念提出较早，Krikelas 在 1993 年使用了“随意的信息获取”(Casual Information Gathering)这一概念②，随后 Marchionini 也指出信息搜寻既是系统化的，也是充满不确定性的③。Erdelez 于 1995 年正式提出信息偶遇(Information Encountering)这一术语④。Williamson (1998)⑤将信息搜寻分为有目的的信息搜寻(Purposeful Information Seeking)和偶然的信息获得(Incidental Information Acquisition)，后者即为偶遇。

四种策略中，搜索是主动且直接(定向)的，浏览是主动且间接(无向的)、追踪是被动且直接的，偶遇是被动且间接的。不同于用户主导的主动搜寻，被动搜寻策略被动等待信息的靠近；直接搜寻是找寻用户明确需要的信息(Information That We Know We Need to Know)，间接搜寻是找寻用户需要，但这种需要不为用户

---

① Ardichvili, A., Cardozo, R., Ray, S. A Theory of Entrepreneurial Opportunity Identification and Development[J]. *Journal of Business Venturing*, 2003(18): 105-123.

② Krikelas, J. Information-Seeking Behavior: Patterns and Concepts[J]. *Drexei Library Ouarterly*, 1983, 19(2): 5-20.

③ Marchionini, G. *Information Seeking in Electronic Environments*[M]. Cambridge Series on Human-Computer Interaction(vol. 9). Cambridge: Cambridge University Press, 1995.

④ Erdelez, S. Information Encountering: An Exploration Beyond Information Seeking[D]. Unpublished Doctoral Dissertation, Syra-cuseUniversity, Syracuse, NewYork, 1995.

⑤ Williamson, K. Discovered by Chance: The Role of Incidental Information Acquisition in an Ecological Model of Information Use[J]. *Library & Information Science Research*, 1998, 20(1): 23-40.

所知的信息(Information That We Do Not Know We Need to Know),因此间接搜寻策略较之直接搜寻策略具有更大的不确定性和灵活性。在信息搜寻行为研究领域,学者们倾向于研究主动的信息搜寻,尤其是方向明确或特定的以搜索引擎为技术背景的信息搜寻策略——搜索。

2.1.3.2 固定样本搜寻(Fixed Sample Search)和连续搜寻(Sequential Search)

Stigler (1961)提出了固定样本搜寻模型,指在价格离散幅度既定的情况下,搜寻者拜访固定的 N 家商店以获得最合适的价格,达成购买行为。Daniel D. Wiegmann(2010) ①形象地将固定样本搜寻策略称为 Best-of-N Search Strategy。但是,消费者可能很早就幸运地得到了最低价,接下来再做任何的搜寻都是徒劳。所以固定样本搜寻策略不能很好地反映实际搜寻情况。

连续搜寻模型由 McCall(1970)②提出,它强调消费者的搜寻行为应该持续到获得“最合适”的价格为止。连续搜寻策略假设在消费者心中存在一个预期的价格,只要找到的商品的价格不大于该预期价格,消费者会终止搜寻,否则会继续。由于消费者每次只需比较两个价格,所以该策略又被称为“近视型”搜寻(Lippman & McCall, 1976)③。

王知津等分析了电子商务网站顾客信息搜寻行为过程,“在购物问题理解的过程中,消费者基本上是随机的。需要动用大量心理资源和使用积极的检索策略,执行整体加工”,而“店内信息浏览阶段的浏览行为是一种目标导向型浏览,搜寻方式为顺序的,基于

---

① Daniel D. Wiegmann, Steven M. Seubert, Gordon A. Wade. Mate Choice and Optimal Search Behavior: Fitness Returns Under the Fixed Sample and Sequential Search Strategies[J]. *Journal of Theoretical Biology*, 2010(262): 596-600.

② McCall, J. J. Economics of Information and Job Search[J]. *Quarterly Journal of Economics*, 1970(184): 113-126.

③ Lippman, S. A., McCall, J. J. The Economics of Job Search: A Survey[J]. *Economic Inquiry*, 1976, 14(2): 155-190.

网页内的链接指向在同一页面或多个页面内进行”，可见，网络消费者信息搜寻行为一般会经历从固定样本搜寻策略为主向连续搜寻策略为主的转变。

2.1.3.3　内部搜寻（Internal Search）和外部搜寻（External Search）

内部搜寻是消费者激活记忆中的相关知识或信息的过程；外部搜寻是消费者从外部环境中获得相关信息的过程。大量文献中都有基于刺激与回忆两种不同的信息驱动模式下消费者行为的研究（Bettman et al.，1992）。从这个角度来讲，外部搜寻是刺激驱动的，信息都从外部获得。内部搜寻仅仅依赖于记忆中的信息，是回忆驱动的。

Wayne S. DeSarbo① 提出，消费者搜寻是一个序列的两阶段决策过程（A Two-Stage Sequential Decision-Making Process），即消费者为了减少购买的不确定性以获得更大的预期收益，一般会依次进行内部搜寻和外部搜寻，内部搜寻后，消费者会决定是否进行外部搜寻以及进行多大程度的外部搜寻。如在品牌忠诚（Brand Loyalty）、再次购买（Straight Rebuy）、冲动购买（Impluse Buying）等情况下，消费者不进行外部搜寻，通过购买及使用经验的内部搜寻足以形成购买决策。但内部搜寻具有快速、无意识、不受成本影响等特点，所以内部搜寻的研究具有很大的难度。目前绝大多数的消费者信息搜寻模型仍重点关注外部搜寻，且仍假定外部搜寻是必经的阶段（Ratchford，1980②；Meyer，1982③；Hagerty and Aaker，1984④）。

---

① Wayne S. DeSarbo, Choi A. Latent. Structure Double Hurdle Regression Model for Exploring Heterogeneity in Consumer Search Patterns [J]. *Journal of Econometrics*, 1999(89): 423-455.

② Ratchford, B. T. The Value of Information for Selected Appliances [J]. *Journal of Marketing Research*, 1980(17): 14-25.

③ Meyer, R. J. A Descriptive Model of Consumer Information Search Behavior [J]. *Marketing Science*, 1982: 93-121.

④ Hagerty, M. R., Aaker, D. A. A Normative Model of Consumer Information Processing [J]. *Marketing Science*, 1984(3): 227-246.

2.1.4 消费者信息搜寻行为模型建立的基础

科学的信息搜寻行为模型的建立必须首先充分考虑信息搜寻行为的影响因素，此外，信息搜寻过程决定了信息搜寻行为模型的研究范围。因此，消费者信息搜寻行为模型是建立在影响因素和搜寻过程理论的基础之上的。

2.1.4.1 信息搜寻行为的影响因素

Wilson(1999)的信息行为模型将影响因素按心理学、人口统计学、角色或人际、环境加以归类，Choo(1999)的信息行为模型则研究了认知、个体特质和情境等因素对信息搜索行为的影响。已有研究对信息搜寻行为的影响因素进行了全面的分析，这里依据前文分析的信息搜寻行为要素，对信息搜寻行为影响因素归纳如下：

(1)主体因素

信息搜寻的主体因素得到了学术界最多的关注，许多学者认为主体特性是影响其信息搜寻成败的重要因素。主体因素包括：

① 个体特质。Wilson(2000)认为个体特质主要包括心理变量和人口统计变量。心理变量包括价值观、政治倾向、习惯、偏好、成见、对知识和技能的自我评价、兴趣等。人口统计变量包括性别、年龄、社会和经济地位、教育和工作背景等。

② 先验知识和经验。它指产品涉入、产品知识和过去的购买经验等。Shane (2000) 指出个人非同质的先验知识(Prior Knowledge)创造了“知识走廊”①，Cohen 与 Levinthal (1990)也认为原先的信息会构建一个“认知结构”，可以有效地组织和解释其个人经历中的各类信息，并影响他们综合、推断、解释和应用新信息的方式，进而影响他们发现新信息②。先验知识和经验对信息搜寻

① Shane, S. Prior Knowledge and the Discovery of Entrepreneurial Opportunities[J]. *Organization Science*, 2000, 11(4): 448-469.

② Cohen, W. M. Levinthal, D. A. Absorptive Capacity: A New Perspective on Learning and Innovation[J]. *Administrative Science Quarterly*, 1990(35): 128-152.

具有不同的影响①，先验知识丰富的消费者会增加搜寻产品的特点或功能的数量或范围，经验丰富的消费者更多地依赖自己的主观评估，较少受推荐的影响。

(2)客体因素

信息搜寻的客体是信息。信息表现的是客观事物运动状态和变化的实质内容。消费者搜寻的信息是产品(服务)相关事物的状态和变化。因此，信息搜寻的客体因素包括产品和信息两个方面。

① 产品因素。包括产品价格、决策方案之间的差异以及重要属性的数量等。产品的价格高，且产品之间存在显著差异的时候，消费者倾向于搜寻更多的信息。

② 信息因素。包括信息的类型、来源、情感以及结构。Kaish 和 Gilad (1991)发现搜寻者更为偏爱主观信息，比如评价、分享。Kunda (1999)发现搜寻者对负面信息的重视程度远远高于其他信息。Forbes (2005)指出影响购买决策的几个重要的信息结构：信息的扁平化；信息的外部借鉴与专家参与；信息的系统性和精密性；信息的联系实际性与实时性。

(3)搜寻因素

搜寻因素指主客体因素之间的相互作用，包括情境因素和环境因素。

① 情境因素。指时间、空间或财政方面的因素和利用信息源的可能性以及其他心理上或物理上的条件，包括时间压力、成本约束、风险感知、策略选择、人机交互等。如搜寻者需要在较短的时间内解决消费问题，完全的搜寻努力会受到影响。除了时间成本以外，消费者还面临着经济压力、精神压力等影响信息搜寻的约束条件。消费者可感知的风险越大，就要搜寻更多的信息。不同的消费者会选择不同的搜寻策略，进而影响搜寻进程和搜寻结果。信息搜寻中搜寻者与系统交互的愉悦程度将影响消费者对信息搜寻的满意度。

---

① 王新海，王志宏．Web 客户购买决策的情境因素分析[J]．辽宁工程技术大学学报(社会科学版)，2008，10(2)：153-156.

② 环境因素。Specht（1987）研究了环境和群体变量对信息搜寻的影响，发现二者存在明显的交互效应。环境和群体对其成员影响有三种主要方式，包括信息性影响、规范性影响和认同性影响。决定群体影响力的因素有产品或品牌的使用可见性、产品的必需程度、个人对群体的忠诚等。环境和群体因素克服了信息来源薄弱的问题，个体不仅可以获得所需要寻找的信息，还能彼此交互，得到难以通过文档、数据库、信息检索技术等来获取的隐性知识。

2.1.4.2 信息搜寻过程

信息搜寻是一个动态的、持续的过程，以消费者的购物决策为临界点，可以分为购前搜寻和购后搜寻。也可以将某一特定的信息搜寻行为分为搜寻前（Pre-Search）、搜寻中（During-Search）和搜寻后（Post-Search）。已有研究多集中于购前的信息搜寻行为以及搜寻前和搜寻中的消费者行为，而基于过程的信息搜寻行为模式需要全面考虑消费者信息搜寻的所有阶段。

Pan 构建了包括持续性搜寻、购前搜寻、规划阶段搜寻、旅行中搜寻和旅行后搜寻五个阶段的信息搜寻过程模型，并运用实验法研究了购前搜寻行为①。

胡兴报通过对消费者搜寻前的日常信息搜寻和信息搜寻动机，搜寻中的搜寻内容、搜寻策略选择、搜寻障碍感知，以及搜寻后的进阶信息搜寻行为的问卷调查及数据统计分析，对消费者的类型进行了划分②。

Brynn M. Evans，Ed H. Chi 也将信息搜寻划分为搜寻前、搜寻中和搜寻后三个阶段，对搜寻前的搜寻动机和搜寻准备、如何根据不同的信息需求开展信息搜寻、搜寻后的分享等问题进行了研究③，其中

---

① Pan，B. Travel Information Search on the Internet：An Exploratory Study [D]. Urbana：University of Illinois at Urbana-Champaign，2003.

② 胡兴报．国内旅游者网络旅游信息搜寻动机与行为研究[D]．安徽师范大学，2011：15-16.

③ Brynn，M. Ed H. Chi，Peter Pirolli. Do Your Friends Make You Smarter?：An Analysis of Social Strategies in Online Information Seeking [J]. *Information Processing and Management*，2010(46)：679-692.

涉及消费者搜前社会化互动对于消费者确定信息需求及后续信息搜寻行为的影响、消费者搜后社会化互动对于信息组织及搜寻准备的影响，以及成功和不成功信息搜寻行为在各阶段的数量特征之间的差异比较等若干前沿研究问题。

2.2　社会化媒体基本理论

2.2.1　社会化媒体的定义

2.2.1.1　社会化媒体的概念

从起源上看，“社会化媒体”的概念首先由 Spanmrworks 内容和媒体部门的主管 Antony Mayfield 于 2008 年在 *What is Social Media* 一书中提出。最初这一概念主要是针对由社会性网络服务(Social Network Service，简称 SNS)所带来的新型网络信息交流空间进行的集合性表述，主要包括博客、维基、论坛、社交网络、播客、微型博客和内容社区等①。社会化媒体是一种给予用户极大参与空间的新型在线媒体，是用户彼此之间用来分享信息、意见、见解、经验与观点的工具和平台，是一种社会化的沟通方式，它模糊了信息创造者、信息传播者以及信息接受者之间的区别，实现了用户角色的自由转换。

从技术层面上讲，万维网创始人 Tim Bemers-Lee 等更强调社会化媒体的技术性，他认为社会化媒体是一系列能够促进个体共享信息、协作、创建并发展在线社区的软件工具的集合②。

Kevin Glasier (2008)从对话的角度概括了社会化媒体的概念。社会化媒体是一种通过人类语言进行的有机的、复杂的、在线的对

① Antony Mayfield. *What is Social Media*[M/OL]. iCrossing, 2008. http://www.icrossing.co.uk/fileadmin/uploads/eBooks/What_is_Social_Media_iCrossing_ebook.pdf.

② 王晓光，郭淑娟 . 社会性媒体初论[C]. 2008 中国新媒体传播学年会论文集，北京，2008.

话，这种对话由社交网络（SNS）、网络书签（News & Bookmarking）、博客（Blog）、微博客（Miroblog）、视频分享（Video Sharing）、照片分享（Photo Sharing）、留言板（Message Board）、维基（Wiki）、虚拟现实（Virtual Reality）、社交游戏（Social Gaming）等驱动①。

王晓光（2009）从技术与内容两方面总结了“社会性媒体”的概念。从技术上看，社会性媒体是一种完全基于互联网的数字化媒体，它以各种社会性软件为基础。社会性媒体中存在两类群体，一类是提供各种数字信息的生产、发布、存储、传播和交流平台的平台运营商；另一类是作为社会化媒体的主体角色的普通大众，他们既是内容的生产者、传播者，也是最终的消费者。从内容特征看，社会性媒体的内容主要是个人意见、专业见解、工作经验等感性认知，这与传统网络信息以硬性新闻和事实报道为主有较大差异。

综上，本书认为社会化媒体=社会+媒体。所谓社会就是人与人之间的交流和沟通，而媒体即信息平台。社会化媒体是以 Web 2.0 技术为基础，基于用户社会关系的内容生产与交换平台。它拥有大量的使用者，能为用户提供极大的参与和交流空间。在社会化媒体平台上，用户能自发地进行信息的创造、传播和分享。消费者能够进行商品的搜寻、浏览商品的评价、购买商品以及购买后分享等一系列行为。

2.2.1.2　相关概念辨析

目前，社会化媒体还没有一个精确、权威的概念，甚至对于“Social Media”对应的中文翻译，国内研究人员还有“社交媒体”、“社会化媒体”、“社会性媒体”、“社交网站媒体”等不同的译法。实际上社会化媒体并不是已有概念的同义词或别名，而是一个有待深入研究的新概念。表 2-2 将社会化媒体相近的几种概念的内涵及其与社会化媒体的关系进行了整理。

---

① Kevin Glasier. An Introduction to Social Media[EB/OL]. [2011-07-03]. http://www. slideshare. net/tactica _ inc/the-conversation-an-introduction-to-social-media-presentation.

表 2-2 社会化媒体相近概念比较

概念	时间	含 义
社会网络	1954 Barnes, J. A. ①	社会网络是社会个体成员之间因互动形成的相对稳定、复杂的关系体系，互动会影响人们的社会行为。互动和联系是社会网络关注的重点
虚拟社区 Virtual Community	1993 Rheingole	一群主要借由计算机网络彼此沟通的人们，彼此有某种程度的认识，分享某种程度的知识和信息，从而形成的团体②
SNS Social Networking Services	2002 Friendster. com	SNS 即社会化网络服务，旨在为一群相互联系的人建立并反映其社会网络或社会关系的服务，是一种以用户为中心，通过一系列社会网络软件或工具，为用户建立社会化的关系网络的互联网应用服务③
自媒体 We Media	2003	公民用以发布自己亲眼所见、亲耳所闻事件的载体，如博客、微博、论坛、BBS、网络社区等④
Web 2. 0	2004 Dale Dougherty	Web 2. 0 是相对 Web 1. 0 的新的一类互联网应用的统称。Web 2. 0 更注重用户的交互作用，用户既是网站内容的浏览者，也是网站内容的制造者

从概念产生的时间来看，社会网络产生于 20 世纪 50 年代，而

① Barnes, J. A. Class and Committees in a Norwegian Island Parish[J]. *Human Relations*, 1954(7): 39-58.

② Rheingold, H. *Virtual Community*: *Homesteading on the Electronic Frontier*[M]. Reading MA: Addisons-wesley Inc., 1993: 105-111.

③ Wikipedia. Social Networking Service[EB/OL]. [2010-05-20]. http://en.wikipedia.org/wiki/Social_network_service.

④ Shayne Bowman, Chris Willis. *We Media*: *How Audiences are Shaping the Future of News and Information*[M]. The Ameriean Press Institute, 2003.

其余概念均伴随着互联网的发展，虚拟社区、SNS、自媒体、Web 2.0基本上于同时期出现，社会化媒体出现得最晚；从概念的侧重点来说，社会网络偏重关系体系，虚拟社区偏重群体、平台和分享，SNS强调基于社会网络关系的社交应用，而自媒体和Web 2.0均强调了用户在网络内容贡献中的主动作用，只不过Web 2.0的概念更为宽泛，同时更注重交互性。从以上概念与社会化媒体的关系来看，虚拟社区、SNS、自媒体是社会化媒体的一部分，是包含与被包含的关系。Web 2.0为社会化媒体提供了技术基础和环境基础。社会化媒体的本质和基础是社会网络。因此，社会化媒体与相近概念之间存在着联系，更存在不可忽视的差异。

赵宇翔从宏观、中观和微观三个层面对社会化媒体的研究进行了粒度分析，如表2-3所示。

表2-3　　社会化媒体研究的粒度分析①

宏观	中观	微观
Social Media, Web 2.0, UGC, SNS, Virtual Community, Social Commerce, New Media等	Facebook、YouTube、Twitter、Del. icio. us、Amazon. com、Answers、Myspace、Flickr、Digg、Linkedin、人人网、土豆网、淘宝、豆瓣网、新浪微博等	Feedback Mechanism, Social Mapping, Online Virtual Advisor, Content-Basedrecommendation, Social Searching

社会化媒体概念宏观层面的粒度分析泛化了社会化媒体的概念，中观层面的粒度分析有助于了解国内外一些有影响的社会化媒体产品和网站。微观层面的粒度分析揭示了社会化媒体的具体特征，这种特征可能源于宏观层面的一般特征，也可能是某个中观层面具体产品的个性化特征。

① 赵宇翔，张苹，朱庆华．社会化媒体中用户体验设计的理论视角——动因支撑模型及其设计原则[J]．中国图书馆学报，2011，27(195)：32-45.

2.2.2 国内外社会化媒体发展概况

当前，社会化媒体呈井喷式发展。根据 ITU(国际电信联盟)的最新统计，截至 2012 年年底，全球网民数量达到 20.8 亿，而截至 2012 年 10 月，目前最为炙手可热的社会化媒体平台 Facebook 的用户数量超过 10 亿，2012 年 7 月 31 日 Twitter 用户量超过 5 亿。2012 年用户花费在 Social Media 上的时间比例超过门户网站，Social Media 成为最重要的媒体渠道之一。

从中国的情况来看，近年来网络基础设施日益完善，互联网普及率不断提高，中国网民规模日益扩大。根据中国互联网络信息中心(CNNIC)第 31 次全国互联网使用情况调查的统计数据，截至 2012 年年底，我国网民规模达 5.64 亿，互联网普及率为 42.1%，手机网民规模为 4.20 亿，即时通信用户 4.67 亿，社交网站用户 2.75 亿，博客用户 3.72 亿，论坛用户 1.49 亿，微博用户 3.09 亿，手机微博用户 2.02 亿，在线视频用户 3.71 亿。笔者整理了 2009—2013 年 CNNIC 发布的《中国互联网络发展状况统计报告》(第 23、25、27、29、31 次)，从图 2-3 中网民和手机网民数量增长以及各类社会化媒体使用人数的增长趋势可以看出，社会化媒体已成为中国互联网的重要组成部分。

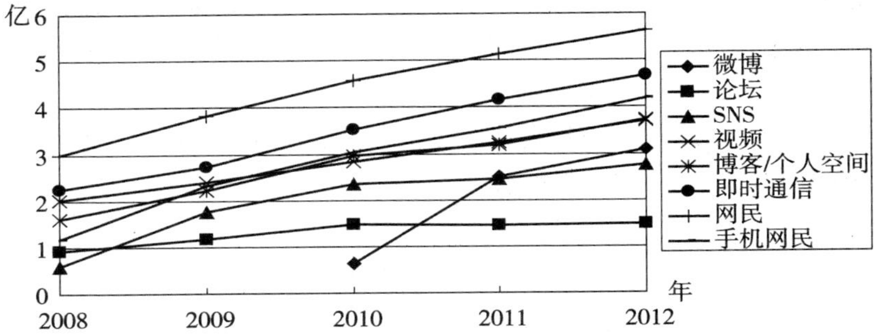

图 2-3　中国社会化媒体发展趋势(2008—2012)

中国的社会化媒体发展迅猛，We Are Social 称大陆网民 41%的上网时间是用在社会化网站上。安吉斯媒体集团大中华区 CEO 李桂芬指出，社会化媒体占 15~34 岁网友上网时间的 30%①。CIC 总结了 2013 年中国社会化媒体的发展，将中国社会化媒体的发展格局分为四大块：

① 基础功能网络。主要指为其他平台或网民生活提供基础性功能支持的平台。除了在线问答、在线百科、博客及博客聚合、文档分享之外，签到位置服务(LBS)也在此类，LBS 已经被普遍运用于如微博、社交网站、消费评论等社会化媒体的移动端，成为一种“基础设施”。

② 核心网络。主要指功能相对独立、成熟度较高、占据网民大量时间的平台，例如微博、社交网站、视频网站、移动社交等。

③ 增值衍生网络。是指功能依托于核心网络以及其他网络，除了社会化电子商务、社会化内容聚合、社交游戏之外，社会化搜寻(搜索)也在此类。

④ 新兴/细分网络。是指功能相对独立，针对特定人群或模式，更为新兴的一些平台。近来以移动端的视觉社交为主的图片分享和社会化电视发展迅速。国外 Instagram 的火速发展带动图片社交的兴起，国内的重要平台包括“图钉”以及视觉+听觉社交的“啪啪”等。社会化电视的实质是“电视内容+即时交流”，例如基于新浪微博平台的社会化电视——微电视以及凤凰新媒体推出的社会化电视 App 卫士通。此外，商务社交延伸出一类小分支，即社会化招聘，例如在校园招聘中颇为普及的大街网。

根据 CIC2013 中国社会化媒体格局图②总结，中国社会化媒体的最新发展格局如表 2-4 所示。

---

① Y 世代沟通新趋势：社群、连接、玩游戏[EB/OL].[2012-10-14]. http://www.cheers.com.tw/article/article.action? id=5044321.

② 2013CIC 中国社会化媒体格局图[EB/OL].[2013-04-02]. http://www.ciccorporate.com/index.php? option=com_content&view=article&id=1079&catid=84:archives-2013&Itemid=194&lang=zh.

表 2-4 **中国社会化媒体发展格局**

类型	应用形式	举 例
基础功能网络	在线问答	百度、新浪爱问、知乎、Yahoo 知识堂
	在线百科	百度百科、互动百科、搜搜百科、mbalib
	博客 & 博客聚合	新浪博客、搜狐博客
	文档分享	豆丁网、百度文库、爱问共享
	签到位置服务	嘀咕、切客、街旁
核心网络	微博	新浪微博、腾讯微博、网易微博、搜狐微博
	社交网站	人人、豆瓣、开心、QQ 空间
	即时通信	QQ、旺旺、飞信、MSN
	移动社交	微信、陌陌、友加
	视频 & 音乐	优酷、土豆、酷 6、PPTV
	论坛	天涯社区、猫扑、百度贴吧
	消费评论	大众点评网、口碑网、爱帮、饭统网
	电子商务	淘宝、京东、当当、凡客、1 号店、美团
增值衍生网络	社会化电子商务	美丽说、蘑菇街、堆糖、花瓣
	社会化内容聚合	网易云阅读、鲜果联播、ZAKER
	社交游戏	人人游戏、腾讯游戏、rekoo
	社会化搜索	Siri、云云搜索、必应 bing、Volunia
新兴/细分网络	在线旅游	穷游、魔房、蚂蜂窝、驴友网
	轻博客	新浪 Qing、LOFTER，点点、推他
	婚恋交友网站	珍爱、百合、世纪佳缘
	商务社交	若邻、大街网、优士网、天际网
	企业社交	Tita、明道和云之家
	图片分享	图钉、啪啪、乐魔库、冒泡拍拍
	社会化电视	微电视、网易电视指南、卫士通

中国的社会化媒体整体格局虽然与国外相似，但由于国情和用

户特征的不同，中国社会化媒体的发展充满了独特性。以社交网站(SNS)为例，国外市场中，Facebook 占主导地位，而在中国，则产生了 Qzone、开心、人人等大型社交网站，它们之间相互竞争，并拥有不同的用户群体。但无论如何，中国社会化媒体还是持续快速地发展着，媒体平台逐渐呈现移动化、商业化、平台化、创新化、视觉/听觉化、私密化和服务化的趋势。

2.2.3 社会化媒体的特点

Dion Hinchcliffe（2007）①认为社会化媒体的关键因素是社会化媒体的交流是对话而不是独白的形式，参与者是人而不是组织，诚实与透明是其核心价值，人们受对话的驱使而不是推动，分众代替集权；Spannerworks 定义社会化媒体具有用户创造内容 UGC(参与、交流、对话)、内容创造媒体 CGM(公开、社区、联通)的特点②；邱蕾将社会化媒体的特点归纳为高涉入性、强社交性和涌现性③。

本书归纳了社会化媒体的特点(如图 2-4 所示)：

①参与性：社会化媒体中由用户创造内容，分享传播的形式能够激发感兴趣的用户主动贡献内容和提供反馈。任何用户都可以以创造者、传播者、接收者等身份参与进来，而且这些身份随时都可能因为参与发生转变。

②开放性：一方面，用户本身没有身份门槛限制，任何人都可以创建、评论、添加、传递社会化媒体内容；另一方面，几乎所有的社会化媒体用户都可以免费参与其中，用户之间可以自由地参与以及利用社会化媒体中的内容。

③交流互动：传统网络信息传播方式偏向于单向流动，用户创

① Hinchcliffe, D. The State of Enterprise 2.0[J]. *The Enterprise Web*, 2007(2).

② Antony Mayfield. *What is Social Media*[M/OL]. iCrossing, 2008. http://www.icrossing.co.uk/fileadmin/uploads/eBooks/What_is_Social_Media_iCrossing_ebook.pdf.

③ 邱蕾．社会化媒体对消费者购买意愿的影响研究[D]．南昌：江西财经大学，2009：19-20.

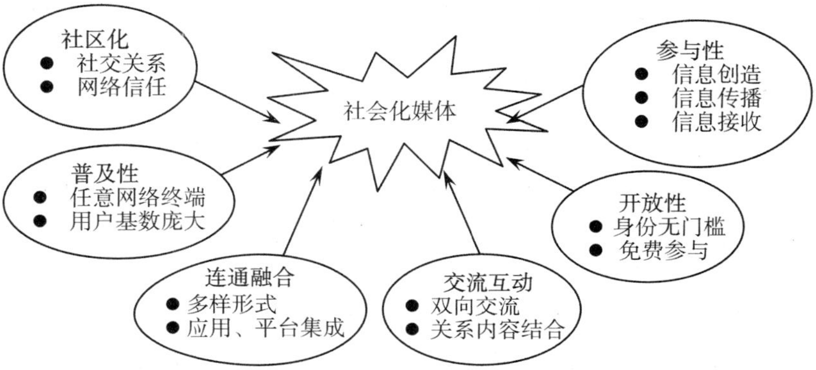

图 2-4　社会化媒体特征

造内容较少，内容主要由专业人群创建。而社会化媒体则形成了一种双向交流、双向对话的特质，其对话模型不仅包括媒体机构与普通网民之间的纵向联系，还包括普通网民内部的横向交流，信息传播效率成倍提高。交流互动的本质是社会关系与内容生产的相互融合。社会关系的需求促进了社会化媒体平台上的内容生产，反过来，内容生产成为连接人们关系的纽带。

④连通融合：社会化媒体具有强大的融合性，一方面，信息内容可以以文字、声音、图片、视频等不同形式编辑，不同表现形式的信息又能够相互补充、联系起来；另一方面，社会化媒体平台可集成其他形式的应用，例如人人网、新浪微博可以与京东商城等购物网站信息集成，把购物网站上用户的购物信息、评价、推荐等同步到社会化媒体平台；再者，社会化媒体平台之间也通过链接集成，显示出强大的连通性，一个用户可以使用一个身份参与到多个平台系统，最终实现形式多样的内容，多种媒体的连通融合。

⑤普及性：任何能够连接网络的终端都可以实现社会化媒体的使用。从国内外社会化媒体发展的态势可以看出，全球社会化媒体用户基数庞大，且呈快速的增长趋势。

⑥社区化：在社会化媒体中，用户可以很快地形成社区或小群体，并围绕兴趣和关系开展各种交流互动。在这样的社区或小群体

中，成员之间往往会形成某种较强的联系，这种联系类似真实世界的社交关系，从而能够获得较高的网络信任。

2.2.4 社会化媒体的要素

社会化媒体正变得越来越复杂，每一种社会化媒体、每一个平台之间千差万别，要找到一个适合所有研究问题的“完美”的社会化媒体模型几乎不可能，但是，从复杂的社会化媒体的表象中提炼共同的特质却是展开相关研究的前提条件。

社会化媒体的核心是用户，用户之间通过信息产生互动，同时信息和关系相互作用，构成了用户在社会化媒体上的虚拟世界。也就是说，社会化媒体是人际互动关系以及在这个关系网络上流动的信息所构成一个开放系统。个体对海量的信息源进行筛选甄别，并与所需要的节点之间建立联结，形成不同的关系，互动使内容通过关系从不同的“源”头聚合并“流”动。

美国社会学家 Mark S. Granovetter 指出社会网络资源可分为“信息”和“影响”，前者指个人通过网络获得的对自己行动有价值的信息，后者则指个人从网络成员那里获得的实质帮助①。可以将前者解读为内容，而后者就是关系和互动。

关系和互动以及内容是社会化媒体的要素，两者相互影响。如果缺乏用户的有效参与，社会化媒体基本上就是毫无内容的媒体；相应地，如果没有有血有肉的内容，社会化媒体中的用户关系和互动也将不复存在。

2.2.4.1 关系和互动

关系指人与人或人与物之间的某种性质的联系。Facebook 最核心的关系是 Friends；Twitter 上的最核心的关系是 Follow；Google+上的最核心的关系是 Circle。

随着消费者与外界连接的可能性不断增加，消费者的社会化特征表现越来越明显。若将每个个体看做社会化媒体平台的一个节

---

① Mark S. Granovetter. The Strength of Weak Ties[J]. *The American Journal of Sociology*, 1973, 78(6): 1360-1380.

点，其邻接矩阵会是社交图谱(Social Graphic)和兴趣图谱(Interest Graphic)。“兴趣”决定了内容在到达节点是否能真正被传递，而“社交”充当了传递过程中的导航和加速器。

兴趣图谱对社会化媒体人际关系的构建具有重要意义，在某种程度上，其重要性甚至超过社交图谱。一方面，基于人际关系而非兴趣的内容传递具有局限性，如在社会化媒体上并不是每一个来自好友的推荐都有价值。另一方面，针对用户个人行为兴趣的内容传递具有更大的影响性，依据兴趣图谱实现的榜样因素激励下的购物决策就是一个很典型的例子。

和兴趣图谱一样，社交图谱也是社会化媒体运作的基础。对于社交图谱的研究，2008 年出现了“朋友的朋友”(FOAF)的研究，2009 年开始出现了社交图谱、图谱挖掘、人员搜索、关系超图、关系建模和关系管理等相关研究主题①。Lin 等人②利用多种因素(Who/What/How/When)的共现现象构建了社会化媒体用户关系的概要框架，通过多图挖掘算法抽取用户社交行为各种因素的重要变动，进而推断用户关系。他们还在 Flickr 的数据集上对此框架进行了验证。2011 年，社交图谱的研究得到进一步重视，并且出现了更为细致的关系研究，比如弱关系研究。

(1)强关系和弱关系

关系强度指两个相互联系的节点之间联系的数量和互动的频率，用以描述两个节点之间关系的紧密程度。关系强度理论最先由美国社会学家 Mark Granovetter 提出。他在论文 *The Strength of the Weak Ties* 中提出了强链接(Strong Ties)和弱链接(Weak Ties)测量

① 沈洪洲，宗乾进，袁勤俭．国外社会化媒体研究主题演化分析[J]．情报科学，2013(1)．

② Lin，Y. R.，Sundaram，H.，Kelliher，A. Summarization of Large Scale Social Metwork Activity[C]. Proceedings of the 2009 IEEE International Conference on Acoustics，Speech and Signal Processing. Washington，DC，USA：IEEE，2009：3481-3484.

的四个维度，即互动频率、感情卷入程度、亲密关系以及互惠交换①。强关系圈子小，关系密切，互动频率高，指亲戚、朋友、同事等“熟人环境”；弱关系互动弱，维系成本低，圈子更大，弱关系的数量远多于强关系。在虚拟社区中认识的具有相同爱好的网友，甚至是无意中听说的某人，这种临时关系都是弱关系。

Mark Granovetter 认为强弱关系在人与人、组织与组织、个体与社会系统之间发挥着不同的作用，强关系维系着群体、组织内部的关系，弱关系则在群体、组织之间建立了联系纽带。因为联系的强度影响信息扩散的效果。强关系由于成员间的密切联系或者频繁互动，同质性较强，难以提供更有效的信息和知识，是一种十分稳定但传播受限的社会关系；弱关系个体异质的信息源，可以传递高质量、广泛、复杂的信息和知识，促进成员间的信息生产和知识创造②。弱关系极为迅速且成本低，能有效地帮助用户拓展新的人际关系圈，使得现实中狭窄的社会活动得以在广阔的网络平台上迁移拓展，成为社会化媒体环境中信息传播的重要途径。Facebook 初期是以同学这种强关系为核心的小圈子，其信息的广泛传播只能通过跨圈子的交叉人物来实现，微博是弱关系基础之上的泛圈子，微博上的信息流动更直接，覆盖面更大，传递路径更短。

由于社会化媒体的自然进化，加之人们对关系网络的需求是一种综合需求，所以在一个好的关系网络中，强关系和弱关系应该是可以并存的。从社会化媒体的发展实践中发现，基于现实的强关系网络已经有大量弱关系加入其中，基于内容偏好的弱关系网络中，也在逐步沉淀出一些强关系。

按照“邓巴数字”的理论，人们可管理的强关系是有限的。从进化心理学的角度来看，人类在进化过程中 99%的时间里生活在

---

① Mark S. Granovetter. The Strength of Weak Ties[J]. *The American Journal of Sociology*, 1973, 78(6): 1360-1380.

② Henson, M. T. The Search-Transfer Problem: The Role of Weak Ties in Sharing Knowledge Across Organization Subunits [J]. *Administrative Science Quarterly*, 1999(44): 82-111.

部族和小型社区里，我们的大脑还没有进化到管理超过 150 个强关系的程度①。尽管如此，人们也不可能放弃对关系拓展的需求，尤其随着计算机技术的发展以及创新的不断涌现，未来我们会拥有比目前的泛关系网络更大的关系网络——云关系。所以，强关系网络和弱关系网络，还远没到分出胜负的时候。

(2)单向关系和双向关系

关系按方向性可分为单向关系和双向关系。如 Twitter 和新浪微博选择的起点是单向的关注，也就是你关注别人无需别人同意，是基于信息的。而 Facebook 和人人网的初衷是“找到朋友”，是基于需要对方验证的双方好友关系。

但是，以信息为核心的单向关注和以关系为基础的双向确认，都难以充分满足用户的信息需求。随着社会化媒体的发展，单双并存才是现实世界更为真实的关系投射。如新浪微博的关系链大概是 80%的单向关系和 20%的双向关系，豆瓣变革了它的关注与好友的功能，在友邻分类中增加了特别的“朋友”分类。

单向关系利于“区隔”，而双向关系不利于“区隔”②。在图 2-5 (a)中，信息从节点 5 开始传播，箭头代表信息到达路径。信息只会传递到 2、4、1，因为没人继续关注 2、4、1；而在图 2-5（b）中，因为关系都是双向的，5 节点的信息几乎可到达所有节点，5 周边节点 2、3、4 都会接收到信息，若被“转发”，则传播到 6、7、8、9 的可能性很大，除非 3 节点截住此信息。

虽然真正的网络关系会比图 2-5 所表现的复杂得多，但从中仍能发现不同关系中信息传递的规律，信息在双向关系里很容易传递到各个圈子里去，这有利于社交关系的拓展，但同时它使人群难以“区隔”，带来大量无用信息。

需要就关系补充说明的是，一方面，强弱关系和单双关系并不

① Dunbar, R. I. M., Shultz, S. Evolution in the Social Brain[J]. *Science*, 2007, 317(5843): 1344-1347.

② 关于“双向关系”与“单向关系”的一些解读[EB/OL]. [2010-05-10]. http://www.douban.com/note/70882488.

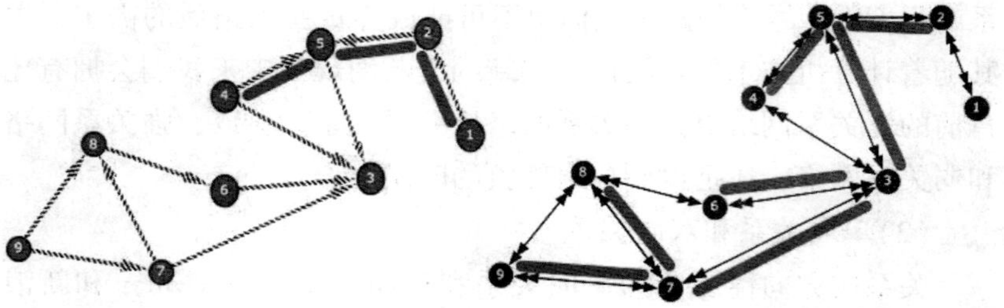

（a）单向关系利于区隔　　　　（b）双向关系不利于区隔

图 2-5　单向关系和双向关系比较

一一对应，强关系是双向的，而弱关系可以是双向的，也可以是单向的，但大体上是单向的。另一方面，关系不是静态的，它因时间、位置和应用（活动）的不同处于变化和不确定状态，不排除有些临时性的弱关系会逐渐地变成持续性的强关系，反之亦然。无论是哪一种关系，在不同的关系框架下，信息有不同的覆盖半径、传递与反馈方式。

（3）关系与互动

互动指人与人之间的相互作用，社会化媒体中的互动并非指单纯的社会化媒体上的评论与转发，也并非指类似微博促销的行为。互动指在一定的主题或规则下展开的，基于创新的、学习的、情感的、娱乐的，或者是综合上述方面的能够调动用户参与的各种活动。

关系和互动互为因果，相互促进。一方面，关系增强互动。用户之间的关系越紧密，社群认同感越强，则互动的欲望越强，通常有更活跃的互动行为；另一方面，互动发展关系，用户通过话题、讨论、活动、评价、推荐等社会化互动建立起社交关系和兴趣圈子。

关系与互动是社会化媒体内容生产的基础。首先，没有关系和互动就没有用户激励，没有激励就没有用户创造内容；其次，社会化媒体的关系和互动是用户创造内容的重要来源，也是重要的内容传输渠道。

关系和互动直接或间接地影响了信息的组织、传递与利用。

2.2.4.2　用户创造内容

社会化媒体最重要的资源仍然是内容，Content is King，内容为王。社会化媒体内容具有以下特点：

① 知识和信息与地理信息高度融合是社会化媒体内容的主要形式。社会化媒体环境下信息知识的聚合与获取已不再是通过简单的推荐、问答来实现，将信息与地理位置高度融合，从而为用户主动构建完整的知识环境是其发展趋势。例如维基百科正在推出的"身边百科"就是直接为用户搭建一个基于用户位置的周边百科知识库。社会化媒体环境下的知识获得应该向为用户主动构建知识环境的方向发展。

② 本地化社群构建是社会化媒体内容发现的重要来源。社会化媒体平台中，从商务关系的幸会到兴趣关系的飘信、邻伴，再到活动参与的"+1"都体现了社群构建的重要性。

③ 以交友为目的的应用占据社会化媒体内容的较大比例。但通过周边交友获取的内容过于粗浅，难以形成长期良好的用户体验和深入的内容发现。

内容既是社会化媒体要素，同时也是信息搜寻的客体，属于信息搜寻行为的研究范畴，所以后文社会化媒体环境下的信息搜寻行为研究中，直接用社会化媒体的关系和互动要素来表示社会化媒体环境。

2.2.5　社会化媒体的类型

社会化媒体是个超集概念，是对人们在网络社会进行沟通的各种媒体的总称。对社会化媒体进行系统的划分将为本课题实证研究平台的选择提供依据。

2.2.5.1　代表性的分类

目前具有代表性的社会化媒体分类方式有以下几种：

(1)按媒体形式划分

Spanneoorks (2007)从当时美国社会化媒体的发展形式归纳了六种最具代表性和发展潜力的社会性媒体，它们是博客、维基、播客、论坛、社交网络、内容社区。

国内网络营销专家唐兴通将社会化媒体分为社会关系网络(Social Network)、合作词条网络(Collaborative Directories)、新闻共享网络(News Sharing Sites)、内容推选媒体(Content Voting Sites)、商务关系网络(Business Networking Sites)、社会化书签(Social Collaborative Bookmarking Sites)等八类①。

网络营销公司 Drive Interactive 在其最新发布的 *Social Media Map* 2013 中全面总结了社会化媒体的最新发展形式，如表 2-5 所示。社会化媒体包括网站(Websites)、工具或平台(Tools & Platforms)、手机应用服务(Mobile Apps)几大类别，其中网站是最为主要的应用类型，社会化搜索作为基于网站的一种应用形式。

表 2-5　　**Drive Interactive 社会化媒体分类②**

类型	应用形式分类
网站 Websites	图片分享(Photo Sharing)、视频分享(Video Sharing)、全球社会化网络(International Social Networks)、社会化书签和分享(Social Bookmarking & Sharing)、微博(Microblogging)、博客社会化求职(Social Recruiting)、音乐社会化网络(Social Music Networks)、旅游社会化网络(Social Travel Networks)、播客(Podcasting)、生活播送(Lifecasting)、心思播送(Mindcasting)、社会化搜索(Social Search)、社会化商务(Social Commerce)、产品/企业点评(Product/Company Reviews)、社会化游戏(Social Gaming)、社会化问答(Social Q&A)、维基(Wikis)

① 唐兴通. 社会化媒体营销大趋势：策略与方法[M]. 北京：清华大学出版社，2010.

② Social Media Map 2013：A Snapshot of the Evolving Landscape[EB/OL]. [2013-03-14]. http://www.ovrdrv.com/social-media-map/.

续表

类型	应用形式分类
工具或平台 Tools & Platforms	博客服务（Blogging）、个人社会化网络（Private Social Networks）、管理和测评（Management & Measurement）、网址简化（URL Shorteners）、电子商务解决方案（E-Commerce Platforms）
手机应用服务 Mobile Apps	基于位置的应用(Location-Based Apps)

按照媒体形式进行划分的方法简单，但划分结果过多，随着社会化媒体的发展，我们甚至可以通过这种简单的分类方式将成千上万的社会化媒体应用分为几十个大类，即便如此，也难以穷尽所有的社会化媒体形态，这给以社会化媒体为背景的研究带来了困难，需要更为概括性的分类机制。

(2)按用户动机划分

王晓光(2009)按用户动机将社会化媒体分为六大类：创作发表型、资源共享型、热点聚合型、协同编辑型、社交服务型、网络游戏型。

按用户动机进行划分，将用户复杂的社会化媒体使用动机单一化处理，这与目前社会化媒体平台功能多样性的趋势相左，且不方便实际的分类操作。

(3)按网络结构划分

从网络的角度看，社会化媒体一般可分为社会关系层、功能平台层和应用层三个层面。以国外主流社会化媒体平台为例(如图2-6所示)，Facebook 是双向关系、社交型互动平台和社交型应用匹配融合的典型，而 Twitter 是单向关系、内容传播平台和内容型应用匹配融合的典型①。

按网络结构对社会化媒体进行划分强调了关系的主导作用，并

① 王明会，丁焰，白良．社会化媒体发展现状及其趋势分析[J]．信息通信技术，2011(5)：5-10.

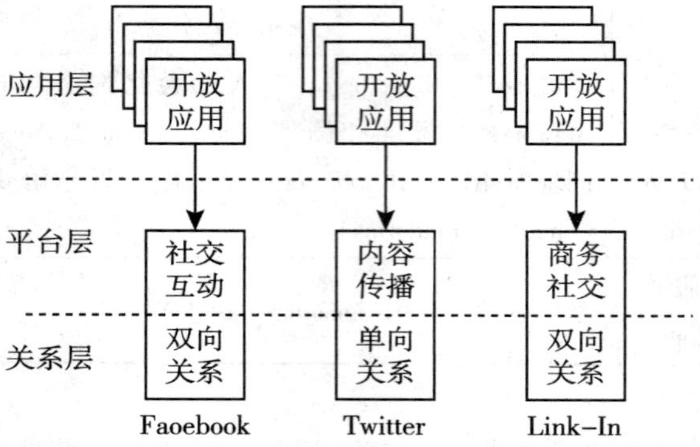

图 2-6　社会化媒体的网络结构

结合了社会化媒体平台和应用的特性，具有一定的科学性和可操作性。但它对社会化媒体网络三层结构的性质及各层之间的关系界定不够明晰，如应用层的类型、关系层相互是否开放、关系层和平台层是否完全整合等。

2.2.5.2　社会化媒体的功能与分类

本书从社会化媒体的功能入手，结合关系和内容要素，建立了社会化媒体的分类体系。

Gene Smith 提出社会软件的七大功能模块，分别是①：

①身份：社会化媒体是以用户为中心的应用，身份是核心模块。“身份”元素通过用户个人主页或个人资料卡(Profile Card)反映的基本信息来呈现，包括性别、出生日期、所属地、教育背景、工作背景、兴趣甚至政治观点、宗教信仰，还有邮箱账号、QQ、MSN 账号信息等。信息越详细，所构建的身份越明晰。用户可以用现实社会中的身份进入系统(实名社区)，也可以使用虚拟的身份，但身份显示和隐私保护之间的平衡是社会化媒体使用不可回避的问题。

① Social Software Building Blocks. [EB/OL]. [2012-10-20]. http://nform.com/publications/social-software-building-block.

②状态：也即动态，通常表示在线或者离线，或是更详细的信息，如地理位置、做什么等信息。用户可通过修改个人信息、记录心情、发表日志、上传图片、分享照片、发表评论、参与投票、发起讨论等方式更新个人的动态。

③关系：系统中用户之间的联系及其程度。在社会化媒体中，关系更多的是指用户间信息的交互流动及在此基础上所产生的全部意义。

④声誉：系统给用户及其信息的品质或级别的定义，是其社会网络地位的反映。分为用户声誉和信息声誉，前者可用游客或粉丝的数量表示，后者建立在浏览数(View Counts)、评级(Ratings)、喜欢数(Likes)等指标的基础上，两者相互联系。

⑤会话：用户在系统中和其他用户交流的方式，可分为显性方式和隐性方式。显性交流可以是系统消息、即时通信，或者多人讨论的形式。隐性交流在 SNS 中体现为“到此一游”，告知哪些朋友曾经到访。用户通过会话去寻找志趣相投者，去表达观点和想法，去影响他人和社会。

⑥分享：系统中用户彼此之间展示和传递的信息，例如新闻、电影、图片、音乐、照片等。社会媒体环境下的分享使得用户从主动搜寻信息变为系统信息推送。

⑦群组：是各种关系在选择与被选择之后，对共同感兴趣的话题和人进行讨论，形成不同的圈子。群组是用户关系组织的一种有效方式。

笔者以为“状态”内涵太窄，用更泛化的内容替代更为确切。借鉴互联网行业知名信息架构专家 Pete Morville 的“用户体验蜂巢模型”的思路，绘制社会化媒体功能的蜂洞模型(The Honeycomb of Social Media)，如图 2-7 所示。不是每种类型的社会化媒体都具有图中全部 7 种功能特性，但作为核心功能的“身份”和社会化媒体的两大要素“关系”和“内容”却是必不可少的。

根据关系和内容两个要素来构建社会化媒体的基本分类体系，将社会化媒体分为关系型、内容分享型和关系 & 内容分享型。在图 2-7 社会化媒体功能的蜂洞模型的基础上，三种类型社会化媒体

图 2-7　社会化媒体功能的蜂洞模型

的功能界定如图 2-8 所示，图中用颜色的深浅表示某功能特性在特定类型社会化媒体中的重要性。

图 2-8　社会化媒体的类型

①关系型社会化媒体。关系型社会化媒体以维护用户之间现有关系和圈子、扩充新的关系和圈子为主，用户可以根据自己感兴趣的话题来组建各不相同的群组，身份是关系和圈子建立的基础，同时关系产生内容和内容分享，关系、圈子、身份、内容和分享影响声誉，进而影响用户之间的互动交流（会话）。首先像人人网、Facebook 等建立在强关系基础上的社会化媒体平台，用户参与动机

以维系情感为主，其次是倾诉表达，对信息本身进行讨论和参与性的评价和分析，创造的高质量内容较少，它们属于关系型社会化媒体。

②内容分享型社会化媒体。内容分享型社会化媒体以内容生产和内容分享为主，使用文本、图片、音频、视频等各种形式表达内容，通过内容建立关系和圈子，身份作为内容和关系之间的桥梁，内容、分享、身份、关系和圈子影响用户互动交流(会话)，进而影响声誉。像新浪微博、优酷、YouTube、蘑菇街、问答社区等以弱关系为主的社会化媒体平台，用户参与动机是表达自我、展示自我，了解、获取、分享碎片化信息，通过创造高质量内容来提高内容的影响力，它们属于内容分享型社会化媒体。

③关系 & 内容分享型社会化媒体。用户参与社会化媒体的动机是多样的，对功能全面的社会化媒体有越来越强烈的需求，关系 & 内容分享型社会化媒体是社会化媒体发展的方向。在图 2-8(c)中，7 个功能要素全部占满，其中关系和圈子、内容和分享居于最为重要的地位，其次是作为基础和桥梁的用户身份，再次是会话和声誉。像蚂蜂窝、凡客达人、豆瓣等，这些平台的用户结成圈子、小组、部落，还可相互关注，发布多种形式的信息，发起或参加活动，维持兴趣关系和社交关系，创造高质量的信息内容，它们属于关系 & 内容分享型社会化媒体。

需要加以说明的是，无论是以上哪种类型的社会化媒体，其主要运作模式只是以用户关系为主，或是以内容分享为主，或是两者不分主次。也就是说，不同类型之间的差别只是关系和内容耦合强弱程度有所不同。特别是随着社会化媒体的日渐成熟，越来越多的社会化媒体向关系 & 内容分享型发展。

2.3　消费者信息搜寻的社会化

随着现实中越来越多的电子商务开始走向与社会化媒体的“联姻”之路，消费者的信息搜寻行为相应呈现社会化的发展趋势，社会化搜寻在消费者信息搜寻中占据着越来越重要的地位。

2.3.1 社会化电子商务的发展

电子商务是一种新型的商业活动模式，以计算机和网络技术为平台，进行信息处理、资金转移以及协商、交易和服务。社会化电子商务(Social Commerce)被定义为电子商务的子范畴，指通过支持社会互动和用户推荐的社会化媒体帮助在线购物和销售服务。从这个定义来看，一切利用社会化媒体帮助购物的商务活动都可以称做社会化电子商务，如 Twitter Commerce (T-Commerce)、Facebook Commerce (F-Commerce)，国内有人人网、微博、美丽说、蘑菇街等。

如果从商家的角度将这种新型的电子商务形态称为社会化电子商务，那么从用户行为角度，可称为社会化购物(Social Shopping)。前亚马逊公司首席科学家韦思岸创造了一个新的词汇——“Me-Business”用以概括社会化电商模式的特点。他指出，“未来的电子商务不再是关注商品，而是关注人与人之间的交流，购物行为不过是人们交流的结果之一而已”①，他将电子商务从购物到交流的发展称为“从 E-Business 到 Me-Business”的转变。

电子商务社会化是一种发展潮流。2012 年，社会化电子商务的发展令人惊叹。美丽说和蘑菇街作为社会化电子商务的代表，已经拥有了可观的用户群。部分传统电商网站也开始导入 SNS 元素，如淘宝推出其 SNS 平台——顽兔社区。电子商务的社会化趋势是基于以下三方面原因②：

①电子商务培养用户群的过程是一个社会化媒体的经营过程。20 世纪 90 年代，由约翰·哈格尔三世和阿瑟·阿姆斯特朗撰写、美国哈佛商学院出版的《网络利益》一书深刻地揭示了虚拟社会中

---

① 田旭．用 Web 3.0 引爆网上零售[J]．电子商务世界，2007(4)：50-53.

② 为什么电子商务需要“社会化媒体”化[EB/OL]．[2012-05-17]．http://www.100ec.cn/detail-6037941.html.

内容、成员、社区与交易这几者之间的价值链关系①。整个链条的起点是“吸引更多的成员参加虚拟社会”，为用户提供好的“关系平台”，激发用户的内容生产，进而吸引各方商家，针对用户进行定向销售。可见，网络经营理想的方式是先培养用户群，而培养用户群的过程就是一个社会化媒体的经营过程。

②仅仅依靠导航系统或搜索系统来建立用户与商品之间的个性化关联是不够的，社会化媒体具有把人的关系转化为人与商品的关系的能力，是实现消费者个性化信息搜寻的另一个重要手段。无论是论坛，还是 SNS 与微博，或是正在成为新的热点的 LBS，消费者之间的交流互动都具有让消费者便捷地找到最适合的商品的能力。

③消费者创造内容（如商品评价）是消费者购买决策的依据，它反映了商品和商家的口碑，可以帮助消费者克服“虚拟”状态下无法直接感知商品的不足，帮助其建立起对商品的间接“体验”。

目前社会化电子商务主要有以下实现途径：

①电子商务网站添加社会化功能。亚马逊的商品页面上，不仅有顾客的点评和评论，还有协同过滤的推荐结果——“购买了这种商品的顾客还购买了某某”，凡客的商品页面也包括了用户评价、分享、推荐、邀请好友功能，这些功能让电子商务网站更加“社会化”。

②社会化网络增添电子商务功能。如豆瓣的购书单、人人网的在线虚拟物品商城、微博上通过私信下单订书的快书包等。这种类型的社会化电子商务中用户的购买需求基本来自于朋友或者关系圈中的推荐，这种形态在国外被称为 F-Commerce，未来将是社会化电商发展中一支不可以忽视的力量。

③第三方的 SNS 化商品分享和购买引导平台。通过消费者之间的分享，帮助用户在海量商品信息中发现最适合自己的商品，获取一定分成的佣金，典型代表为蘑菇街、美丽说等直接将用户导向电子商务网站的模式。

---

① ［美］约翰·哈格尔三世，阿瑟·阿姆斯特朗．网络利益——通过虚拟社会扩大市场［M］．王国瑞，译．北京：新华出版社，1998.

④“电子商务+社会化+移动+本地化”的社会化电子商务。社会化电子商务的最高形式，目前比较成功的是一些团购网站的移动应用，集电子商务、社会化、移动、本地化于一身。

2.3.2 传统网络搜寻与社会化搜寻

传统网络搜寻一般指通过搜索引擎进行信息搜寻，搜索引擎的使用有效地提高了对海量商品信息进行筛选的效率。这种信息搜寻模式是在用户已经有明确的需求的情况下，通过互联网提供的数据，对产品做性价比较，最终确定购买的过程，同时也是用户在对某个具体商品具有足够高的刚性需求的情况下，通过理性思考得出的结果。然而，用户的购物行为有三种主流形态：第一种是有明确的品类和型号，可以通过搜索引擎解决。第二种是只有品类，比如想买一个好用的手机，这是感性的品类需求，无法直接用搜索引擎来解决。第三种是没有任何诉求，只是逛一逛。后两种形态很普遍，但搜索引擎无法满足。相反，社会化搜寻则能通过达人、编辑、用户的分享推荐，通过不同的标签做商品的匹配来实现。

新浪网、北京大学市场与媒介研究中心、第一象限公司三方合作发布的《2012年新浪微博用户发展报告》与CNNIC同期的互联网络发展状况统计报告中数据显示，微博用户使用搜索引擎的比率为68%，比网民平均水平低12个百分点，而网购比率为61%，比网民平均水平高22个百分点。两组数据的对比说明，消费者使用传统网络搜寻的比率在下降，而以微博为代表的社会化媒体在消费者信息搜寻中发挥了更大的作用。报告还显示，在消费者行为的每个环节，都会有意利用微博来辅助决策，尤其是在搜寻选择商品/服务阶段，消费者最善于利用微博等社会化媒体的关系网络寻求信息，其中搜评论的占46.5%，找优惠的占29.7%，商家咨询的占19%。

社会化搜寻行为与一般意义上搜寻不同，信息搜寻的社会化不仅使搜寻的内容更丰富，更重要的是信息搜寻不单单依靠像搜索引擎这样的技术因素，而是同时倚借人们之间复杂的关系和相互之间的互动，从而实现个性化、本地化、情景化、真实性的信息搜寻。

人们的搜索策略从传统的框（搜索框）策略转变到现在的圈（关系圈）策略。在社会化电商社区中，为了让每一个消费者都能方便地找到自己感兴趣且适合的商品，传统的导航系统已经不能满足消费者的需求，以消费者之间的相互作用（评价、推荐、关注、讨论等）为基础的社会化信息搜寻就显得尤为重要。

2.4　本章小结

本章详述了社会化媒体和消费者信息搜寻行为的基本概念和理论基础，社会化媒体环境下的用户信息搜寻行为研究是对上述相关领域研究的发展和深化。本章还介绍了消费者信息搜寻社会化趋势的产生背景，并简要比较了传统网络信息搜寻和社会化搜寻。围绕着消费者信息搜寻行为的发展变化，更多的研究问题出现了。社会化媒体环境下消费者信息搜寻意愿受到哪些因素的影响？不同用户的搜寻行为的特征表现有何不同？信息搜寻效率有何变化？消费者的社会化分享如何影响信息搜寻？社会化媒体环境下消费者信息搜寻行为的共同规律是什么？这些问题将在后面章节的研究中逐一展开。

第3章　社会化媒体对消费者信息搜寻行为的影响

社会化媒体具有的参与性、开放性、交流互动、连通整合、普及性、社区性，使其在消费者的信息搜寻中发挥越来越重要的作用。从社会化媒体对消费者信息搜寻行为的影响入手有助于更好地把握社会化媒体环境中用户信息搜寻的行为规律。

本章将从社会化媒体环境中的消费者、社会化媒体信息源及信息组织的特点、社会化媒体中消费者信息搜寻过程以及搜寻策略四个方面来研究社会化媒体对消费者信息搜寻行为的影响，采取先理论诠释，再通过深度访谈和扎根理论进行实证归纳的研究方法。

消费者作为信息搜寻的主体，对信息搜寻行为具有主观能控性，因此，社会化媒体对消费者的影响决定了整个信息搜寻的发生和进程。信息源及其组织决定了搜寻到的信息的形式、内容等，因此，社会化媒体对信息源以及组织的影响决定了消费者信息搜寻行为的结果。社会化媒体下消费者搜寻过程的变化，是社会化媒体对消费者信息搜寻行为影响的直接体现。信息搜寻策略决定信息获取的路径及渠道，是信息搜寻得以开展的前提条件，因此，社会化媒体对信息搜寻策略的影响决定了消费者的信息获取方式，搜寻策略研究可以给用户提供更好的策略指导，以提升搜寻效率。

建立在上述信息搜寻行为要素基础之上的本章内容研究框架如图3-1所示。

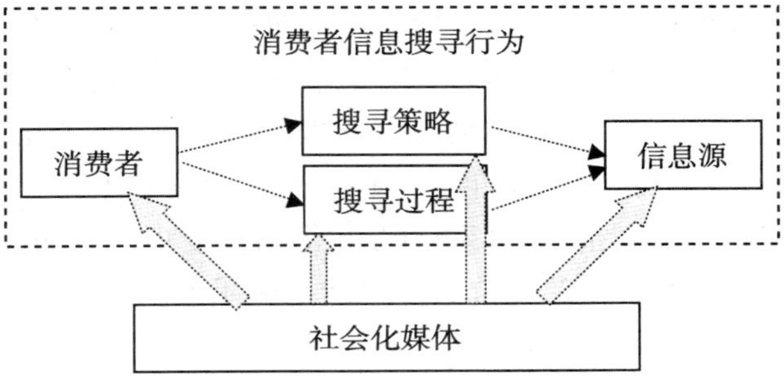

图 3-1 社会化媒体对消费者信息搜寻行为影响的研究框架

3.1 社会化媒体对消费者信息搜寻行为影响的理论探讨

3.1.1 社会化媒体中的消费者

社会化媒体环境下消费者形成其各自在网络上的身份、互动和关系，并越来越社会化，由此带来了消费者信息搜寻行为的社会化。Allfacebook 称，有 3/4 的美国消费者的购买决策会先参考 Facebook 上的评论，且有一半的受访对象会因为社会化媒体上的推荐而尝试新品牌。Tamba① 称 76%的人是靠着朋友的推荐进行购买决策，只有 15%的人是靠广告。

社会化媒体与消费者之间关系的研究始于 2007 年，2009 年出现了社会化媒体中消费者态度和消费者参与的研究。Teljas 等人②

① Why Social Media Counts When it Comes to FMCG[EB/OL].[2012-06-11]. http://wallblog.co.uk/2012/06/11/why-social-media-counts-when-it-comes-to-fmcg-infographic/.

② Teljas, C., Jonsson, A., Enlund, N. Consumer Expectations as Drivers of Media Change[J]. *Advances in Printing and Media Technology*, 2007(34): 345-354.

认为网络环境的发展变化不仅取决于技术革新，同时取决于消费者的习惯、态度和期望。他们研究了媒体的特点和消费者对未来媒体的期望，包括用户生成内容、内容聚合和搜索、普适性媒体和移动性的媒体、情境感知媒体、内容访问成本的降低、全球化等。消费者评价的研究开始于 2011 年。为研究消费者发帖评价行为与营销变量(例如价格)之间的关系，Chen 等人①搜集并分析了 2001—2008 年消费者对汽车的评价数据，结论显示产品价格和产品质量对于用户评价行为的影响有显著的差异。

Barabasi，Godin，Joseph Tripodi，Sherry Turkle 等总结了社会化媒体中消费者最重要的特点是“连接在一起的消费者”(Linked Consumer)②，如果要完整地对社会化媒体环境下的消费者加以描述，可以概括为链接(Linked)、部落(Tribe)③、表达(Expressions)④和孤独地在一起(Alone Together)⑤四大特质：

①链接。社会化消费者不同于传统网络环境下的消费者，其最根本的原因是社会化媒体将消费者以前所未有的广度和深度链接在一起。这种联系同时前所未有地影响着消费者行为。链接在一起的消费者更容易产生群体的知识和智慧，同时通过分享延伸了这种知识和智慧；链接在一起消费者可以进行爆发式的信息传递。社会化媒体时代的消费者行为研究必须将消费者的链接关系本身作为一个重要的研究内容。

②部落。社会化媒体环境不仅消除了地域障碍，而且降低了消

① Chen, Y. B., Fay, S., Wang, Q. The Role of Marketing in Social Media: How Online Consumer Reviews Evolve[J]. *Journal of Interactive Marketing*, 2011, 25(2): 85-94.

② [美]巴拉巴西. 链接：网络新科学[M]. 徐彬，译. 长沙：湖南科学技术出版社，2007.

③ [美]高汀. 部落：一呼百应的力量[M]. 门雷雷，译. 北京：中信出版社，2009.

④ Tripodi, J. Coca-Cola Marketing Shifts from Impressions to Expressions [J]. *Harvard Business Review*, 2011(4).

⑤ Sherry Turkle. *Alone Together: Why We Expect More from Technology and Less from Each Other*[M]. Basic Books, 2013.

费者兴趣爱好的展现及发现成本。消费者基于相同或相近的兴趣、爱好及价值观聚集在一起，形成社会化部落。他们只有松散的组织，但是却能够跨地域有效地组织各种活动。他们不仅仅是品牌的消费者，也是信息源和信息中介，为其他消费者和潜在消费者的信息搜寻提供帮助。

③表达。社会化媒体的发展以及终端的移动化、智能化极大地激发了消费者的表达意愿，降低了表达的门槛。消费者的丰富表达形成了消费者的第二生活空间，这是消费者的真实生活的重要组成部分。可口可乐全球CMO Joseph Tripodi在《哈佛商业评论》上发表了*Marketing Shifts from Impressions to Expression*，其核心就是可口可乐的营销思维已从提升品牌对于消费者的印象转移到鼓励消费者自发表达。消费者表达的丰富性、主动性和互动性不仅带来了企业营销策略的转变，更是为消费者信息搜寻带来了契机和挑战。

④“孤独地在一起”。*Alone Together*作者，MIT的心理学家Sherry Turkley认为，社会化网络链接创造了一个无处不在的社会化背景，消费者独处一隅，却能够和整个世界保持联系。这种被Sherry Turkle称为Alone Together的独特状态，其实是社会化网络延展了人的社交圈子后产生的“弱关系”状态，是知识变碎后的“微信息”状态，以及交流变浅后的“浅交流”状态，弱关系、微信息、浅交流赋予了消费者信息搜寻一个全新的社会化媒体环境。

将上述四个特征与社会化媒体要素联系起来，可以认为，链接和部落即为关系，链接指社交关系，而部落指兴趣关系。表达即内容，“孤独地在一起”概括了社会化媒体环境下的消费者呈现出来的特殊状态。

3.1.2 社会化媒体信息源特征及其组织方式

社会化媒体信息又可以称为“社会化媒体数据”，指的是人们在社会化媒体中产生或分享的各类信息，它的表现形式多种多样，包括评论、视频、照片、地理位置、个人资料、社交关系等。这些数据在社会化媒体概念普及之前，曾经被称做网络口碑（Internet Word of Mouth，IWOM）、用户原创内容（User Generated Content，

UGC）或消费者原创媒体（Consumer Generated Media，CGM）。

对消费者有重要价值的信息来源大致可以分为七类①：①企业门户网站信息；②网络商店信息；③网络广告信息；④产品的描述或评价信息；⑤商品评级信息；⑥消费者通过网络通信工具与其他消费者讨论而获取的信息；⑦来自综合或专业网站上的相关产品新闻报道、行业调查报告信息等。

社会化媒体信息源首先具有丰富性。彭兰从新闻生产的视角，细分了 UGC 的六种方式：原创性生产、启动性生产、资源性生产、增值性生产、互动性生产以及整合性生产②。著名的 90-9-1 定律描述了互联网中真正创造内容的只有 1%的用户，9%的用户充当了回应者，剩下 90%的用户只是旁观者。随着社会化媒体环境中内容的生产和传播变得更为便捷，有资料显示，这一比例已变成了 70-20-10。UGC 的出现，提供了将存储在人脑中的数据、信息或知识转移到网络并实现开放共享的渠道，这是社会化媒体环境下信息源的扩展和提升。当今处于大数据（Big Data）时代，数据的单位已经从 G 和 T 发展到 P、E、Z 等计量单位。大数据时代的出现与社会化媒体相关，社会化媒体环境中多种形式的 UGC、越来越庞大的信息生产与传播者群体、隐性知识的交流和共享是重要成因之一。

“全民健笔”生产了丰富的信息，但一些网民只是随意地、无目的地生产零散的“信息碎片”，如果不能将关键的碎片拼贴，形成有价值的信息，这些信息的碎片，加之误导性的评论、推荐和转发行为，以及社会化媒体信息的易创造、易复制，将会使消费者面临着更严重的信息过剩和无用信息问题。薛可等③分析了论坛在社会系统中的信息熵，研究认为，网络论坛的事件可以是无穷的，信息熵将变得无穷大。信息量的泛滥，导致有效信息含量的相对减

---

① 孙曙迎，徐青．消费者网上信息搜寻努力影响因素的实证研究［J］．重庆大学学报（社会科学版），2007（2）：006.

② 彭兰．社会化媒体、移动终端、大数据：影响新闻生产的新技术因素［J］．新闻界，2012（8）：3-8.

③ 薛可，等．基于信息平衡的网络论坛传播模式研究［J］．上海交通大学学报（哲学社会科学版），2008，16（4）：48-55.

少，有用信息淹没在大量的无用信息之中，用户信息搜寻变得更为困难。

信息搜寻与信息组织密切相关。社会化媒体中的信息不像科学体系一样通过知识的自组织而形成有序的自组织结构，当新信息进入社会化媒体时，必须有人的创造过程的有序性才能实现有序添加，否则，输入的信息越多，系统就会越混乱。然而，用户创造内容处于自发状态，难以实现有序化。

社会化媒体的信息组织是基于社会交互的关系。社会化媒体信息都是依附于人的，可能是发表对某个好友圈中的好友更新信息的评论；可能是转发某个“互粉”对象分享的内容；可能是“@”某些好友的交流信息，或是协同标注系统中不同的用户和资源通过标签产生了一定的关联。这种以关系为基础的信息组织方式能将传统网络环境下难以通过关键字来组织和没有导入链接的信息的孤立节点连通，这样有效地消除了传统网络环境下信息组织的“死角”和“孤岛”，信息可达性空前提高，促使社会化媒体向知识获取平台的方向进化。

3.1.3 社会化媒体中消费者信息搜寻过程

消费者信息搜寻的全过程包括购买前的产品了解、购买中的比较研究、购买决定与购后评论，这一过程在社会化媒体环境下具有不同的表现：购前网络口碑拥有强大的引发需求，进而促进消费的潜力，购中消费者擅长使用社会化媒体来形成个性化的购买方案，购后接近50%的网民会在购买产品后到网络上查询或分享使用心得。从信息搜寻全过程的角度来看，典型的社会化搜寻行为模型有：

(1) AISSAS

AISSAS建立在AISAS的基础上。AISAS即注意（Attention）、兴趣（Interest）、搜索（Search）、行动（Action）、分享（Share）。AISAS模式是日本电通公司针对互联网与无线应用时代消费者生活形态的变化，为反映AIDMA在新的网络环境下的发展变化而提出的消费者行为分析模型。模型结构如图3-2所示。

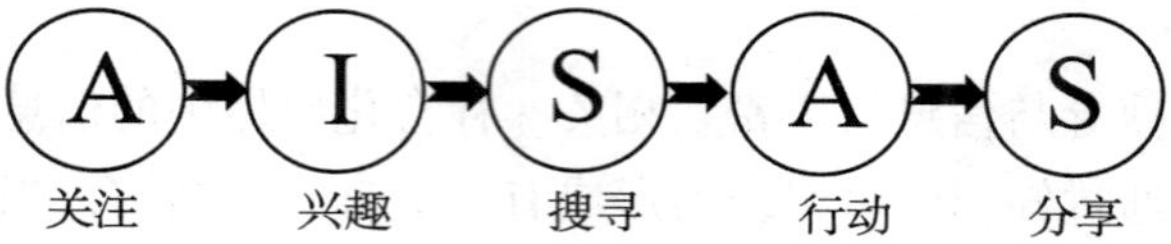

图 3-2　AISAS 搜寻模型

消费者通过不同的渠道获取信息，进而对品牌或产品产生了关注及兴趣，但这并不一定表示这个时候就会进行交易(Action)，消费者往往会通过搜寻来达成交易决策。AISAS 中的 Search 可以看做使用站内或者通用搜索引擎、分类目录、推送功能等技术手段进行搜寻，而 Share 在很大程度上利用了社会化媒体，因为用户的网络分享行为通常发生在论坛社区、博客、SNS 等社会化媒体平台。

台湾学者彭延喜、陶圣屏①以 AISAS 为概念架构，通过对 11 位彩妆部落格信息搜寻者的深度访谈和问卷调查，针对 410 份有效问卷分析并总结了该类用户群体的信息搜寻行为模型 AIDSAES。在 AISAS 的基础上，增加了渴望(Desire)和体验(Experience)两个要素。这一结论实际上支持了 AISAS 模型，从中可以看出，AISAS 在传统的网络环境下具有广泛的适用性。

社会化搜寻行为模型 AISSAS(见图 3-3)强调了社会化媒体在信息搜寻中的重要性以及社会化分享的重要性。在该模型中，信息搜寻行为本身由 S/S 表示。由于网络信息的日益丰富，信息过剩的日益严重，人们单纯靠技术手段搜寻信息显得力不从心，Social(社会化)的渠道和方法有逐渐侵蚀 Search(搜寻)的比例之势，所以在既有的 AISAS 结构上多加了一个 S。同时，在社会化媒体日益普及的环境下，已成为顾客的消费者会进行分享，形成一个流动的循环模式 S/S→A→S(分享)，消费者在社会化媒体上接收到口碑传播及朋友推荐，再引起一波关注及兴趣，整个流程进行下去就是 AISSAS。

---

① 彭延喜，陶圣屏．彩妆部落格信息搜寻者生活形态与购买行为之研究[J]．广告学研究，2009(32)：1-29.

图 3-3　AISSAS 社会化搜寻模型

(2)SICAS

中国互联网监测研究权威机构 & 数据平台 DCCI 互联网数据中心发布了用户消费触点模型 SICAS①，区别于传统的 AIDMA 与 AISAS 模型，SICAS 模型即：Sense→Interest & Interactive→Connect & Communication→Action→Share(品牌与用户相互感知→产生兴趣并形成互动→建立联系并交互沟通→产生购买→体验与分享)。

在 SICAS 模型中，社会化媒体已成用户消费重要“接触点”。Web 2.0、移动互联网创造了传统网络媒体无法比拟的全新网络生态——用户关系网络，用户与好友、用户与企业相互连通自由对话——用户不仅可以通过社会化关系网络、通过分布在全网的触点主动获取信息，还可以作为信息源和发布信息的主体，与更多的好友共同体验、分享。变化的网络环境下，用户的信息搜寻过程也随之改变，SICAS 即为与新的网络环境相对应的信息搜寻行为模型。

从信息搜寻的三个阶段的角度来说，SICAS 与 AISSAS 在搜寻前的感知、搜寻中社会化渠道和方法的运用以及搜寻后的分享上保持一致，所以两种模型在本质上并无冲突。SICAS 模型中的 C/C 充分诠释了社会化媒体的关系和互动的重要性，Connect 代表关系，而 Communication 表示交流互动，揭示了 S/S 的实现途径，具有一定的深刻性，但由于该模型并没有显在地将搜寻列为一个重要环节，所以不如 AISSAS 模型明晰。

消费者信息搜寻过程 AISSAS 行为模式，不仅仅要引起消费者的注意，让其产生兴趣，最重要的是能够让消费者主动参与到消费

① SICAS 模型.[EB/OL].[2011-08-29].http://www.dcci.com.cn/report/view/cid/2/id/425.html.

的全过程，并能够在消费后自发传递信息。AISSAS模式中，具有社会化媒体特质的两个“S”——Social Search（搜索）和Share（分享）的出现，表明了社会化媒体交互环境和分享对于消费者信息搜寻行为的重要性，使得社会化搜寻区别于传统网络搜寻。

3.1.4 社会化媒体中消费者信息搜寻策略

信息搜寻策略居于用户信息搜寻行为的战略层面。在社会化媒体环境下，信息搜寻的主客体均表现出不同于传统网络环境的新特点，消费者信息搜寻策略也随之变化，其中处于具体操作层面的搜寻方式的变化最为显著。

Bates提出了搜索、浏览、追踪、偶遇四种基本信息搜寻策略。Ramirez等（2002）专门针对网络信息交流环境提出的ISSM模型包括四类信息搜寻策略①，除主动搜寻和被动搜寻之外，还包括交互式搜寻（IIS）和抽取式搜寻（EIS）。Ramirez等认为，ISSM模型中的四类策略是相互独立的，并且可以涵盖所有的网络信息搜寻方式。

事实上，Bates和Ramirez等人划分信息搜寻策略的基本原理仍然适用于社会化媒体环境，但其具体表现形式和相互作用的机制都将发生变化，如交互搜寻已不再是一种独立的搜寻策略，而代表了信息搜寻策略发展变化的趋势。同时，网络交互情境的变更以及多种网络技术的运用，也会产生很多新的信息搜寻方式，而把它们归纳到现有的信息搜寻策略中是不太全面的。

本书认为，Bates提出的搜索、浏览、追踪、偶遇四种策略在社会化媒体环境下得到了拓展，并且有新的询问（Social Q&A）②搜寻策略的加入。

---

① Ramirez, A., Walther, J. B., Burgoon, J. K., Sunnafrank, M. Information-Seeking Strategies, Uncertainty, and Computer-Mediated Communication—Toward a Conceptual Model[J]. *Human Communication Research*, 2002(5): 213-228.

② Kim, S., Oh, J. S., Best-Answer Selection Criteria in a Social Q&A Site from the User-Oriented Relevance Perspective[C]. Proceedings of the American Society for Information Science and Technology, 2007, 44(1): 1-15.

①社会化搜索：社会化搜索属于搜索，在社会化媒体环境中，搜索策略逐渐融入了个性化和社会化等元素，通过搜索形成一个有共同爱好的人际圈子，更加智能化地呈现搜索结果以提升用户搜索体验。社会化搜索体现了搜索的去中心化，是机器算法与人类能动性和参与精神的综合①。机器算法为搜索结果提供了量的保证，用户的搜索行为、参与和兴趣为结果提供了质的相关，社会化搜索对用户搜索结果的重新排序，搜索结果与用户的兴趣更加匹配。利用搜索寻找信息是刚性需求，只是随着社会化媒体的普及，人们寻找信息的途径变得越来越多。对于那些无法用关键字组织的信息，更适合使用社会化搜索。

②社会化浏览：社会化浏览属于浏览，社会化浏览更强调互动，用户通过浏览其他人分享的商品、评价、经验等进行搜寻。社会化浏览往往面对瀑布流方式展示的大量用户创造内容，只需要不断地往下拖拽网页，浏览获得感兴趣的信息。很多用户会在浏览图片的过程中，发现自己的潜在需求。此外，还出现了信息定制这一特殊服务，Tag 标签技术和 RSS 聚合器的出现，促使用户对于信息定制的尝试，从而能够直接浏览自己想要的信息资源。

③追踪与偶遇：如果说传统网络环境下的追踪与偶遇更多来自于系统的个性化功能的信息推送，获得的是“权威发布”，那么社会化媒体环境下的追踪与偶遇更多地来自于消费者之间的关系和互动，获得的是用户创造内容。

④询问策略：询问是社会化媒体环境下新的搜寻方式，属于主动搜寻，同时是直接搜寻。询问是由用户发起，预期是返回符合询问内容的信息。用户可以通过社交群(如社区、微博、贴吧等)提出自己的问题与要求，网络社群成员根据个人偏好和特长选择提供有效信息，这就是询问策略。询问为信息组织、加工以及处理限定了合理的范围，使得搜寻更具针对性，因此更容易获得专门针对所提问题的答案，但也研究得出了不

① 互联网周刊：社会化搜索的创新与回归[EB/OL].[2010-06-01]. http://news.xinhuanet.com/eworld/2010-06/01/c_12167899.htm.

同的结论。Greene 等人①从 Facebook 上 15 个最大的糖尿病讨论组中收集了大量的帖子进行分析处理，研究发现询问的效率不尽如人意，很多病人及其家属在群组中分享和询问有关糖尿病的治疗信息，但询问信息被回答的概率比较低，有相当一部分属于纯粹的情感鼓励，也有很多带有明显的推销意图。

应该说，社会化媒体环境中社会化搜寻策略和传统搜寻策略是并行不悖的，搜寻策略的选择不仅与环境有关，还与搜寻内容、搜寻主体等密切相关。

3.2 社会化媒体对消费者信息搜寻行为影响的实证研究

3.2.1 深度访谈以及扎根理论分析基础

深度访谈(In-Depth Interview)是质性研究的常见方法，通过深入交谈以了解被调查者这一特定社会群体的生活方式和生活经历，进而探讨社会现象的表现、原因及对策思路。深度访谈可以获得大量的文本资料，便于运用扎根理论“识别在文本中出现的范畴和概念，并将这些概念连接进而形成正式的理论”②。

1967 年，格拉斯和斯特劳斯(Glazer & Strauss)提出了扎根理论(Grounded Theory)。扎根理论连接起实证研究与理论建构之间的鸿沟，提供了一整套从原始资料中归纳、建构理论的方法和步骤，使研究人员可以通过系统的分析方法对实证资料进分析归纳，进而发展概念和建构理论③。本章实证研究步骤如图 3-4 所示：

---

① Greene, J. A., Choudhry, N. K., Kilabuk, E., et al. Online Social Networking by Patients with Diabetes: A Qualitative Evaluation of Communication with Facebook[J]. *Journal of General Internal Medicine*, 2011, 26(3): 287-292.

② 诺曼·邓津，伊冯娜·林肯．定性研究：经验资料收集与分析的方法[M]．凤笑天，等，译．重庆：重庆大学出版社，2007：837.

③ 孙晓娥．扎根理论在深度访谈研究中的实例探析[J]．西安交通大学学报，2011，31(6)：87.

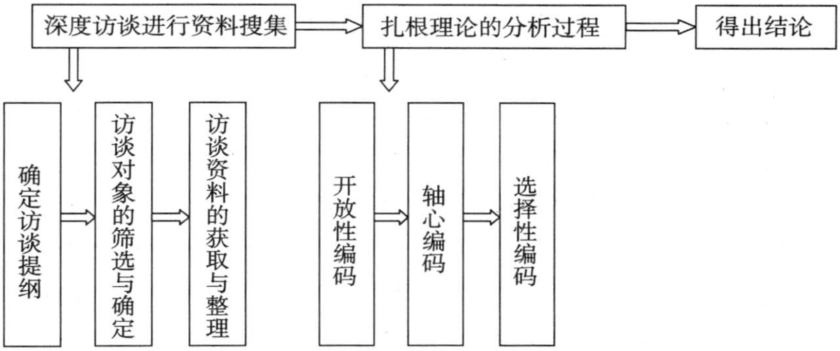

图 3-4　社会化媒体对消费者信息搜寻行为影响实证研究步骤

3.2.2　访谈对象的筛选与确定

笔者于 2013 年 1 月 7 日到 13 日通过网络和实地发放问卷 50 份，回收有效问卷 41 份。通过过滤问卷(见附录 A)获取了调查对象对社会化媒体的了解和应用的程度。

从 41 份有效问卷中选择多少的样本“合适”呢？从理论上讲，样本数应该达到某种程度的“多”才能保证所建构理论的科学性，但是，究竟多少才是“多”并没有一个现成的标准。尽管作为扎根理论抽样原则的“理论饱和原则”(Theoretical Saturation)要求从访谈中所获得的信息开始重复，没有新的、重要的信息出现，才达到足够的样本数。但实际操作中还是需要结合具体的研究情境加以判断，具有较大的弹性空间。从现有的扎根分析的实证研究案例来看，有的样本数很少，只有几个或上十个①，最多的在 35 个②。

由于科学的访谈研究建立在详细、深入的访谈资料的基础上，更注重访谈的质量，而不是数量，因此很少采用概率抽样的方法，

① 巩娟．基于扎根理论的机关人员沟通媒介选择研究[D]．上海：上海交通大学，2011.

② 叶旭春．患者参与患者安全的感知及理论框架的扎根理论研究[D]．上海：第二军医大学，2011.

而是采用目的性抽样来选择“合适”的样本，以确保样本能完整准确地阐述研究问题。同时，深度访谈往往通过异质性抽样来涵盖不同类型的访谈对象，尽可能反映研究对象的差异。

根据上述原则，本书首先采用目的抽样，确定访谈对象的选择标准是年龄在 20~40 岁的社会化媒体用户，对社会化媒体有较多的了解，有一定的学历背景，满足此标准的样本有 29 份。再进行异质性抽样，突出访谈对象在年龄、性别、学历、职业和社会化媒体熟悉程度上的差异。通过反复比较，将个人信息有 3 项以上相同特征的样本视为同类样本(年龄从 20 岁开始，5 年为一个区间；使用社会化媒体的时间从 2 年开始，1 年为一个区间)。考虑到扎根分析的任务量，同类样本只选取一个。“同质”样本剔除后，获得 13 个样本。但其中 1 名不愿意参加深度访谈，2 名访谈没有完成。最终的访谈对象是 10 名。科学的样本选择为本研究扎根分析从有限的访谈对象中建立应用于广泛人群的理论提供了一定的保证。

访谈对象基本信息见表 3-1。

表 3-1　　访谈对象的基本情况

编号	性别	年龄	学历	职业	使用社会化媒体的时间
A	男	20	本科	学生	三年
B	女	22	本科	个体经营户	两年半
C	男	26	硕士	留学生	三年半
D	女	24	硕士	研究生	三年
E	女	40	博士	大学教师	四年
F	男	33	硕士	IT 工程师	三年
G	女	35	博士	科研人员	两年半
H	男	32	硕士	自由职业	四年
I	女	25	本科	银行职员	两年
J	男	27	本科	公务员	三年半

3.2.3　访谈资料的获取与整理

本书采用深度访谈中的正式访谈，访谈过程是平等的对话，但却是有计划、有准备、有安排、有预约的交谈，访谈内容范围由事先拟定的访谈提纲规定，访谈根据访谈提纲中设置的问题按顺序进行，访谈者依次陈述问题的答案。访谈于2013年1月18日到1月31日进行，访谈对象A、B、D、E、I采用当面访谈方式，而访谈对象C、F、G、H、J由于工作的原因，时间配合比较困难，通过QQ语音访谈。每人访谈时间30~50分钟，访谈内容全程录音。访谈结束后，笔者将研究对象的录音内容转换为文字记录，统一录入Excel表格中，按照扎根理论的规范步骤进行三轮编码和分析。

深度访谈提纲(见附录B)建立在上文中对相关核心概念进行界定的基础上，因此在深度访谈前就形成了研究构想和策略，将这些构想和策略融入问题的设计中，通过深访来探索和验证这些构想。访谈提纲中围绕消费者(需求)、信息源及其组织方式、信息搜寻过程和信息搜寻策略设定了15个访谈问题。因为受访者对信息搜寻等专业概念不一定了解，所以问题设计时对有关概念采用了性质定义(比如在问题15“当您进行网购商品信息搜寻时，倾向于借助自身的知识储备、主观意向，还是倾向于参考外部意见？倾向于使用搜索引擎等进行层级式的信息搜寻，还是倾向于向好友或陌生人寻求帮助?”中，用较通俗的语言描述了内部搜寻、外部搜寻、社会化浏览和询问等社会化搜寻策略的实质)、列举(如问题14中“搜寻路径”用搜索引擎、表格对比、社区、好友群、贴吧等举例加以说明)等方法以增加受访者发表见解的相关度。此外，访谈提纲中主要采用了假设性问题和解读性问题，假设性问题询问受访者“在特定的情况下会怎样”，如“如果您搜寻网购商品或服务的信息时，发现好友对其评价很高，您会受到影响吗?”(问题11)；解读性问题有预先假设性的导语说明并寻求受访者的回应，如“传统网络环境下消费者行为模式为 AIDMA，即从开始关注到产生兴趣，到产生购买欲望，到记忆，最后采取行动，那您认为社会化媒体环境下消费者行为模式是否发生了改变?”(问题 10)。同一研究主题采用不同类型的问题可以使受访者受到激励①。

3.2.4 开放性编码

开放性编码是将收集到的资料打散，通过分类、进行持续的求同性和求异性比较以归纳出能够描述现象的概念，然后将归纳出的概念进一步范畴化的过程。

第一步，将访谈资料原文摘录到相应表格的第一栏里，摘录资料后用(ax)(a 为资料标识，x 为序号标识)进行标签。第二步，对第一栏的贴标签内容进行提炼和重组，并以代码(Ax)(A 为概念标识，x 为序号标识)标注，得到概念化内容填入第二栏。第三步，根据第二栏概念化内容进一步抽象、归类、提炼，得出范畴化内容，用(AAx)(AA 为范畴标识，x 为序号标识)进行标注，并填入表格第三栏。开放性编码的具体过程如表 3-2 至表 3-11 所示。

3.2.4.1 对 A 的开放性编码

对研究对象 A 的访谈记录进行编码，得到如下范畴：AA1：终端设备移动化；AA2：信息交流双向性；AA3：个性化需求，基于位置的需求得到满足；AA4：不同用户关系作用互补，普通网民更受信任；AA5：信息成本、信息便利性、信息普及性、自发性、言论自由；AA6：信息组织结构、质量内容、数量、信息利用率；AA7：信息组织与兴趣和关系有关；AA8：信息搜寻地位、消费者搜寻能力；AA9：分享动力；AA10：信息搜寻的兴趣性和关系性；AA11：搜寻方式；AA12：信息搜寻主观性、口碑、推荐的重要性。

① 深访：关键就是会提出好问题(1)[EB/OL].[2013-02-07]. http://xianguo.com/book/reader/1yUS.

表 3-2　　对 A 的开放性编码

开放性编码		
访谈录音整理内容	概念化	范畴化
• 我进行信息搜寻时通常会选择电脑和手机，因为它们的搜寻速度快、搜寻面比较广，能进行实时搜寻。(a1)	A1：电脑和手机搜寻速度快、搜寻面广，能进行实时搜寻。(a1)	AA1：终端设备移动化(A1)
• 我和好友以及陌生人的交互行为不是很多，通过社会化媒体，我结交到了新朋友，但是交流并不多。(a2)	A2：社会化媒体能促进信息交流。(a2/a3)	AA2：信息交流双向性(A2)
• 我认为社会化媒体能够为我提供信息生产、积累、共享、传播内容，同时也能满足我的一些个性化需求。(a3)	A3：社会化媒体能够满足个性化需求。(a3)	AA3：个性化需求，基于位置的需求得到满足(A3/A5)
• 我认为受关注人群能够增加人气，比较有权威性；而普通网民扩大了社会化媒体的群体范围，使社会化媒体更加活跃。(a4)	A4：受关注人群具有权威性，能够增加人气。普通网民可扩大群体范围。(a4)	AA4：不同用户关系作用互补，普通网民更受信任(A4/A6)
• 社会化媒体环境提供的周边地区的服务或商品更多，因为社会化媒体群体之间互动性比较强，相互之间的信任比较强，每个人都可以把自己的亲身体验写出来，所以可以更好地搜寻信息。(a5)	A5：社会化媒体能基于地理位置提供服务。(a5)	AA5：信息成本、信息便利性、信息普及性、自发性、言论自由性(A7/A9)
• 我认为朋友推荐分享信息和用户反馈信息都是亲身体验，比较可信；公共主页交流信息每个人都能畅所欲言，也比较可信；商家广告信息可能有一些虚假广告，存在质疑。(a6)	A6：用户个人信息信任度高，商家广告遭质疑。(a6)	AA6：信息组织结构、质量内容、数量、信息利用率(A8)

续表

开放性编码		
访谈录音整理内容	概念化	范畴化
• 社会化媒体环境中发表言论具有低成本、便利性以及普及性等特点，不能畅所欲言，因为有的网站上发表言论不注意或者过激，会受到小组成员的批评；比如在学校人人网中发表一些不太好的言论，会被管理员删除。(a7)	A7：社媒信息成本低，便利又普及，发表言论一定程度受限制。(a7)	AA7：信息组织与兴趣和关系有关(A9)
• 社会化媒体中的信息组织结构存在非结构化的一面，有的信息未经组织，呈现乱序的状态；质量内容不带限制性，有的比较好，有的比较极端；数量方面出现了信息过剩的现象，由于网民比较多，信息量特别大，信息转载量大，同一信息、雷同信息出现比较多；信息利用有方便也有困难，对于最近的热点话题，比较好找，但对于以前的一些信息，由于信息量过大，比较难找。(a8)	A8：社媒信息组织结构松散；质量内容良莠不齐；数量极大；信息利用有方便也有困难。(a8)	AA8：信息搜寻地位、消费者搜寻能力(A10)
• 信息组织与兴趣存在必然关系，与人与人之间的关系有关，因为这些信息都是网民自己创造的，与信任的群体有关。(a9)	A9：信息组织与兴趣有关，也会受到好友圈的影响，信息由网民创造。(a9)	AA9：分享动力(A11)

续表

开放性编码		
访谈录音整理内容	概念化	范畴化
• 消费者行为模式发生了改变，具体体现在增加了信息搜索和分享的环节。信息搜寻的环节处于核心地位，搜寻功能被强化，用户之间互动增强，搜寻动机增强，能力增强。(a10)	A10：信息搜寻环节地位凸显，消费者搜寻能力提高。(a10)	AA10：信息搜寻的兴趣性和关系性(A12)
• 购买某件商品或服务，个人体验后，觉得好的话，会在社会化媒体上进行推荐及分享。(a11)	A11：好的商品会有分享动力。(a11)	AA11：搜寻方式(A13)
• 我对朋友分享的信息或者陌生人的商品推荐信息有时候感兴趣，会进行相关搜索，若发现好友对其评价很高，会受到影响。(a12)	A12：信息搜寻与兴趣和关系有关。(a12)	AA12：信息搜寻主观性、口碑、推荐的重要性(A14)
• 进行信息搜寻时，会提问和浏览，一般在漫无目的的时候会进行浏览，看到感兴趣的，会采用提问的方式，进行进一步的了解。(a13)	A13：提问、浏览为主要搜寻方式。(a13)	
• 进行信息搜寻时，倾向于主观意向，一定程度上受到外部影响，相对于使用搜索引擎，倾向于向好友或陌生人寻求帮助。(a14)	A14：信息搜寻较为主观，不倾向于使用搜索引擎，会参考别人意见。(a14)	

3.2.4.2　对 B 的开放性编码

对研究对象 B 的访谈记录进行编码，得到如下范畴：AA1：终端设备的改变由技术进步引发；AA2：信息交流双向性；AA3：个性化需求；AA4：去中心化；AA5：关系越近，信任度越高；AA6：信息成本、信息便利性、信息普及性、言论场合性；AA7：信息组织结构、质量内容、数量、信息利用方便；AA8：信息组织与兴趣和关系有关；AA9：信息搜寻地位提高、功能强化；AA10：限时优惠引发兴趣；AA11：激励政策促进分享；AA12：搜寻方式浏览为主；AA13：信息搜寻外部性、搜索引擎重要性。

表 3-3　**对 B 的开放性编码**

开放性编码		
访谈录音整理内容	概念化	范畴化
• 我进行信息搜寻时通常会选择电脑和手机，因为第三次信息革命，使信息媒体发生了巨大转变，传统的电视、报纸等发展到先进的互联网，这是时代发展的必然趋势。(a1)	A1：信息技术的发展，促使搜寻工具的改变。(a1)	AA1：终端设备的改变由技术进步引发（A1）
• 我会和好友以及陌生人进行交流互动，以前玩游戏，加入了一个公会，随后加入了一个 QQ 群，我们在群里谈论共同的话题，互相交流信息，了解游戏进程。(a2)	A2：通过加入公会和 QQ 群能进行信息交流。(a2)	AA2：信息交流双向性(A2)
• 我认为社会化媒体能够为我提供信息生产、积累、共享、传播内容。我喜欢做一些小手工，需要买一些特殊的工具，通过在微博中与好友的交流，我了解到一家手工艺商店能够购买到我需要的东西，很好地解决了我的问题。(a3)	A3：社会化媒体能够满足比较特殊的需求。(a3)	AA3：个性化需求(A3/A5)

续表

开放性编码		
访谈录音整理内容	概念化	范畴化
• 我认为受关注人群其实也是普通网民，就因为有更多的关注，才变得特别，就像明星与粉丝的关系，没有粉丝，他不过是一个普通人，有了粉丝，他才会成为明星。没有群体的支持，个体就不复存在。(a4)	A4：受关注人群与普通网民相互依存，缺一不可。(a4)	AA4：去中心化(A4)
• 社会化媒体环境提供的周边地区的服务或商品更多。打开一些搜索软件，就可以搜索到我们学校的超市、医院、KTV 之类。附近 100 米、200 米甚至更远的都可以搜到。(a5)	A5：社会化媒体能基于地理位置提供服务，且种类多样。(a5)	AA5：关系越近，信任度越高(A6)
• 我更信任朋友推荐分享信息，因为存在一定的信任基础。(a6)	A6：最信任朋友推荐信息，关系越近，信任度越高。(a6)	AA6：信息成本、信息便利性、信息普及性、言论场合性(A7)
• 社会化媒体环境中发表言论的成本就是一点上网费，便利性体现在可以随时随地发表信息，普及性体现在很多人都使用，需要看场合看情况发表言论。(a7)	A7：社媒信息成本低，便利又普及，需看场合发言。(a7)	AA7：信息组织结构、质量内容、数量、信息利用方便(A8)
• 社会化媒体中的信息组织结构不是特别规范，但也有一定的管理；质量内容有好有坏，参差不齐；数量很多；信息利用变得方便。(a8)	A8：社媒信息组织不规范；质量内容良莠不齐；数量极大；信息利用更加方便。(a8)	AA8：信息组织与兴趣和关系有关(A9)

续表

开放性编码		
访谈录音整理内容	概念化	范畴化
• 信息组织与兴趣有关，我的大部分的信息行为都是由兴趣引发的；与人和人之间的关系有关。(a9)	A9：信息组织与兴趣以及关系有关。(a9)	AA9：信息搜寻地位提高、功能强化(A10)
• 消费者行为模式发生了一定的改变，我认为应该从需求出发，经过一定的观察、比较，最后采取行动，信息搜寻是一个必要环节，它的功能被强化了，不搜寻一般不会进行购买。(a10)	A10：信息搜寻功能强化。(a10)	AA10：限时优惠引发兴趣（A11）
• 对于朋友分享的信息或者陌生人的商品推荐的信息如果正好是自己有兴趣或最近正好有需求的话会感兴趣，有时候看到一些促销、打折会产生兴趣；会进行相关搜索，若发现好友对其评价很高，更倾向于购买。(a11)	A11：对限时优惠活动感兴趣，搜寻过程受关系影响。(a11)	AA11：激励政策促进分享(A12)
• 购买某件商品或服务后，有时候会在空间里进行推荐及分享，如果有淘金币之类的奖励会更加积极。(a12)	A12：有时候会参与分享，激励措施促进分享。(a12)	AA12：搜寻方式以浏览为主(A13)
• 进行信息搜寻时，会浏览，有时候会与客服进行交流，进行一些询问，最主要的还是浏览。(a13)	A13：浏览为主、提问为辅的搜寻方式。(a13)	AA13：信息搜寻外部性、搜索引擎重要性（A14）

续表

开放性编码		
访谈录音整理内容	概念化	范畴化
• 倾向于参考外部意见和使用搜索引擎，搜索引擎的信息量比较广泛，知识领域涉及得比较全面，如果有一些小疑问，直接询问好友。(a14)	A14：信息搜寻较倾向于参考外部意见，较多使用搜索引擎。(a14)	

3.2.4.3　对 C 的开放性编码

对研究对象 C 的访谈记录进行编码，得到如下范畴：AA1：终端设备使用的习惯性；AA2：信息交流双向性、多平台；AA3：个性化需求；AA4：网民的作用；AA5：地理位置需求，外出旅游信息获取更加便利；AA6：多人评价更客观；AA7：信息成本、信息便利性、信息普及性、个人言论需负责；AA8：信息组织结构、质量内容、数量、信息利用方便，筛选过程复杂；AA9：信息组织与兴趣、利益和关系有关；AA10：信息搜寻变主动为被动，功能强化；AA11：需求主导；AA12：商品好坏决定是否分享；AA13：信息搜寻外部性、搜索引擎重要性。

表 3-4　　**对 C 的开放性编码**

开放性编码		
访谈录音整理内容	概念化	范畴化
• 我进行信息搜寻时通常会选择电脑和手机，它们是我习惯的搜寻工具，比较便捷。(a1)	A1：习惯性地使用手机和电脑。(a1)	AA1：终端设备使用的习惯性(A1)

续表

开放性编码		
访谈录音整理内容	概念化	范畴化
• 我和好友在人人网、Facebook 上进行的交流比较多，但和陌生人比较少。有时候，在百度文库中，我会上传一些自己的文档，比如实验报告、作业答案，可以赚取金币。(a2)	A2：社会化媒体实现多平台的信息交流，能通过信息交换各取所需。(a2)	AA2：信息交流双向性、多平台(A2)
• 社会化媒体能够为我提供信息生产、积累、共享、传播内容，特别是在国外，社会化媒体的发展比较好，像推特、Facebook 上，有很多有价值的信息。我认为通过社会化媒体进行信息的分享会成为时代发展的主流。像我做实验需要的一些实验仪器设备，在商店里很难买到，但是通过社会化媒体的推荐，可以在网上购买。(a3)	A3：社会化媒体能够满足比较特殊的需求。(a3)	AA3：个性化需求(A3)
• 我认为受关注人群起到了代言作用，在普通网民之间有很大的影响力，明星代言会引发一定的关注；普通网民对某些产品和信息做出思考、尝试和使用后，给出自己的评价，这些评价客观。缺少前者，改变不会太大，社会化媒体仍然可以使用，但是会对商家的产品宣传造成一定的影响；缺少后者，就缺少了对某些商品的客观评价，会导致在网购前要多思考，更谨慎。(a4)	A4：受关注人群的影响力以及普通网民的参考作用。(a4)	AA4：网民的作用(A4)

续表

开放性编码		
访谈录音整理内容	概念化	范畴化
• 社会化媒体环境提供的周边地区的服务或商品更多，比如说旅游，有的软件会提供一些地图、酒店、饮食信息。(a5)	A5：社会化媒体能基于地理位置提供服务，对外出旅游的贡献很大。(a5)	AA5：地理位置需求，外出旅游信息获取更加便利(A5)
• 商家广告信息最后考虑，朋友推荐、大众点评优先考虑，我认为越多人评价越公正客观，而商家广告大多出于利益的驱使。(a6)	A6：越多人评价，越公正客观。(a6)	AA6：多人评价更客观(A6)
• 社会化媒体环境中发表言论成本低、便利、普及，比如在网上购物进行点评只需花两三秒时间；而在商品页面上能够看到购买者的评价，十分方便；对某件商品点评的人来自四面八方、五湖四海，涉及的范围非常广。不能说敏感词汇、脏字，涉及企业利益的也不能说，必须对网络上发表的言论负责，泄露商业机密、损坏别人形象，会引起法律纠纷。(a7)	A7：社媒信息成本低，便利又普及，必须对自己的言论负责。(a7)	AA7：信息成本、信息便利性、信息普及性、个人言论需负责(A7)
• 社会化媒体中的信息组织结构比较杂乱；质量内容参差不齐；数量过剩；有时候不能得到真正想要的正确的信息，但总的来说，是变方便了，比如说以前写论文，需要从图书馆找书，现在可以直接在网上下载电子图书，但也要进行人为的筛选。(a8)	A8：社媒信息组织杂乱；质量内容良莠不齐；数量过剩；信息利用方便，筛选过程复杂。(a8)	AA8：信息组织结构、质量内容、数量、信息利用方便，筛选过程复杂(A8)

续表

开放性编码		
访谈录音整理内容	概念化	范畴化
• 信息组织不仅与兴趣有关，也会涉及利益，比如说分享论文，可以赚取金币，这样就可以下载别人的论文，与人和人之间的关系也是有关的。(a9)	A9：信息组织与兴趣、利益和关系有关。(a9)	AA9：信息组织与兴趣、利益和关系有关(A9)
• 消费者行为模式一定程度上有所改变，有时候更直接、更快捷，可能跳过一两步，信息搜寻环节并不是很必要，有时候朋友会主动与你分享你想要的信息，但搜寻环节还是处于主导地位，购买决策受搜寻过程影响，别人的评论会影响你的选择，搜寻功能被强化，传统的信息搜寻比较狭窄，而通过网络，可以接触到更多、范围更广的信息。(a10)	A10：信息搜寻有时候不需要主动搜寻，而是被动接收信息，功能强化。(a10)	AA10：信息搜寻变主动为被动，功能强化(A10)
• 对朋友分享的信息或者陌生人的商品推荐信息有时候感兴趣，进不进行相关搜索不一定，若发现好友对其评价很高，而又有所需求，购买的可能性比较高，不必要的则不会购买，最重要的还是从需求出发。(a11)	A11：个人需求占信息搜寻的主导地位，是信息搜寻的出发点。(a11)	AA11：需求主导(A11)
• 购买某件商品或服务后，觉得好的话，会在社会化媒体上进行推荐及分享。(a12)	A12：好的商品值得分享。(a12)	AA12：商品好坏决定是否分享(A12)

续表

开放性编码		
访谈录音整理内容	概念化	范畴化
• 进行信息搜寻时，一般使用搜索引擎，偶尔会在百度知道上进行提问。(a13)	A13：信息搜寻一般使用搜索引擎，偶尔提问。(a13)	AA13：信息搜寻外部性、搜索引擎重要性（A13/A14）
• 参考别人的意见比较多，会通过搜索引擎在网络中进行信息搜寻加以补充。(a14)	A14：信息搜寻参考外部意见较多，较多使用搜索引擎。(a14)	

3.2.4.4　对 D 的开放性编码

对研究对象 D 的访谈记录进行编码，得到如下范畴：AA1：终端设备的即时性和移动性；AA2：信息交流双向性；AA3：个性化需求；AA4：受关注人群和普通网民的点面关系；AA5：位置信息需求；AA6：能追溯的评价更值得信任；AA7：信息成本、信息便利性、信息普及性、政治性言论需谨慎；AA8：信息组织结构、质量内容、数量、信息利用方便，筛选过程复杂，要求一定的搜寻能力；AA9：信息组织与兴趣和关系有关；AA10：信息搜寻功能强化，具有随时随地性；AA11：需求引发搜寻，外部影响不容忽视；AA12：搜寻引擎为主，社会化搜寻为辅。

表 3-5　　**对 D 的开放性编码**

开放性编码		
访谈录音整理内容	概念化	范畴化
• 我进行信息搜寻时通常会选择电脑和手机，因为首先，随着时代的发展，电脑和手机具有普及性，其次，手机和电脑具有实时性，电视和报纸具有时限性，利用手机和电脑可以随时随地获取信息。(a1)	A1：手机和电脑具有实时性，能随时随地获取信息。(a1)	AA1：终端设备的即时性和移动性(A1)

续表

开放性编码		
访谈录音整理内容	概念化	范畴化
• 一般而言，我与现实中认识的好友交流比较多，和其他人则不会，比如在一些论坛、贴吧，对于某个观点，会进行上下楼的交流互动，有时，在百度上，对于别人的疑问，也会发表自己的观点。(a2)	A2：社会化媒体实现多平台的信息交流。(a2)	AA2：信息交流双向性(A2)
• 我认为社会化媒体能够为我提供信息生产、积累、共享、传播内容，有的网站上会有一些生活小常识、DIY 等信息，这时我就会进行知识的积累；而有的人喜欢追星，一些明星会举办一些发布会，有些新闻是经过删选的，比较官方，而很多明星都利用微博发表自己的言论，实时动态，更加真实。(a3)	A3：社会化媒体能够满足比较特殊的需求。(a3)	AA3：个性化需求(A3)
• 我认为受关注人群和普通网民是点和面的关系，专家明星是所谓的焦点人物，影响的人可能是几千几万，甚至更多的人群，而普通网民是主要参与者。受关注人群的作用就是以点辐射面，如明星宣传节约用水，就会有很多人响应。(a4)	A4：受关注人群和普通网民的关系是点和面的关系。(a4)	AA4：受关注人群和普通网民的点面关系（A4）

续表

开放性编码		
访谈录音整理内容	概念化	范畴化
• 社会化媒体环境提供的周边服务或商品更多，比如你想定制一款蛋糕，你所了解的蛋糕店比较有局限性，但是美团等平台提供更多周边地区的选择。(a5)	A5：社会化媒体能基于地理位置提供服务。(a5)	AA5：位置信息需求(A5)
• 我更信任用户反馈信息，因为朋友推荐信息以及公共主页交流信息可能是受雇用而进行的商品推荐，不能全信，而商家广告信息是为了盈利采取的宣传活动，可能会对商品的一些缺点进行掩盖，而用户反馈信息，可以根据评论搜索到他的购买记录。(a6)	A6：信任用户反馈信息，因为能追溯到购买记录。(a6)	AA6：能追溯的评价更值得信任(A6)
• 社会化媒体环境中发表言论具有低成本、便利性以及普及性等特点，在社会化媒体上发表言论只要打个字就可以了，这相对于电视和报纸，成本低得多，便利性体现在能够随时随地地发表信息，而普及性主要是由于现在电脑和手机的普及所致；在中国，反社会、反政府的言论是不被允许的，去除这些，还是可以畅所欲言的。(a7)	A7：社媒信息成本低，便利又普及，政治性言论需谨慎。(a7)	AA7：信息成本、信息便利性、信息普及性、政治性言论需谨慎(A7)

续表

开放性编码		
访谈录音整理内容	概念化	范畴化
• 社会化媒体中的信息组织具有随意性，组织结构比较松散，像中国知网、万方之类的网站，搜索到的信息是比较严谨的；内容很广，各种都有，需要经过筛选才能使用，质量有好有坏，参差不齐；数量非常多，信息爆炸；信息利用变得方便，信息比较全，但困难也存在，信息的庞杂导致使用之前必须先进行删选，要求我们有一定的搜寻能力。(a8)	A8：社媒信息组织松散；质量内容良莠不齐；数量过剩；信息利用方便，筛选过程复杂，要求相应的搜寻能力。(a8)	AA8：信息组织结构、质量内容、数量、信息利用方便，筛选过程复杂，要求一定的搜寻能力(A8)
• 信息组织不仅与兴趣有关，与人和人之间的关系有关，以论坛来说，有很多管理者，他们就是信息组织的约束者，对普通用户的发言、行为进行管理，有权对你进行删帖、禁言等。(a9)	A9：信息组织与兴趣和关系有关。(a9)	AA9：信息组织与兴趣和关系有关(A9)
• 消费者行为模式发生了改变，电子商务平台上会有一些推荐商品和打折商品，有助于消费者在进行一定的信息搜索之后就采取购买行动。但信息搜寻仍处于最重要的地位，没有信息搜寻，大多数的购买行为不会发生，它的功能被强化，随时随地想搜就搜。(a10)	A10：信息搜寻有时候不用记忆，功能强化，具有随时随地性。(a10)	AA10：信息搜寻功能强化，具有随时随地性(A10)

续表

开放性编码		
访谈录音整理内容	概念化	范畴化
• 对朋友分享的信息或者陌生人的商品推荐信息如果正好有需求的话会感兴趣，会进行相关搜索，若发现好友对其评价很高，会受到影响，消费者的心态就是大家都说好，一定不会差。(a11)	A11：个人需求占信息搜寻的主导地位，是信息搜寻的出发点，别人的影响也不容忽视。(a11)	AA11：需求引发搜寻，外部影响不容忽视(A11)
• 进行信息搜寻时，以搜索引擎为主，在用搜索引擎搜索到一件商品后，会对比同类的不同商品，较少使用社会化搜寻。(a12) • 主要参考外部意见，有的东西没有接触过，个人的知识储备比较少，如购买大屏手机，对于屏幕分辨率、上网速率、流量大小，需要求助外部意见，同时倾向于使用搜索引擎。(a13)	A12：信息搜寻一般使用搜索引擎，较少使用社会化搜寻。(a12/a13)	AA12：搜寻引擎为主，社会化搜寻为辅(A12)

3.2.4.5　对 E 的开放性编码

对研究对象 E 的访谈记录进行编码，得到如下范畴：AA1：终端设备的移动性，主观空间大；AA2：信息交流双向性，用户参与性；AA3：个性化需求，位置资源；AA4：关系越近、信任感越强；AA5：信息成本、信息便利性、信息普及性、畅所欲言基于个人层面；AA6：信息组织结构、质量内容、数量、自发性，信息利用筛选过程复杂；AA7：信息搜寻交流共享化，功能被强化，具有多样性；AA8：需求引发搜寻，侧重负面评价；AA9：激励措施促进分享；AA10：搜寻引擎为主，社会化搜寻为辅。

表 3-6　　对 E 的开放性编码

开放性编码		
访谈录音整理内容	概念化	范畴化
• 最多的还是笔记本电脑，但自从一些电商平台大力推动移动商务的一些优惠措施后，像手机、iPod、iPad 也用得比较多，台式机也还在使用中。这已经成为一种消费习惯，很少去关注电视，很多人会上网看视频，传统网络上，那种说教的、推销的成分比较多，移动媒体发挥的主动空间更大，同类消费者更多，觉得更靠谱。(a1)	A1：移动媒体发挥的主动空间更大，同类消费者更多，所以更加靠谱。(a1)	AA1：终端设备的移动性，主观空间大(A1)
• 以前经常关注淘宝女装，它的一些新款发布以及一些晒靓照等活动会出现在淘宝网站上，现在会转移到微博、微信这些平台上，作为它的粉丝就会去关注和参与，而通过社会化媒体，和一些平时不大联系的亲戚、朋友、同学也可以进行一些互动，所以不管是仰望式的，还是平等的交流，都可以在社会化媒体这个平台上得以实现。(a2)	A2：社会化媒体实现多平台的信息交流。能够激发普通网民参与其中，网民创造信息。(a2 \ a4)	AA2：信息交流双向性，用户参与性(A2)

续表

开放性编码		
访谈录音整理内容	概念化	范畴化
• 我认为社会化媒体能够为我提供信息生产、积累、共享、传播内容，一些好玩的有用的，比如冷笑话、小妙招，都会和朋友分享，有时候发现上面有个说法很像我一个损友，立马就@他了，让他也受下刺激，看到一些好东西，大家也会讨论下。而且，相较于传统媒体，社会化媒体更好地满足个性化需求，我认为传统网络媒体是一个权威的信息发布平台，而不是一个个性化发布平台，现在的社会化媒体的特性之一就是个性化。(a3) • 最大的创造者来自于一个庞大的基数，那就是网民，如果没有网民创造的海量的来自不同地域、不同领域、不同时间的信息，社会化媒体就没有存在的价值。但网民毕竟人微言轻，无数的网民处于受忽视的位置，没有很多的关注点投向他们。我们需要的是在无数网民中有一些组织者或领头，这就是受关注的人，他们可以成为信息聚焦地。比如明星说一部电影好看，就可能成为一个热点。但如果没有普通网民，姚晨也成不了微博女王，他们是辩证的关系，网民是基数，受关注对象是亮点。(a4)	A3：社会化媒体能够满足比较特殊的需求，如本地化服务，社会化媒体的特性之一是个性化，是位置资源(a3/a5)	AA3：个性化需求，位置资源(A3)

续表

开放性编码		
访谈录音整理内容	概念化	范畴化
• 社会化媒体环境提供的周边地区的服务或商品更多。通过微信任何时候都能找到附近可以聊天或寻求帮助的对象；也可以发布有自己所在位置的微博，我有次发布的微博带“装修”两个字，说楼上装修比较吵，结果就有本地的装修公司@我，进行宣传。总之，位置和金钱一样，也是宝贵的资源。(a5)		
• 我更信任朋友推荐分享信息，它们是基于自身体验以及对我的了解而给出的；其次是用户反馈信息，虽缺乏针对性，但也来自于真实的体验；公共主页交流信息来自于普通人的声誉，也比较可信；商家广告信息以营销盈利为目的，把产品推向用户，没有从用户角度考虑。与我关系越近，信任感越强。(a6)	A4：对朋友推荐分享信息、用户反馈信息、公共主页交流信息、商家广告信息的信任度依次递减；关系越近，信任感越强。(a6)	AA4：关系越近、信任感越强(A4)
• 社会化媒体环境中发表言论具有成本低、便利性以及普及性等特点。只要有网络，有账号登录，就能使用，一个账号就可以进入多个平台，只是消耗了一些时间成本；从技术特性来说，比较简单明了，界面设计没有使用障碍，能找到相应入口；以微博为代表，近几年使用人群的增长十分迅猛，一些新的社会化媒体应用，如导购平台越来越多，我认为它具有普及性。在法律框架之下，自己想说就可以说，畅所欲言在个人层面上是可以的，看你愿不愿意。(a7)	A5：社媒信息成本低，便利又普及，畅所欲言基于个人层面。(a7)	AA5：信息成本、信息便利性、信息普及性、畅所欲言基于个人层面(A5)

续表

开放性编码		
访谈录音整理内容	概念化	范畴化
• 社会化媒体中的信息太多、太杂、太碎，在微博上，看关注好友的最新动态，然后追踪下去，看他的好友，形成这样一个流程，可能需要两三个小时，感觉像在集市上听不同的人说话。数量大的信息使你茫然，如果关系不是很近，对于你而言，这些大量的信息会成为一种负担，难以消化。（a8）	A6：社媒信息组织松散；质量内容良莠不齐；数量过剩；信息利用由于信息量太大，会成为负担，难以消化。（a8）	AA6：信息组织结构、质量内容、数量、自发性，信息利用筛选过程复杂（A2/A6/A7）
• 信息组织大多数与兴趣有关，社会化媒体体现一种真我，依据兴趣爱好；信息组织和人与人之间的关系有关，社会化媒体是一种自发与自组织的，这种自组织就是人和人之间的关系和互动，因为如果没有这些关系，我会觉得自己是孤独的，这些信息对我而言是没有用处的，甚至成为一种负担，正因为存在各种关系，像共同爱好，同学、朋友之类，这些节点自身的信息以及周边的信息，就会和我建立某种联系。（a9）	A7：社会化媒体信息组织是一种自发的状态，关系节点自身的信息以及周边的信息，与用户建立联系。（a9）	AA7：信息搜寻交流共享化功能被强化，具有多样性（A8）

续表

开放性编码		
访谈录音整理内容	概念化	范畴化
• 现在的信息四通八达，获取信息的渠道和工具又那么多，我们可以更多地利用外部信息，而不是靠记忆，可以用查找、比较、选择来代替。信息搜寻是很重要的环节，好的搜寻可以导致快速的购买行动，搜寻和社会化媒体结合，可能由交流共享代替查找，搜寻表现形态也发生了一定的变化，可能是相互之间的互动，传播，你来我往，可能变得隐形……功能被强化了，更加多样化，相对于传统搜寻，仪式感没那么明显。(a10)	A8：搜寻和社会化媒体结合，不再表现出一种单纯的查找，也可能由一些交流共享代替，表现形态发生了一定的变化，功能被强化了，更加多样化。(a10)	AA8：需求引发搜寻，侧重负面评价(A9)
• 更多的情况下，我知道自己要什么，对朋友分享的信息或者陌生人的商品推荐信息有时候感兴趣，会关注，若发现好友对其评价很高，会加速抉择，结束搜寻行为。个人更关注负面评价，如果对于我来说这种缺点是致命的，则不会购买。(a11)	A9：个人需求占信息搜寻的主导地位，是信息搜寻的出发点，更关注负面评价。(a11)	AA9：激励措施促进分享(A10)

续表

开放性编码		
访谈录音整理内容	概念化	范畴化
• 购买某件商品或服务后，不常在社会化媒体上进行推荐及分享，觉得没有强大的动力进行分享，如果有一定的激励措施，在心情好的时候会分享，要分享就要认真分享。(a12)	A10：不常分享，有激励措施会考虑分享。(a12)	AA10：搜寻引擎为主，社会化搜寻为辅(A11)
• 最多使用搜索引擎，搜索引擎擅长匹配，而搜索引擎难以实现的搜寻，如看到一个漂亮发饰，会问同学朋友，提问比较少。(a13)	A11：信息搜寻一般使用搜索引擎，较少使用社会化搜寻。(a13/a14)	
• 买过，体验过的东西，会倾向于主观意向，没买过的话，口碑、评价会对我有很大的影响，会给我一个大致的方向。(a14)		

3.2.4.6　对 F 的开放性编码

对研究对象 F 的访谈记录进行编码，得到如下范畴：AA1：终端设备便捷性、随时随地性；AA2：去中心化，网民角色转换；AA3：位置信息需求；AA4：普通网民信息信任度上升；AA5：信息成本、信息便利性、信息普及性、网络监管；AA6：信息组织与兴趣和关系有关，质量内容、数量、信息利用方便，筛选过程复杂，要求一定的搜寻能力；AA7：信息组织与兴趣和关系有关；AA8：信息搜寻功能强化，工具、方法进步；AA9：兴趣引发搜寻，关系影响；AA10：分享频率低；AA11：搜寻引擎为主，慎重抉择会询问。

表 3-7　　对 F 的开放性编码

开放性编码		
访谈录音整理内容	概念化	范畴化
• 我进行信息搜寻时通常会选择笔记本电脑和手机，因为方便、快捷，随时随地可以了解。(a1)	A1：手机和笔记本电脑方便、快捷，随时随地进行信息搜寻。(a1)	AA1：终端设备便捷性、随时随地性(A1)
• 我老婆会@下亲友微博，对于他们分享的好吃的、好玩的，她有时候也会去尝试；普通网民主要传播、接收信息，并把信息运用到现实生活中去；受关注人群能一呼百应。缺少受关注人群，就没有具有影响力的人，缺少普通网民，就只有宣传效果，没有人去响应他们，造成一种距离感。(a2)	A2：受关注人群和普通网民都可能是信息创造者、信息传播者、信息接收者。(a2)	AA2：去中心化，网民角色转换(A2)
• 社会化媒体环境提供的周边地区的服务或商品更多，比如说现在的一些团购，可以团购到就近的中南城的餐饮服务，像大众点评网，可以查到玩的地方、吃饭的地方。(a3)	A3：社会化媒体能基于地理位置提供服务。(a3)	AA3：位置信息需求(A3)
• 我更信任用户反馈信息，广告信息难以判断，如选购一款单反相机，500 元钱的和 5 000元钱的也看不出什么差别，用户反馈信息是用户体验后给的评价，比较靠谱；朋友推荐分享信息本身对于朋友就有一定的信任基础，也会比较信任；公共主页交流信息所涉及的范围比较广。(a4)	A4：最信任用户反馈信息，朋友推荐分享信息、公共主页交流信息也较为信任。(a4)	AA4：普通网民信息信任度上升(A4)

续表

开放性编码		
访谈录音整理内容	概念化	范畴化
• 社会化媒体环境中发表言论成本低、便利、普及度高。成本低体现在不需要做广告，有几千个好友的话，发表一个言论，相当于广播台；便利性体现在只要加个微博，大家就可以进行交流了；信息的覆盖面比较广，不能畅所欲言，存在监管。（a5）	A5：社媒信息成本低，便利又普及，网络监管致使不能畅所欲言。（a5）	AA5：信息成本、信息便利性、信息普及性、网络监管（A5）
• 社会化媒体中的信息是自由组织的，每个人都有自己的说话风格；质量内容差别比较大，质量无法保证，形形色色都有；数量非常多；信息利用变得方便，比如说查找资料，一般都能找到自己想要的信息，但偶尔会由于信息太杂乱，无法找到想要的信息。（a6） • 信息组织与兴趣存在很大关系，比如说 QQ 空间里发表的状态一般与自己的生活息息相关；与人和人之间的关系存在联系，比如关注的人会相互评论、回复，交流更多。（a7）	A6：社媒信息组织与兴趣以及关系有关；质量内容良莠不齐；数量过剩；信息利用变得方便，偶尔会遭遇选择困难。（a6/a7）	AA6：信息组织与兴趣和关系有关、质量内容、数量、信息利用方便，筛选过程复杂，要求一定搜寻能力（A6）

续表

开放性编码		
访谈录音整理内容	概念化	范畴化
• 消费者行为模式发生了改变，信息搜寻是一个必要环节。信息搜寻的环节处于重要地位，搜寻功能被强化，比如现在信息量大，信息搜寻的功能很强大，只要有一点线索，就能够搜索到，比如“人肉搜索”，信息搜索工具方法都变得更加先进。(a8)	A7：信息搜寻必要性，功能强化，搜寻工具、方法进步。(a8)	AA7：信息搜寻功能强化，工具、方法进步(A7)
• 对朋友分享的信息或者陌生人的商品推荐信息会感兴趣，有时间的话会进行相关搜索，若发现好友对其评价很高，会受到影响，但如果对我所关注的方面有负面评价，就不会购买。(a9)	A8：会因兴趣进行信息搜寻，关注好友负面评价。(a9)	AA8：兴趣引发搜寻，关系影响(A8)
• 购买某件商品或服务后，不太会分享，不会推荐。(a10)	A9：没有分享习惯。(a10)	AA9：分享频率低(A9)
• 一般用搜索引擎，有时候也会向好友询问，比如购买大的物件：车子、房子等，会在线询问有购买经验的朋友。(a11)	A10：信息搜寻一般使用搜索引擎，购买贵重物品会进行询问。(a11)	AA10：搜寻引擎为主，慎重抉择会询问(A10)

3.2.4.7 对 G 的开放性编码

对研究对象 G 的访谈记录进行编码，得到如下范畴：AA1：终端设备便捷性、可靠性、普及性、时代进步；AA2：信息交流双向性、多平台、多形式；AA3：个性化需求，位置信息需求；AA4：

网民角色转换；AA5：熟人信任倾向；AA6：信息成本、信息便利性、信息普及性、言语不能偏激；AA7：信息组织结构、质量内容、数量、信息利用方便；AA8：信息组织需求相关性；AA9：信息搜寻功能强化，信息不对称减少；AA10：需求引发搜寻，关系影响；AA11：分享好商品；AA12：搜寻策略多样性，商品价值决定策略选择。

表 3-8　　**对 G 的开放性编码**

开放性编码		
访谈录音整理内容	概念化	范畴化
• 进行信息搜寻时通常会选择电脑，手机一般用于浏览。因为时代在进步，互联网的发展，电脑和手机都比较便捷，具有普及性，电视最近也不怎么看，报纸好几年没有看了。(a1)	A1：手机和笔记本电脑的使用是时代进步所致，它们更加便捷、靠谱和普及。(a1)	AA1：终端设备便捷性、可靠性、普及性、时代进步(A1)
• 跟好友交流的比较多，偶尔会和陌生人交流，在豆瓣会加入一些小组，和小组成员进行一定的交流，还用过同学录、人人网。有时候出去玩，会拍一些照片，发到 QQ 或者微博，给好友或粉丝看。(a2)	A2：社会化媒体实现多平台、多形式的信息交流。(a2)	AA2：信息交流双向性、多平台、多形式(A2)
• 我认为社会化媒体能够为我提供信息生产、积累、共享、传播内容，有时想看流行的服装，编发，现在很多人想要做发型，会在一些美丽说等平台上搜图片，再去做。(a3)	A3：社会化媒体能够满足个性化的需求，提供本地化服务。(a3/a5)	AA3：个性化需求，位置信息需求(A3)

续表

开放性编码		
访谈录音整理内容	概念化	范畴化
• 受关注人群主要是传播作用，拥有很多粉丝，我自己很少关注明星，但会关注一些科研人员空间，看看他们有什么最新的信息，一些前沿之类；普通网民主要分享交流信息。(a4) • 社会化媒体环境提供的周边地区的服务或商品更多，比如去外面旅游，可以搜到当地有名的小吃。(a5)	A4：受关注人群能促进信息传播，普通网民主要分享交流信息。(a4)	AA4：网民角色转换(A4)
• 我更信任朋友推荐分享信息；朋友推荐分享信息本身对于朋友就有一定的信任基础，对于熟悉的人推荐的信息，会觉得真实一点，可靠一点，而陌生人或网站信息，感觉有一种吹嘘和做广告的成分。(a6)	A5：最信任熟人推荐的信息，觉得真实可靠。(a6)	AA5：熟人信任倾向(A5)
• 社会化媒体环境中发表言论具有成本低、便利性以及普及性等特点，不能畅所欲言，现在“人肉搜索”比较多，要是说偏激一点的言论，人家可能就会把你“挖”出来。(a7)	A6：社媒信息成本低，便利又普及，说话不能偏激。(a7)	AA6：信息成本、信息便利性、信息普及性、言语不能偏激 (A6)

续表

开放性编码		
访谈录音整理内容	概念化	范畴化
• 社会化媒体中的信息组织结构比较杂乱；质量内容有好有坏；数量方面比较广泛；信息利用变得方便，有时候找一样东西，找不到，可以在同学间进行询问，或根据一些推荐来找到；有时候也会根据一些用户反馈信息，来进行一些自己的判断，避免了盲目性。(a8)	A7：社媒信息组织杂乱；质量内容良莠不齐；数量过剩；信息利用变得方便。(a8)	AA7：信息组织结构、质量内容、数量、信息利用方便(A7)
• 我觉得信息组织更多的是与个人需求有关，认为兴趣是满足需求的一个部分；与人与人之间的关系存在联系，信息就是由人来组织的，没有人与人之间的交流，何来信息的互动。(a9)	A8：信息组织主要与需求有关，与兴趣以及关系也存在联系。(a9)	AA8：信息组织需求相关性(A8)
• 消费者行为模式发生了改变，具体体现在增加了信息搜索和分享的环节，渠道也有所改变。信息搜寻的环节处于首要地位，信息贯穿整个过程，搜寻功能被强化，有渠道去了解，避免了传统媒体下信息不对称的问题，通过网络可以搜寻更多，了解更多。(a10)	A9：信息搜寻必要性，功能强化，避免了信息不对称。(a10)	AA9：信息搜寻功能强化，信息不对称减少(A9)

续表

开放性编码		
访谈录音整理内容	概念化	范畴化
• 对朋友的分享或者陌生人的商品推荐有时候感兴趣，看是不是有需求，比如说看到一些有意思的图片，会点击相关链接，看它的质量和价格等方面的信息。会进行相关搜索，若发现好友对其评价很高，会受到影响，会提高我对商品购买的可能性；对于商品，更关注负面评价。(a11)	A10：更多地会因为需求进行信息搜寻，关注好友负面评价。(a11)	AA10：需求引发搜寻，关系影响(A10)
• 购买某件商品或服务后，如果质量和功能与介绍相符，或者价值超过我预期的，会在社会化媒体上进行推荐及分享。(a12)	A11：会分享好的商品。(a12)	AA11：分享好商品(A11)
• 浏览会做的，也会使用搜索引擎，会关注用户反馈，也会进行一些对比。(a13) • 进行信息搜寻时，会根据自己的兴趣，如果兴趣比较浓厚，会看别人的评论，看质量，主观意向也会考虑，价格不是很高的话，倾向使用搜索引擎，购买价格比较高的物件，比如电脑，会关注它的配置，会参考别人的评价，也会向好友进行询问。(a14)	A12：多种搜寻策略交互使用，购买普通物品使用搜索引擎；购买贵重物品会进行询问。(a13/a14)	AA12：搜寻策略多样性，商品价值决定策略选择(A12)

3.2.4.8　对 H 的开放性编码

对研究对象 H 的访谈记录进行编码，得到如下范畴：AA1：终端设备快捷性；AA2：信息交流双向性、多平台；AA3：个性化需求；AA4：去中心；AA5：广告信任危机；AA6：信息组织结构、质量内容、数量、信息利用方便；AA7：信息组织兴趣引发，关系导向；AA8：信息搜寻必要性、功能强化；AA9：需求引发搜寻，评价内容、关系影响；AA10：分享频率低；AA11：搜寻策略多样性，路径转换性；AA12：购买主观性，倾向搜索引擎。

表 3-9　　　　　　　　　　**对 H 的开放性编码**

开放性编码		
访谈录音整理内容	概念化	范畴化
• 进行信息搜寻时通常会选择笔记本、平板，手机也是一个辅助，因为更快、更方便。(a1)	A1：利用手机和笔记本电脑搜寻信息更快、更方便。(a1)	AA1：终端设备快捷性(A1)
• 和陌生人交流比较少，和好友比较多一点。和同学、朋友以及家里人会在 QQ 上进行联系；通过微博掌握最新信息。(a2)	A2：社会化媒体实现多平台的信息交流。(a2)	AA2：信息交流双向性、多平台(A2)
• 认为社会化媒体能够为提供信息生产、积累、共享、传播内容，基本上能满足个性化需求，比如说在微博上通常会有一些当下的热点，不必浏览网页，就可以获取信息，有一种面对面的感觉，如果收听的恰巧是自己比较信任的人，会觉得比较靠谱。(a3)	A3：社会化媒体能够满足个性化的需求，接触最新动态。(a3)	AA3：个性化需求(A3/A5)

续表

开放性编码		
访谈录音整理内容	概念化	范畴化
• 受关注人群也分主动与被动的，比如一些炒作就是主动去引起关注；而普通网民也有区别，有的可能像专家一样比较专业，有的则更多地处于观望状态。(a4)	A4：受关注人群与普通网民的界限不明确。(a4)	AA4：去中心(A4)
• 社会化媒体环境提供的周边地区的服务或商品更多，目前感受最深的还是团购，比如明天要约一个朋友吃饭，就会上团购网去搜，看哪个比较合适。就个人而言，那种推荐性的消费接受不多，而会进行比较多的主动搜寻。(a5)	A5：社会化媒体能基于地理位置提供服务。(a5)	AA5：广告信任危机(A6)
• 商家广告排最后，朋友推荐第一位，用户反馈排第二，像论坛、微博这种公共主页的交流排第三。(a6)	A6：普通网民更受信任，商家广告信任危机。(a6)	AA6：信息组织结构、质量内容、数量、信息利用方便(A7)
• 社会化媒体中的组织结构比较不严谨；内容丰富，鱼龙混杂，信息质量由信息源决定，每个人的喜好不同，接收的内容不同；数量多，有价值的信息需要自己挖掘……信息利用，总的来说还是变方便了，但由于信息量比较庞大，因而信息选择难度加大。(a7)	A7：社媒信息组织不严谨；质量内容良莠不齐；数量过剩；信息利用变得方便。(a7)	AA7：信息组织兴趣引发，关系导向(A8)

续表

开放性编码		
访谈录音整理内容	概念化	范畴化
• 我觉得信息组织与兴趣有关；如果没有兴趣，就不会在那么多信息中选择这类信息去关注。与人和人之间的关系有关，因为有些群体是因为一样的爱好才会形成，分享的信息属于同一类型，像旅游啊、读书之类；不同的平台是不一样的，比如 QQ 空间的信息一般都是好友可见，但微博是人家想看就可以看的，是一种半开放的平台。(a8)	A8：信息组织与兴趣以及关系存在联系。(a8)	AA8：信息搜寻必要性、功能强化(A9)
• 消费者行为模式发生了改变，信息搜寻是一个必要环节，且处于中心地位，对决策起到了相当大的作用，比如购买一款婴儿床，会像有相关经验的好友咨询，如果他强力推荐，而且性价比比较高的话，会考虑购买。搜寻功能被强化，提供了一些信息搜寻的平台，多了一些搜寻方法。(a9)	A9：信息搜寻必要性，功能强化。(a9)	AA9：需求引发搜寻，评价内容、关系影响(A10)

续表

开放性编码		
访谈录音整理内容	概念化	范畴化
• 最重要的还是看自己的需求，对朋友分享的信息或者陌生人的商品推荐信息如果正好是自己有兴趣的话会关注，它有时候是唤起需求的过程，比如说有一本小说，我正好想看，这时候有朋友推荐或者正好做关于这本书的广告，我就会在当当网上进行购买。但是也有特殊情况，比如最近“致青春”这部电影很火，豆瓣、微博、人人、优酷上有无数的议论和关注，于是产生好奇，从而产生新的需求，会进行相关搜索，若发现好友对其评价很高，有时候会受到影响，重要的不是有多少好评或差评，而在于说好的人说为什么好，说不好的人说为什么不好，比如说商品的包装不好，物流慢，我就不会介意。(a10)	A10：更多地会因为需求进行信息搜寻，关注评价内容。(a10)	AA10：分享频率低(A11)
• 购买某件商品或服务后，不会在社会化媒体上进行推荐及分享，觉得没有必要，如果有足够的激励措施，会去分享。(a11)	A11：不会进行分享。(a11)	AA11：搜寻策略多样性，路径转换性(A12)

续表

开放性编码		
访谈录音整理内容	概念化	范畴化
• 以淘宝为例，一般先看页面的介绍，如果对一些地方有疑问，或者不清楚，会使用搜索引擎，也会参考别人的评价。(a12)	A12：浏览、搜索引擎、参考评价多种搜寻策略交互使用，搜寻路径发生变化。(a12)	AA12：购买主观性，倾向搜索引擎(A13)
• 考虑主观因素较多，同时参考外部意见，内外结合，认为主观感受女生用得比较多。倾向于使用搜索引擎。(a13)	A13：更多考虑主观因素，倾向使用搜索引擎。(a13)	

3.2.4.9　对 I 的开放性编码

对研究对象 I 的访谈记录进行编码，得到如下范畴：AA1：终端设备移动化、便捷性；AA2：信息交流双向性、资源共享性；AA3：个性化需求，基于位置的服务；AA4：网民不可或缺性；AA5：信息多方参考更可靠；AA6：信息成本、信息便利性、信息普及性、敏感话题；AA7：信息组织兴趣引发，关系导向、质量内容、数量、信息利用存在困难；AA8：信息搜寻必要性、功能强化；AA9：兴趣引发搜寻，评价内容、关系影响；AA10：分享频率低；AA11：搜寻策略，搜寻路径。

表 3-10　**对 I 的开放性编码**

开放性编码		
访谈录音整理内容	概念化	范畴化
• 进行信息搜寻时通常会选择电脑和手机，因为与传统媒体相比较，电脑、手机更加便捷，套用微信中的一句话，“随时随地拍一下，随时随地你就可以享受到这些服务”。(a1)	A1：利用手机和笔记本电脑搜寻信息更便捷。(a1)	AA1：终端设备移动化、便捷性(A1)

续表

开放性编码		
访谈录音整理内容	概念化	范畴化
• 和好友和陌生人会进行一定的交流互动，最近由于学车，加了一个车群，可以看到全国各地关于驾照考试的一些信息，我们也会在上面分享考试资料。(a2)	A2：社会化媒体实现信息交流、资源共享。(a2)	AA2：信息交流双向性、资源共享性(A2)
• 我认为社会化媒体能够为我提供信息生产、积累、共享、传播内容，可以满足一部分个性化需求，每个人的需求都是不同的，我认为社会化媒体并不是万能的，我们不排除一些与主流产生抵触的少数人群，他们一些不合理、不恰当的需求不会得到满足。(a3)	A3：社会化媒体能够满足一部分个性化的需求。(a3)	AA3：个性化需求，基于位置的服务(A3/A5)
• 不能忽视普通网民的作用，没有普通网民，也就没有受关注人群，缺少受关注人群，就缺少了一些亮点和色彩，缺少普通网民，社会化媒体就不复存在。(a4)	A4：受关注人群与普通网民缺一不可。(a4)	AA4：网民不可或缺性(A4)
• 社会化媒体环境提供的周边服务或商品更多，这极大地方便了我们日常的衣食住行，给一些初来乍到的人提供当地信息。(a5)	A5：社会化媒体能基于地理位置提供服务。(a5)	AA5：信息多方参考更可靠(A6)

续表

开放性编码		
访谈录音整理内容	概念化	范畴化
• 更信任公共主页交流信息，在很多网站上都存在公共主页，可以多方参考；有从开网店的朋友处了解过刷好评这回事。(a6)	A6：信任公共主页交流信息，可多方借鉴。(a6)	AA6：信息成本、信息便利性、信息普及性、敏感话题(A7)
• 社会化媒体环境中发表言论具有成本低、便利性以及普及性等特点，对于一些比较敏感的话题，可能会成为别人攻击的目标，比如百度贴吧中的江苏吧，经常在上面看到一些苏南苏北的大战，比如这个城市攻击那个城市，对于一个不明的问题，可以把“楼”盖上千层。(a7)	A7：社媒信息成本低，便利又普及，敏感话题需谨慎发言。(a7)	AA7：信息组织兴趣引发，关系导向、质量内容、数量、信息利用存在困难(A8/A9)
• 组织结构比较松散；内容丰富；数量方面非常多；信息利用存在一定的困难，由于量太多，给选择方面带来了一定的困难。(a8)	A8：社媒信息组织松散；质量内容良莠不齐；数量过剩；信息利用存在困难。(a8)	AA8：信息搜寻必要性、功能强化(A10)
• 信息组织与兴趣有关；与人和人之间的关系有关。以论坛来说，有很多管理者，他们就是信息组织的约束者，有权进行删帖、禁言等。(a9)	A9：信息组织与兴趣以及关系存在联系。(a9)	AA9：兴趣引发搜寻，评价内容、关系影响(A11)

续表

开放性编码		
访谈录音整理内容	概念化	范畴化
• 消费者行为模式发生了改变，信息搜寻的环节处于基础地位，先有搜寻，才会有选择，它的功能被强化了，因为更加方便以及普及。(a10)	A10：信息搜寻必要性，功能强化，更加方便普及。(a10)	AA10：分享频率低(A12)
• 对朋友分享的信息或者陌生人的商品推荐信息有时候会感兴趣，如果在推荐中加入一些夸张的赞美，会有兴趣，会进行相关搜索，若发现好友对其评价很高，会受到影响。(a11)	A11：有时会因为兴趣进行信息搜寻，关注评价内容。(a11)	AA11：搜寻策略，搜寻路径(A13)
• 心情好的时候会分享。(a12)	A12：偶尔进行分享。(a12)	
• 在用搜索引擎搜索到一件商品后，会对比同类的不同商品，会去专业网站找一些相关资料，也会征求周围朋友的意见。较少使用社会化搜寻。(a13)	A13：多种搜寻策略交互使用，搜寻路径发生变化。(a13)	

3.2.4.10 对J的开放性编码

对研究对象J的访谈记录进行编码，得到如下范畴：AA1：个性化需求；AA2：网民不可或缺性，依存性；AA3：关系越近，信任度越高；AA4：信息成本、信息便利性、信息普及性、畅所欲言；AA5：信息组织结构、质量内容、数量、信息利用存在困难；AA6：信息组织兴趣引发，关系导向；AA7：信息搜寻必要性，功能强化，搜寻工具；AA8：需求出发，兴趣引发，评价内容；

AA9：分享好商品；AA10：搜寻策略多样性，路径转换性；AA11：购买主观性，倾向搜索引擎。

表 3-11 对 J 的开放性编码

开放性编码		
访谈录音整理内容	概念化	范畴化
• 认为社会化媒体能够提供信息生产、积累、共享、传播内容，可以满足一部分个性化需求，iPhone 5 刚出来的时候，内地还无法购买到，通过群里好友的介绍，找人代购，很早就使用到了这款手机。(a1)	A1：社会化媒体能够满足一部分个性化的需求。(a1)	AA1：个性化需求(A1/A3)
• 认为受关注人群更多的是一种吸引群众的作用，有了他们，会有许多普通网民追随，进而参与到社会化媒体的互动中；普通网民更多的是一种信息的传播与分享，他们的参与，使信息能够快速扩散，当然，他们也是海量信息的制造者，如果没有受关注人群，吸引的人比较少，如果没有普通网民，社会化媒体的特性就无法体现。(a2)	A2：受关注人群与普通网民缺一不可，相互依存。(a2)	AA2：网民不可或缺性，依存性(A2)

续表

开放性编码		
访谈录音整理内容	概念化	范畴化
• 社会化媒体环境提供的周边地区的服务或商品更多，像有时候自己开车去一个陌生的地方，在不认识路的情况下，我会使用导航、地图之类查找路线。(a3)	A3：社会化媒体能基于地理位置提供服务。(a3)	AA3：关系越近，信任度越高。(A4)
• 更信任朋友推荐分享信息，基于我对朋友还是比较信任，同时，我认为他们对我的兴趣也比较了解，一般推荐给我的商品还是比较靠谱的。(a4)	A4：信任朋友推荐分享信息，存在信任基础。(a4)	AA4：信息成本、信息便利性、信息普及性、畅所欲言(A5)
• 社会化媒体环境中发表言论具有低成本、便利性以及普及性等特点，像我平时上班，发条微博，也不需要多少时间，随时随地都可以获取信息，十分便捷，觉得只要自己愿意，一般情况下还是能够畅所欲言的。(a5)	A5：社媒信息成本低，便利又普及，一般情况下可以畅所欲言。(a5)	AA5：信息组织结构、质量内容、数量、信息利用存在困难(A6)
• 认为社会化媒体环境下的信息相当杂乱，没什么组织性；内容丰富，质量有好有坏；数量十分庞大；信息利用得看具体情况，海量的信息虽然比较齐全，但是删选的过程也是存在一定的难度的。(a6)	A6：社媒信息组织杂乱；质量内容良莠不齐；数量庞大；信息利用存在困难。(a6)	AA6：信息组织兴趣引发，关系导向(A7)

续表

开放性编码		
访谈录音整理内容	概念化	范畴化
• 信息组织与个人兴趣有关，一般我关注、分享的信息都是自己比较有兴趣的；与人和人之间的关系有关，像朋友的一些信息，我会比较关注，进而对朋友的朋友也会偶尔进行一些信息的浏览。(a7)	A7：信息组织与兴趣以及关系存在联系。(a7)	AA7：信息搜寻必要性，功能强化，搜寻工具(A8)
• 消费者行为模式发生了一定的改变，信息搜寻肯定是必要的。信息搜寻的环节处于比较核心的地位，认为现在网购，购买决策就是由信息搜寻的结果决定的。搜寻功能被强化，现在一些搜寻工具的确比较方便，像微信摇一摇就可以查看附近的人了。(a8)	A8：信息搜寻必要性，功能强化，搜寻工具进步。(a8)	AA8：需求出发，兴趣引发，评价内容(A9)
• 对朋友的分享及陌生人的商品推荐如果正好是自己有需求的话会感兴趣，会进行相关搜索，平时更关注商品的负面评价。(a9)	A9：从需求出发，有时会因为兴趣进行信息搜寻，关注评价内容。(a9)	AA9：分享好商品(A10)
• 购买某件商品或服务个人体验后，觉得不错可能会在评价中进行推荐及分享。(a10)	A10：分享自己认为好的商品。(a10)	AA10：搜寻策略多样性，路径转换性(A11)

续表

开放性编码		
访谈录音整理内容	概念化	范畴化
• 在用搜索引擎搜索到一件商品后，如果对商品的某些功能无法深入了解，有时候会咨询客服。(a11) • 进行信息搜寻时，考虑主观因素较多，一定程度上参考外部意见，倾向于使用搜索引擎，个人认为搜寻引擎快捷。(a12)	A11：多种搜寻策略交互使用，搜寻路径发生变化。(a11) A12：需求出发，更多考虑主观因素、倾向使用搜索引擎。(a12)	AA11：购买主观性，倾向搜索引擎(A12)

上述访谈录音整理、概念化到范畴化的分析过程汇总了10位访谈对象提出的116个影响因素(见表3-12)。其中有些范畴是在访谈记录中重复出现的，如终端设备移动性、信息交流双向性等；有些范畴则是研究对象对其持不同态度的，如在搜寻策略的选择上，有的访谈对象倾向于主观性搜寻，有的则倾向于参考外部意见。

表3-12　**访谈对象开放性编码范畴汇总**

访谈对象开放性编码结果	
A (12个影响因素)	AA1：终端设备移动化(A1)；AA2：信息交流双向性(A2)；AA3：个性化需求，基于位置的需求得到满足(A3/A5)；AA4：不同用户关系作用互补，普通网民更受信任(A4/A6)；AA5：信息成本、信息便利性、信息普及性、自发性、言论自由(A7/A9)；AA6：信息组织结构、质量内容、数量、信息利用率，搜寻内容(A8)；AA7：信息组织与兴趣和关系有关(A9)；AA8：信息搜寻地位、消费者搜寻能力(A10)；AA9：分享动力(A11)；AA10：信息搜寻的兴趣性和关系性(A12)；AA11：搜寻方式(A13)；AA12：信息搜寻主观性、口碑、推荐的重要性(A14)

续表

访谈对象开放性编码结果	
B（13 个影响因素）	AA1：终端设备的改变由技术进步、时代发展引发（A1）；AA2：信息交流双向性（A2）；AA3：个性化需求（A3/A5）；AA4：去中心化（A4）；AA5：关系越近，信任度越高（A6）；AA6：信息成本、信息便利性、信息普及性、言论场合性（A7）；AA7：信息组织结构、质量内容、数量、信息利用方便（A8）；AA8：信息组织与兴趣和关系有关（A9）；AA9：信息搜寻地位提高、功能强化（A10）；AA10：限时优惠引发兴趣（A11）；AA11：激励政策促进分享（A12）；AA12：搜寻方式，以浏览为主（A13）；AA13：信息搜寻外部性、搜索引擎重要性（A14）
C（13 个影响因素）	AA1：终端设备使用的习惯性（A1）；AA2：信息交流双向性、多平台（A2）；AA3：个性化需求（A3）；AA4：网民的作用（A4）；AA5：地理位置导向性，外出旅游信息获取更加便利（A5）；AA6：多人评价更客观（A6）；AA7：信息成本、信息便利性、信息普及性、个人言论需负责（A7）；AA8：信息组织结构、质量内容、数量、信息利用方便，筛选过程复杂（A8）；AA9：信息组织与兴趣、利益和关系有关（A9）；AA10：信息搜寻变主动为被动，功能强化（A10）；AA11：需求主导（A11）；AA12：商品好坏决定是否分享（A12）；AA13：信息搜寻外部性、搜索引擎重要性（A13/A14）
D（12 个影响因素）	AA1：时代进步，终端设备的即时性和移动性（A1）；AA2：信息交流双向性（A2）；AA3：个性化需求（A3）；AA4：受关注人群和普通网民的点面关系（A4）；AA5：地理位置导向性（A5）；AA6：能追溯的评价更值得信任（A6）；A7：信息成本、信息便利性、信息普及性、政治性言论需谨慎（A7）；AA8：信息组织结构、质量内容、数量、信息利用方便，筛选过程复杂，要求一定的搜寻能力（A8）；AA9：信息组织与兴趣和关系有关（A9）；AA10：信息搜寻功能强化，具有随时随地性（A10）；AA11：需求引发搜寻，外部影响不容忽视（A11）；AA12：搜寻引擎为主，社会化搜寻为辅（A12）

续表

访谈对象开放性编码结果	
E （10个 影响因素）	AA1：终端设备的移动性，主观空间大（A1）；AA2：信息交流双向性，用户参与性（A2）；AA3：个性化需求，位置资源（A3）；AA4：关系越近、信任感越强（A4）；AA5：信息成本、信息便利性、信息普及性、畅所欲言基于个人层面（A5）；AA6：信息组织结构、质量内容、数量、自发性，信息利用筛选过程复杂（A2/A6/A7）；AA7：信息搜寻交流共享化，功能被强化，具有多样性（A8）；AA8：需求引发搜寻，侧重负面评价（A9）；AA9：激励措施促进分享（A10）；AA10：搜寻引擎为主，社会化搜寻为辅（A11）
F （10个 影响因素）	AA1：终端设备便捷性、随时随地性（A1）；AA2：去中心化，网民角色转换（A2）；AA3：地理位置导向性（A3）；AA4：普通网民信息信任度上升（A4）；AA5：信息成本、信息便利性、信息普及性、网络监管（A5）；AA6：信息组织与兴趣和关系有关、质量内容、数量、信息利用方便，筛选过程复杂，要求一定的搜寻能力（A6）；AA7：信息搜寻功能强化，工具、方法进步（A7）；AA7：兴趣引发搜寻，关系影响（A8）；AA9：分享频率低（A9）；AA10：搜寻引擎为主，慎重抉择会询问（A10）
G （12个 影响因素）	AA1：终端设备便捷性、可靠性、普及性、时代进步（A1）；AA2：信息交流双向性、多平台、多形式（A2）；AA3：个性化需求，地理位置导向性（A3）；AA4：网民角色转换（A4）；AA5：熟人信任倾向（A5）；AA6：信息成本、信息便利性、信息普及性、言语不能偏激（A6）；AA7：信息组织结构、质量内容、数量、信息利用方便（A7）；AA8：信息组织需求相关性（A8）；AA9：信息搜寻功能强化，信息不对称减少（A9）；AA10：需求引发搜寻，关系影响（A10）；AA11：分享好商品（A11）；AA12：搜寻策略多样性，商品价值决定策略选择（A12）

续表

访谈对象开放性编码结果	
H （12 个 影响因素）	AA1：终端设备快捷性（A1）；AA2：信息交流双向性、多平台（A2）；AA3：个性化需求（A3/A5）；AA4：去中心（A4）；AA5：广告信任危机（A6）；AA6：信息组织结构、质量内容、数量、信息利用方便（A7）；AA7：信息组织兴趣引发，关系导向（A8）；AA8：信息搜寻必要性、功能强化（A9）；AA9：需求引发搜寻，评价内容、关系影响（A10）；AA10：分享频率低（A11）；AA11：搜寻策略多样性，路径转换性（A12）；AA12：购买主观性，倾向搜索引擎（A13）
I （11 个 影响因素）	AA1：终端设备移动化、便捷性（A1）；AA2：信息交流双向性、资源共享性（A2）；AA3：个性化需求，基于位置的服务（A3/A5）；AA4：网民不可或缺性（A4）；AA5：信息多方参考更可靠（A6）；AA6：信息成本、信息便利性、信息普及性、敏感话题（A7）；AA7：信息组织兴趣引发，关系导向、质量内容、数量、信息利用存在困难（A8/A9）；AA8：信息搜寻必要性、功能强化（A10）；AA9：兴趣引发搜寻，评价内容、关系影响（A11）；AA10：分享频率低（A12）；AA11：搜寻策略，搜寻路径（A13）
J （11 个 影响因素）	AA1：个性化需求（A1/A3）；AA2：网民不可或缺性、依存性（A2）；AA3：关系越近，信任度越高（A4）；AA4：信息成本、信息便利性、信息普及性、畅所欲言（A5）；AA5：信息组织结构、质量内容、数量、信息利用存在困难（A6）；AA6：信息组织兴趣引发，关系导向（A7）；AA7：信息搜寻必要性，功能强化，搜寻工具（A8）；AA8：需求出发，兴趣引发，评价内容（A9）；AA9：分享好商品（A10）；AA10：搜寻策略多样性，路径转换性（A11）；AA11：购买主观性，倾向搜索引擎（A12）

3.2.5　轴心编码

上节开放式编码的目的在于提炼概念，接下来进行的轴心编码的目的是整理各个概念及其相互关系，反复思考和分析概念之间关系，整合出高层次的抽象的范畴，同时确定相关范畴的性质和维度①。

本研究轴心编码阶段确定了四个主范畴，即消费者、信息源及其组织、信息搜寻过程、信息搜寻策略，开放性编码中得到的116个相关范畴自动变为副范畴。接下来根据主范畴的变化的原因、体现的形式、呈现的结果把相关范畴联系起来。如很多访谈对象提到了在进行信息搜寻时，会使用手机、电脑，相对于传统网络环境终端设备的使用仅限于电脑，手机的使用是一种改变，它体现的是一种消费者移动化的趋势，这种变化趋势的体现形式即为终端设备，而产生这种变化的原因，就是部分研究对象所提到的时代发展、技术进步，这样相关范畴就联系起来了。

3.2.5.1 主范畴“消费者”的典型模型

主范畴“消费者”的典型模型的归类过程：

①变化的原因：时代发展（B \ AA1、D \ AA1、G \ AA1、F \ AA7）；个性化需求（A \ AA3、B \ AA3、C \ AA3、D \ AA3、E \ AA3、G \ AA3、H \ AA3、I \ AA3、J \ AA1）；用户参与性（A \ AA2、B \ AA2、C \ AA2、D \ AA2、E \ AA2、G \ AA2、H \ AA2、I \ AA2）；关系强度（B \ AA5、E \ AA4、G \ AA5、J \ AA3）。

②体现的形式：终端设备（A \ AA1、B \ AA1、C \ AA1、D \ AA1、E \ AA1、F \ AA1、G \ AA1、H \ AA1、I \ AA1）；交流方式（A \ AA2、B \ AA2、C \ AA2、D \ AA2、E \ AA2、G \ AA2、H \ AA2、I \ AA2）；需求类型（A \ AA3、B \ AA3、C \ AA3、D \ AA3、E \ AA3、G \ AA3、H \ AA3、I \ AA3、J \ AA1）；角色转换（F \ AA2、G \ AA4）；位置资源（E \ AA3）；信任度（B \ AA5、J \ AA3）。

③呈现的结果：移动性（A \ AA1、D \ AA1、E \ AA1、F \

① 孙晓娥．扎根理论在深度访谈研究中的实例探析[J]．西安交通大学学报，2011，31(6)：87.

AA1、I\AA1)；交互性(A\AA2、B\AA2、C\AA2、D\AA2、E\AA2、G\AA2、H\AA2、I\AA2)；个性化(A\AA3、B\AA3、C\AA3、D\AA3、E\AA3、G\AA3、H\AA3、I\AA3、J\AA1)；去中心(B\AA4、H\AA4)；位置信息需求(A\AA3、C\AA5、D\AA5、F\AA3、G\AA3)；信任倾向(A\AA4、B\AA5、C\AA6、D\AA6、E\AA4、F\AA4、G\AA5、H\AA5、I\AA5、J\AA3)。

主范畴“消费者”的典型模型总结如表 3-13 所示：

表 3-13　　　　**主范畴“消费者”的典型模型**

变化的原因	时代发展、个性化需求、用户参与性、关系强度
体现的形式	终端设备、交流方式、需求类型、角色转换、位置资源、信任度
呈现的结果	移动性、交互性、个性化、去中心、位置信息需求、信任倾向

3.2.5.2　主范畴“信息源及其组织”典型模型

主范畴“信息源及其组织”的典型模型的归类过程：

①变化的原因：平台形式(C\AA2、G\AA2、H\AA2)；网民地位(A\AA4、C\AA4、D\AA4、F\AA2、G\AA4、I\AA4、J\AA2)；微信息(A\AA7、B\AA8、C\AA9、D\AA9、E\AA6、F\AA6、G\AA8、H\AA7、I\AA7、J\AA6)。

②体现的形式：信息成本(A\AA5、B\AA6、C\AA7、D\AA7、E\AA5、F\AA5、G\AA6、I\AA6)；组织结构(A\AA5、B\AA6、C\AA7、D\AA7、E\AA5、F\AA5、G\AA6、I\AA6)；质量内容(A\AA5、B\AA6、C\AA7、D\AA7、E\AA5、F\AA5、G\AA6、I\AA6)；数量(A\AA5、B\AA6、C\AA7、D\AA7、E\AA5、F\AA5、G\AA6、I\AA6)；信息利用(A\AA5、B\AA6、C\AA7、D\AA7、E\AA5、F\AA5、G\AA6、I\AA6)；信息组织(A\AA7、B\

AA8、C \ AA9、D \ AA9、E \ AA6、F \ AA6、G \ AA8、H \ AA7、I \ AA7、J \ AA6)。

③呈现的结果：自发性(A \ AA5、E \ AA6)；非结构化(A \ AA5、B \ AA6、C \ AA7、D \ AA7、E \ AA5、F \ AA5、G \ AA6、I \ AA6)；非限制性(A \ AA5、B \ AA6、C \ AA7、D \ AA7、E \ AA5、F \ AA5、G \ AA6、I \ AA6)；信息过载性(C \ AA8、D \ AA8、E \ AA6、F \ AA6、I \ AA7、J \ AA5)；关系组织性(A \ AA7、B \ AA8、C \ AA9、D \ AA9、F \ AA6、H \ AA7、I \ AA7、J \ AA6)；兴趣组织性(A \ AA7、B \ AA8、C \ AA9、D \ AA9、F \ AA6、H \ AA7、I \ AA7、J \ AA6)。

主范畴“信息源及其组织”的典型模型总结如表 3-14 所示：

表 3-14　　**主范畴“信息源及其组织”的典型模型**

变化的原因	平台形式、网民地位、微信息
体现的形式	信息成本、组织结构、质量内容、数量、信息利用、信息组织
呈现的结果	自发性、非结构化、非限制性、信息过载性、关系组织性、兴趣组织性

3.2.5.3　主范畴“信息搜寻过程”典型模型

主范畴“信息搜寻过程”的典型模型的归类过程：

①变化的原因：技术进步(B \ AA1、G \ AA1、F \ AA7)；兴趣(A \ AA10、A \ AA10、B \ AA10、F \ AA7、I \ AA9、J \ AA6)；关系(A \ AA10、D \ AA11、E \ AA8、F \ AA9、G \ AA10、H \ AA9、I \ AA9、J \ AA6)；情境与搜寻习惯(A \ AA10、B \ AA10、D \ AA11、E \ AA8、F \ AA7、G \ AA10、H \ AA9、I \ AA9、J \ AA8)。

②体现的形式：搜寻内容(A \ AA6、E \ AA7)；搜寻功能(B \ AA9、C \ AA10、D \ AA10、E \ AA7、F \ AA7、G \ AA7、H \ AA8、I \ AA8、J \ AA7)；分享内容(A \ AA9、B \ AA11、C \

AA12、E\AA9、G\AA11、J\AA9)；搜寻环节(B\AA9、C\AA10、D\AA10、E\AA7、H\AA8、I\AA8、J\AA7)。

③呈现的结果：兴趣引发性(A\AA10、F\AA7、I\AA9、J\AA6)；关系推动性(A\AA10、F\AA9、G\AA10、H\AA9、I\AA9、J\AA6)；搜寻中心性(A\AA8、B\AA9、C\AA10、G\AA9、J\AA7)；参与分享性(A\AA9、B\AA11、C\AA12、E\AA9、G\AA11、J\AA9)。

主范畴“信息搜寻过程”的典型模型总结如表3-15所示：

表3-15　　主范畴“信息搜寻过程”的典型模型

变化的原因	技术进步、兴趣、关系、情境与搜寻习惯
体现的形式	搜寻内容、搜寻功能、分享内容、搜寻环节
呈现的结果	兴趣引发性、关系推动性、搜寻中心性、参与分享性

3.2.5.4 主范畴“信息搜寻策略”典型模型

主范畴“信息搜寻策略”的典型模型的归类过程：

①变化的原因：情境((A\AA11、B\AA10、C\AA13、D\AA11、E\AA8、F\AA8、H\AA9、J\AA11)；搜寻偏好(A\AA12、B\AA12、C\AA12、D\AA12、E\AA9、E\AA10、F\AA12、H\AA12、I\AA11、J\AA11)。

②体现的形式：搜寻方式(A\AA11、B\AA12、C\AA13、D\AA12、E\AA10、F\AA10、G\AA12、H\AA11、I\AA10、J\AA10)；搜寻路径(D\AA12、E\AA10、F\AA10、H\AA11、I\AA10、J\AA10)。

③呈现的结果：多样性(D\AA12、E\AA12、G\AA12)；外部策略导向性(B\AA13、C\AA13、D\AA12、E\AA12、J\AA12)；圈策略导向性(B\AA13)；搜寻路径跳跃性(D\AA12、E\AA10、F\AA10、H\AA11、I\AA10、J\AA10)。

主范畴“信息搜寻策略”的典型模型总结如表3-16所示：

表 3-16 主范畴“信息搜寻策略”的典型模型

变化的原因	情境、搜寻偏好
体现的形式	搜寻方式、搜寻路径
呈现的结果	多样性、外部策略导向性、圈策略导向性、搜寻路径跳跃性

通过典范模型中变化的原因、体现的形式、呈现的结果的分析，四个主范畴与116个副范畴之间关系得以清晰的揭示。

3.2.6 选择性编码

建立范畴及其属性是开放性编码关注的重点，系统地发展范畴、联结范畴与副范畴是轴心编码的任务，而选择性编码是一个结合(Integrating)与精炼(Refining)范畴的历程，需要系统处理范畴之间的关系，确定核心范畴和次要范畴，从而形成范畴关系基础之上的扎根理论。

通过对访谈资料反复阅读，对开放性编码和轴心编码反复辨析，确定四个主范畴均为核心范畴。接下来分析访谈对象对于四个核心范畴所受影响的赞成度，即分析轴心编码过程中提炼的四个主范畴呈现的结果(即影响要素)的赞成度。赞成度的确定标准为：如不同访谈对象对核心范畴呈现结果有本质相同的描述，即认为访谈对象对该核心范畴持赞成态度，这一影响要素即可确定；若有几个结果未提及，其他都有类似描述，即为基本赞成；若不同访谈对象对呈现结果有不同描述，即认为访谈对象对该核心范畴存在不同意见，需要对影响要素进行修正或补充。

访谈对象对其信息搜寻行为的四个核心范畴受到社会化媒体的影响所持态度如表3-17所示：

表 3-17 访谈对象对四个核心范畴中呈现结果的态度

编号	消费者	信息源及其组织	信息搜寻过程	信息搜寻策略
A	基本赞成	赞成	基本赞成	有不同意见

续表

编号	消费者	信息源及其组织	信息搜寻过程	信息搜寻策略
B	赞成	基本赞成	基本赞成	基本赞成
C	赞成	赞成	有不同意见	基本赞成
D	赞成	赞成	基本赞成	基本赞成
E	赞成	赞成	基本赞成	有不同意见
F	基本赞成	赞成	有不同意见	基本赞成
G	赞成	基本赞成	基本赞成	基本赞成
H	基本赞成	基本赞成	基本赞成	有不同意见
I	赞成	赞成	基本赞成	基本赞成
J	基本赞成	赞成	基本赞成	有不同意见

由表 3-17 可知，访谈对象对“消费者”和“信息源及其组织”两个核心范畴中“呈现的结果”大多持赞成态度，少数基本赞成，从两个范畴中归纳的影响因素可以确定；访谈对象对核心范畴“信息搜寻过程”中“呈现的结果”大多持基本赞成态度，个别有不同意见，从该范畴中归纳的影响因素可以基本确定；访谈对象对核心范畴“信息搜寻策略”中“呈现的结果”大多持基本赞成态度，少数有不同意见，从该范畴中归纳的影响因素可以基本确定，但需结合理论加以甄别和补充。

3.3　研究结论

3.3.1　社会化媒体对“消费者”的影响

3.3.1.1　移动性

几乎所有访谈对象都提到了社会化媒体环境中网络“终端设备”的移动化，这一趋势是“时代发展”和技术革新的产物，越来越多的消费者开始使用移动电话和平板电脑等移动终端上网。CNNIC 第 32 次《中国互联网络发展状况统计报告》显示，截至 2013 年 6

月，我国手机搜索用户数达 3.24 亿，较 2012 年年底增长了 11.3%；使用率为 69.9%，与 2012 年年底相比提升了 0.5 个百分点①。作为最为重要的互联网应用之一，消费者信息搜寻的移动性充分利用了移动设备的便捷性，满足了消费者“随时随地”(访谈对象 B、D、F、I) 查找信息的需求。随着移动互联网的发展，网络信息量的扩大，消费者的“移动性”将进一步体现。

3.3.1.2 交互性

社会化媒体环境广泛的“用户参与性”，使得消费者之间出现了群体性和协作性的交流互动，“交流方式”的变化反映出社会化媒体环境下消费者比任何时候都紧密地联系在了一起，体现了消费者的“交互性”。访谈对象提到了两种类型的交互：一是消费者和服务提供者的交互，二是消费者之间的交互，后者提及最多。而消费者和服务环境的交互鲜有提及，可见，社会化媒体环境中的消费者的信息搜寻对系统的依赖性降低，对人与人之间关系重要性的认识上升。社会化媒体中消费者之间的交互行为通过对话和活动两种方式实现，对话主要是表达意见和交流，包括评价和分享(访谈对象 A、B、C、D、E、G、H、I、J)、推荐(访谈对象 B)、询问和回答(访谈对象 C、D、G)、论坛转帖回帖(访谈对象 D)、微博原创转发(访谈对象 E、I、H) 等行为。活动主要是由网民自发号召或社会化媒体平台及第三方组织的各类活动，包括但不限于线下聚会、参加游戏公会(访谈对象 B)、参加小组圈子(访谈对象 G) 和品牌促销推广(访谈对象 I) 等。

3.3.1.3 个性化

社会化媒体的发展让每个消费者都可以表达其“个性化需求”，来自于衣食住行、物质、娱乐等各方面的“需求类型”也越来越多样化，“个性化”的消费者希望找到更为便捷的途径、更多样化的渠道与终端以及更为自由丰富的信息组合，而不是过去相对集中、统一的信息消费模式。《数字化生存》的作者尼葛洛庞帝认为未来

① 第 32 次中国互联网络发展状况统计报告[R]. CNNIC，2013.7.

的个性化的服务将达到"我的日报"(The Daily Me)①那样一种极端境界。消费者对信息搜寻的个性化需求更是与社会化媒体的发展紧密相连。搜寻的个性化首先是搜寻进程的自主化，即定制，消费者可以定制自己风格的搜索页面；其次是搜索结果的个性化，即学习，社会化媒体根据消费者的历史购物行为识别理解学习用户的购物偏好，返回符合消费者偏好的结果。无论是哪种方式实现的个性化，几乎所有的访谈对象都认为个性化建立在对消费者基本信息的充分准确了解的基础上，其中包括与移动性关系紧密的位置信息。

3.3.1.4　去中心

"去中心"是相对于中心化而言的新型网络社会化关系形态和内容产生形态。所有访谈对象均达成共识的是，在社会化媒体环境中，信息内容由全体网民共同创造，任何人都可以在网络上表达自己的观点或创造原创的内容，共同生产信息。另外，每个人作为自由平等的主体而存在，自发形成了松散的扁平化网状结构，而不是等级森严的层级制。受关注人群和普通网民缺一不可。消费者在消息者(Messagers)、内容分享者(Content Sharers)和群居者(Groupers)②等各种角色之间转换(访谈对象 F、G)。尽管某一特定角色的影响力有大小，但"用户参与性"和"角色转换"作用下，没有谁在社会化媒体中扮演中心角色。

3.3.1.5　位置信息需求

社会化媒体环境下，消费者所处空间位置正在成为和用户基本信息、浏览日志、消费记录等一样具有巨大价值的信息"资源"。首先，空间位置成为消费者不可或缺的个人信息。信息是事物运动的状态和状态改变的方式，事物都具有其时空属性，可以说地理位置给信息增加了一个维度，消费者的空间位置信息是其在社会化媒体平台交流互动不可或缺的一部分。其次，空间位置成为消费者重

① [美]尼葛洛庞帝．数字化生存[M]．胡泳，范海燕，译．海口：海南出版社，1997.

② 2011 年 Trendstream 全球社交网络用户行为地图[EB/OL].[2012-08-02]. http://www.socialbeta.com/articles/global-social-networks.html.

要的内容创造。消费者可以通过签到等多种途径发布个人所在位置，发现新的地点。再次，消费者具有对基于地理位置的社会化应用的迫切需求。消费者需要与位置相关的移动化、本地化服务，如本地生活交流(访谈对象 B、C、E、F、I、J)、本地电子商务(访谈对象 B、H)、交友(访谈对象 A)等。

3.3.1.6 信任倾向

社会化媒体的交流互动中，消费者对不同的信息来源的"信任度"有所差异，受到消费者之间的"关系强度"(Bansal & Voyer, 2000)①的影响，具有强关系"信任倾向"(访谈对象 A、B、E、F、G、H)。Edelman's "Trust Barometer" Report for 2013 显示，来自朋友、家人或者其他亲密人的推荐始终是一个最可信任的来源②。艾瑞咨询整理 Ipsos 最新调查报告发现，中国社会化媒体用户中 54% 表示会因为好友"喜欢"或者关注某品牌而产生购买行为。此外，社会化媒体上"像我一样的"其他人和行业专家也是可信任的(访谈对象 A、C、D、F、H、I、J)。

3.3.2 社会化媒体对"信息源及其组织"的影响

3.3.2.1 自发性

社会化媒体是一种自媒体，"平台形式"多样化，全体网民以平等的"地位"参与了"微信息"生产，"信息成本"低，信息源具有"自发性"。《维基经济学》中提出生产兼消费者(Prosumer)的概念，同时指出修改的权利是与生俱来的③，明确了社会化媒体信息内容是消费者自己、自由、自主创造的(访谈对象 A、E)。

---

① Bansal, H. S. and Voyer, P. A. Word-of-Mouth Processes Within a Services Purchase Decision Context[J]. Journal of Sefrvice Research, 2000, 3(2): 166-167.

② 2013 Edelman Trust Barometer [EB/OL]. [2013-01-02]. http://trust.edelman.com/slides/2013-edelman-trust-barometer/.

③ [加]唐·泰普斯科特，安东尼·威廉姆斯. 维基经济学[M]. 何帆，林季红，译. 北京：中国青年出版社，2012.

3.3.2.2 非结构化

社会化媒体中人与人之间的互动产生了大量的形式相对不固定、语法不规范，表达随意的非结构化信息。有报告称，当今世界结构化数据增长率约为32%，而非结构化数据增长则是63%，至2012年，非结构化信息比例达到互联网整个信息量的75%以上。社会化媒体信息“组织结构”松散、流动性强，具有“数量”庞大和形式多样等特征，呈现“非结构化”状态(访谈对象A、B、C、D、E、F、G、I)，现有的网络分类目录已无法对其进行有效的“信息组织”，给信息获取和“信息利用”带来了困难。

3.3.2.3 非限制性

任何“网民”在任何形式的社会化媒体“平台”都可以创建、评论和添加“微信息”。消费者自发生产或传递信息，自由地表达思想和观点，主题和内容均涵盖方方面面，在法律允许的范围内畅所欲言；消费者可以选择任何一种社会化媒体进行发布微博、添加评论、分享图片和视频、张贴标签等信息生产和传递行为；社会化媒体中信息发布没有权威审查，信源复杂、分布离散、质量良莠不齐。社会化媒体信息在“数量”、“质量内容”方面均表现出“非限制性”(访谈对象A、B、C、D、E、F、G、I)。

3.3.2.4 信息过载性

社会化媒体在赋予消费者充分信息权利的同时，其庞大的信息“数量”大大超过了消费者所能处理和“利用”的范围，表现出“信息过载性”(访谈对象C、D、E、F、I、J)。人们将“消除不确定性”作为信息的定义，但大量无关的、无用的信息严重干扰了消费者对相关有用信息的选择，反而增加了不确定性。因此，除搜索引擎的技术过滤之外，个体之间通过关系网络彼此分享、评价、分类、推荐的协作过滤(Collaborative Filtering)机制①变得尤为重要。

3.3.2.5 关系组织性

消费者生产社会化媒体信息即建立了消费者—信息关系，“微

① 信息过载[EB/OL].[2013-04-22]. http://baike.baidu.com/view/1150171.htm.

信息”中包含与其他内容的链接(如博客、日志等)或直接针对已有内容(如评论、标签)，同时建立了信息—信息关系。在上述社会化交互与协作信息活动的基础上，消费者—消费者关系得以建立(访谈对象 A、B、C、D、E、G、H、I)。随着关系数量的增加，消费者与具有共同节点的其他消费者之间也建立起关系，如与朋友的朋友成为朋友、关注自己关注的人所关注的其他人等。消费者间关系的结构化则形成圈子、群落、好友列表等，逐步区分出弱关系与强关系(访谈对象 B、E、G、J)。可见，消费者—消费者关系的动态变化伴随着消费者与信息之间的动态映射过程以及信息与信息之间关系的形成过程，也是通过“关系组织信息”的过程(访谈对象 A、B、C、D、E、F、I、J)。

3.3.2.6 兴趣组织性

社会化媒体中的关系和兴趣，类似于传统网络环境下信息之间的网链系统，都属于网络环境中信息的自组织机制。消费者通过发布、分享、转载、评论、回复、收藏、推荐、标注、搜索、点击等行为向社会化媒体贡献信息，在不同信息之间构建了链入、链出关系，进而将相同或类似内容融合、不同内容加以区分①；消费者逐步形成自己的关注热点、标签集合、阅览习惯等兴趣图谱，消费者围绕这些兴趣点聚集，基于消费者与信息之间的动态映射关系，信息也聚焦于这些兴趣点，改变了信息源的复杂、非结构的无序状态，这就是几乎所有访谈对象提到的社会化媒体信息的“兴趣组织性”。

3.3.3 社会化媒体对“信息搜寻过程”的影响

3.3.3.1 兴趣及需求引发

在信息搜寻过程中，消费者一般会对感“兴趣”的商品表现出主动的，甚至是持久的关注。现实中消费者很少能够拥有所有的信息或充分准确的信息，却拥有较大的参与欲望和动机来做出完美的

① 李鹏．Web 2.0 环境中用户生成内容的自组织[J]．图书情报工作，2012，56(16)：119-126.

决策，“兴趣引发”信息搜寻行为（访谈对象 A、B、D、E、F、I、J）。但也有消费者表示，他们会更多地关注自身需要解决的问题，只是一定程度上受到兴趣的影响（访谈对象 C、D、E、G、H）。因此，笔者认为信息搜寻过程典型模型中归纳的社会化媒体的影响因素“兴趣引发性”改为“兴趣及需求引发”更为恰当。

3.3.3.2　关系推动性

社会化媒体环境下信息搜寻是互动搜寻，聚合了人的力量，更确切地说，是人与人之间的“关系”成为信息搜寻的基础，好友的评价、其他消费者的晒单，同好者的推荐等依附于关系的信息内容在一定程度上加速了消费者消除其不确定性的进程，这也是信息搜寻的目的所在，可以说“关系推动”了信息搜寻的进程（访谈对象 A、F、G、H、I、J）。

3.3.3.3　搜寻中心性

得益于“技术进步”的推动，社会化媒体环境下搜寻平台、工具、方法变得更加先进和多样化，所有访谈对象均认为这一新兴环境下的搜寻功能增强。多数访谈对象强调了搜寻环节的必要性（访谈对象 B、F、H、I、J），部分访谈对象认为社会化媒体环境不必要进行主动信息搜寻，但搜寻环节的主导地位没有动摇（访谈对象 C、D、E、G），搜寻前的兴趣及需求引发、搜寻中的关系推动，以及之后的参与分享，都以信息搜寻环节为中心开展（访谈对象 A、B、C、G、J）。

3.3.3.4　参与分享化

社会化媒体环境中的消费者乐于分享和达到预期满意或产生认识差距的购物体验（访谈对象 A、B、C、G、I、J），激励使分享更有动力（访谈对象 B）。同时一部分消费者出于习惯使然，不会去分享（访谈对象 E、F、H），但有人表示，如果有一定的激励措施，会考虑进行分享（访谈对象 E、H）。因此笔者认为参与分享不属于普遍现象，是一种发展趋势，故改为参与分享化较为恰当。

实证分析所归纳的上述四个特性进一步支持了消费者信息搜寻过程的 AISSAS 行为模型。社会化媒体影响了消费者信息搜寻的全过程，这一点毋庸置疑。

3.3.4 社会化媒体对“信息搜寻策略”的影响

3.3.4.1 多样性

访谈对象对于信息搜寻策略的选择呈现“多样性”。有的主要借助自身的知识储备(访谈对象A、E、J)，有的还参考外部意见(访谈对象B、C、D、G、H、I)，有的只使用搜索引擎或层级式的浏览(访谈对象B、D、J)，有的还运用社会化搜寻手段(访谈对象A、C、E、F、G、H)。不同的搜寻“情境”和“偏好”产生了搜寻策略的多样性，如社会化媒体平台的功能；消费者信息需求的多样性，信息源的多样性和消费者不同的搜寻能力和搜寻习惯。此外，海量信息和冗余信息给搜寻带来的难题更需要运用综合的“搜寻方式”和变化的“搜寻路径”才能解决。

3.3.4.2 外部搜寻策略导向性

信息源包括外部信息源和内部信息源，消费者在内部信息不足的情况下需要搜集外部信息。社会化媒体环境中，消费者倾向于参考外部意见。一方面因为消费者个人的主观知识和经验在日益复杂的消费环境中更显不足，外部搜寻更显其必要性(访谈对象D、H、I)；另一方面，社会化媒体信息来源广泛、信息真实全面，信息获取成本低，更利于消费者进行外部信息搜寻(访谈对象B、C、G)；同时，外部搜寻是建立关系的一种途径。当然，不排除在冲动购买或重复购买等特殊情况下，一部分消费者仅进行内部搜寻和主观判断(访谈对象E)，但从一般意义上说，外部搜寻策略导向性仍然成立。

3.3.4.3 “圈策略”导向化

如果说搜索引擎是框(搜索框)策略，而社会化搜寻则是圈(社交圈、兴趣圈)策略。社会化媒体环境中，消费者信息搜寻时会更多地参考他人(访谈对象E、F、G、H)，尤其是熟人圈子的推荐(访谈对象C、F)，选择询问的方式(访谈对象A、E、F、G)请圈子内的朋友解答疑惑。正如谷歌对圈策略的定义——在你的世界内进行搜索，要满足消费者私人化、个性化的信息需求，局限于公众网站提供的图片、视频、新闻和文章显然是不够的，个性化离不开关系圈子提供的内容，圈策略的搜索结果更具可信度。但鉴于搜索引擎策略仍然是大多数消费者的“搜寻偏好”(所有访谈对象)，可以认为圈策略是社会化搜寻的一种发展趋势，所以将圈策略导向性修正为“圈策略导向化”。

3.3.4.4　搜寻路径跳跃性

搜寻路径跳跃性与信息搜寻策略的多样性相联系。由于搜寻“情境”和“偏好”的影响，社会化媒体环境中消费者往往会同时使用多种“搜寻方式”，如搜索引擎、询问、浏览、对比等，每一次的信息搜寻都会在不同的信息“搜寻路径”间转换(访谈对象 D、E、F、H、I、J)。类似于点击流数据记录了互联网用户的浏览行为，搜寻路径则记录了消费者的信息搜寻行为，反映了各种策略之间的内在联系，同时不同的“进入”策略以及后续的策略组合会产生不同的信息搜寻效果。

3.4　本章小结

通过本章的定性研究，首先形成了对社会化搜寻概念的深入理解。概括而言，现有社会化搜寻的定义突出了关系和互动的核心作用，这一点充分体现在本章研究结论中，如消费者的交互性、去中心和信任倾向，信息的关系和兴趣组织、搜寻过程的关系推动，圈策略导向化等；此外，现有狭义的理解认为社会化搜寻指传统搜索引擎中融入社会化元素，即搜索引擎的社会化，这一点并没有在本章中得到充分体现，而搜寻策略的多样性以及搜寻路径的跳跃性等研究结论更多地支持了社会化搜寻是互动搜寻这一广义的理解。

具体而言，社会化媒体对消费者信息搜寻行为的影响体现在搜寻主体、搜寻内容、搜寻过程以及搜寻策略四个方面。各个方面的影响因素在一定程度上反映了社会化媒体的特性。基于社会化媒体信息交流双向性、用户创造内容等典型特征，消费者信息搜寻行为才会更多地体现出一种用户之间的互动交流。社会化搜寻是社会化媒体环境下的一种特殊的信息搜寻模式，本章研究结果实证了前文理论部分所描述的社会化搜寻所体现的特点，并在此基础上进行了补充与修正。

第4章 社会化媒体环境下消费者信息搜寻意愿

消费者的信息搜寻，始于其信息搜寻的主观意愿。消费者信息搜寻意愿的研究对于了解消费者的搜寻过程有着重要作用。Sheppard 和 Hartwick① 将意向界定为个人从事特定行为的可能性，或者为对未来实施特定行为的计划。Fishbein② 将意愿定义为个人从事特定行为的主观概率。将意愿的概念加以延伸，可以认为，信息搜寻意愿是指消费者进行信息搜寻的主观概率或可能性。

信息搜寻意愿分为购前和购后搜寻意愿，已有的研究重点关注了购前搜寻意愿。Soyeon Shim 等③从态度、主观规范、感知行为控制、网络购物经验四个方面建立了购前信息搜寻意愿模型，并通过实证研究支持了购前搜寻意愿在预测购物意愿中的作用；张逸婷④研究了消费者搜寻意愿的影响因素，研究表明，消费者产品涉入度及先前产品经验对信息搜寻意愿有正向影响，消费者在对产品有需求时会有较高的搜寻意愿，而关键字类型及产品创新性对消费者信息搜寻意愿没有显著影响。但是，购后搜寻意愿的研究尚未引

---

① 邱蕾．社会化媒体对消费者购买意愿的影响研究[D]．南昌：江西财经大学，2009.

② 王崇．网络消费者购买意愿影响因素模型研究[D]．哈尔滨：哈尔滨工业大学，2007：10.

③ Soyeon Shim，Mary Ann Eastlick，Sherry L. Lotz，Patricia Warrington. An Online Prepurchase Intentions Model：The Role of Intention to Search[J]. *Journal of Retailing*，2001(77)：397-416.

④ 张逸婷．引导式关键字行销——影响消费者搜寻意愿之研究[D]．台北："国立"政治大学，2010.

起学者们足够的关注，Sujay Dutta 等研究了电子商务发展过程中的新事物——最低价格保证(LPG)对消费者购后信息搜寻的影响，研究结论表明较高程度的消费者价值感知和商家的补偿水平会引发更大的购后信息搜寻努力。但无疑，现有信息搜寻意愿的研究都是针对传统网络环境，社会化媒体环境下的消费者搜寻意愿研究严重缺乏。

本章在前文对社会化媒体的有关理论研究成果的基础上，构建网络消费者社会化搜寻意愿影响因素模型，该模型全面考虑购前信息搜寻和购后信息搜寻，以期全面反映社会化媒体环境下消费者信息搜寻意愿的变化规律。

4.1　初始研究模型与变量定义

4.1.1　初始研究模型

初始研究模型建立在技术接受模型(TAM)的基础之上。技术接受模型是 Davis 在运用理性行为理论(TRA)研究用户对信息系统接受时提出的。技术接受模型有两个主要的研究变量：感知有用性(perceived usefulness)和感知易用性(perceived ease of use)。该模型认为，系统使用是由行为意向决定的，而行为意向由使用的态度和感知有用性共同决定；使用的态度由感知有用性和易用性共同决定；感知有用性由感知易用性和外部变量共同决定，感知易用性由外部变量决定。

社会化媒体技术接受的研究始于 2009 年，到 2010 年出现了技术接受模型、接受研究、技术采纳意向等主题。如为了研究 Facebook 中"Event"功能的接受程度，Paris 等人①扩展了传统的技术接受模型，提出社会化技术接受模型，并用此模型来研究信任、

① Paris, C. M., Lee, W. J., Seery, P. The Role of Social Media in Promoting Special Events: Acceptance of Facebook "Events"[J]. *Information and Communication Technologies in Tourism*, 2010(14): 531-541.

预期关系和愉悦性对用户接受 Facebook 及其“Event”功能态度的影响。2011 年，社会化媒体技术接受研究中又出现了一些新的研究主题，如用户接受和技术扩散等。

本章在技术接受模型的基础上，引入社会化媒体的两大要素，即用户创造内容、关系与互动，再加上感知风险和搜寻动机共 4 个外部变量，将感知有用和感知易用作为中间变量，因变量为购前搜寻意愿和购后搜寻意愿，构建了如图 4-1 所示的消费者社会化搜寻意愿影响因素初始研究模型。

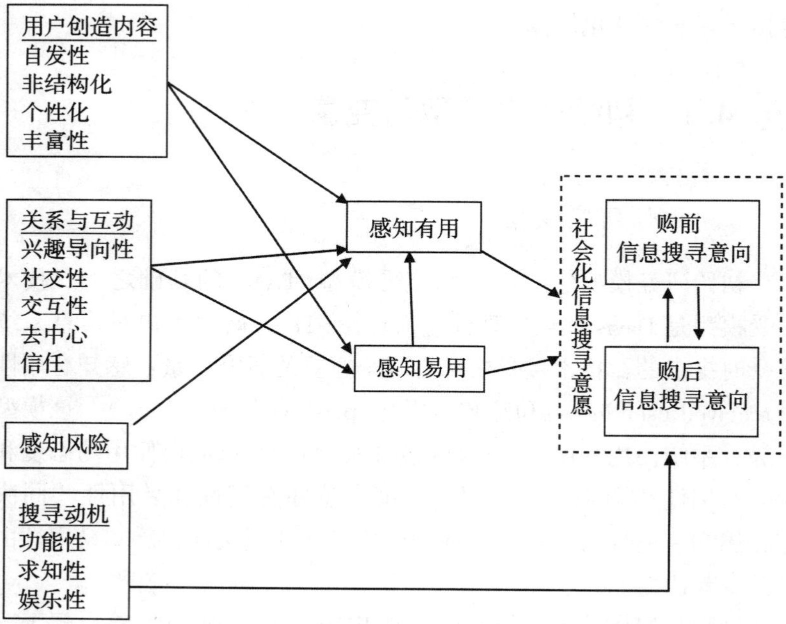

图 4-1　消费者社会化搜寻意愿初始研究模型

4.1.2　变量定义

4.1.2.1　用户创造内容

综合第 3 章中社会化媒体对消费者和信息源的影响，归纳用户创造内容具有自发性、非结构化、个性化和丰富性的特征，其中自发性和非结构化来自于社会化媒体对信息源的影响的研究结论；丰富性是对社会化媒体对信息源的影响中非限制性和信息过载的概括，而个性化是社会化媒体对消费者的影响中最突出的一个特征。

4.1.2.2　关系和互动

结合第2章中对关系和互动内涵的分析，以及第3章中社会化媒体对消费者的影响的研究结论，将社会化媒体环境下消费者之间的关系和互动概括为兴趣导向性、社交性、交互性、去中心化和信任5个特征。其中兴趣导向和社交性概括了社会化媒体中两种重要的关系，交互、去中心化、信任来源于社会化媒体对消费者的影响的研究结论。

4.1.2.3　感知风险

感知风险最初的概念是由哈佛大学的Bauer（1960）从心理学延伸出来的，他认为消费者购买行为都存在无法预期的结果，某些结果可能令消费者不愉快①。Mitchell(1999)②的研究表明，感知风险贯穿整个购买过程，不同购买阶段顾客的感知风险水平是不同的。在确认需要阶段，由于可能没有立即解决问题的手段或不存在可利用的产品，顾客的感知风险不断增加；随着信息搜寻后方案评价的进行，风险开始减少；购买决策前，决策的不确定性使风险略微上升；若购买行为达到预期满意，则风险走低。可以看出，消费者充分了解要购买的商品、商家以及其他相关信息有助于减少决策的不确定性，因而，感知风险对消费者的搜寻意愿是有一定影响的。

Jacoby和Kaplan（1972）③等学者认为顾客感知风险包括5个

---

① Bauer, R. A. Consumer Behavior as Risk Raking[C]//Hancock, R. S., Ed. Dynamic Marketing for a Changing World. Proceedings of the 43rd Conference of the American Marketing Association, 1960: 389-398.

② Mitchell Vincent-Wayne. Consumer Perceived Risk: Conceptualizations and Models[J]. *European Journal of Marketing*, 1999(33): 163-195.

③ Jacoby Jacob, Kaplan B. Leon. The Components of Perceived Risk[J]. *Advances in Consumer Research*, 1972, 5(3): 382-383.

方面：财务风险、功能风险、身体风险、心理风险和社会风险。而根据 Stone 和 Gronhaung 的研究发现，加上时间风险，这 6 类风险可以解释近 90%的总感知风险①。所以大部分的学者在研究顾客感知风险时，主要从 6 个方面来进行。由于感知风险的复杂性，同时本研究的重点在于突出社会化媒体环境对搜寻意愿的影响，所以本章简化了感知风险的研究范畴，只涉及其中最为重要的产品功能风险，即消费者收到商品后，发现商品达不到自己的期望值或者发现商品性能比竞争者的商品差所带来的风险。

4.1.2.4 搜寻动机

动机(motivation)代表一种不能观察到的内部力量。根据人的基本行为模式，动机在需要的基础上产生，是指导行为的直接动力。动机能引起和维持一个人的活动，并将该活动导向某一目标，以满足个体某种需要的念头、愿望、理想等。

Spreng 和 Olshavsky（1993）②认为消费者对信息需求的渴望升高时，消费者会从事信息搜寻来满足心理的渴望，而对于信息的渴望就是搜寻信息的动机。Schmidt 和 Spreng（1996）③对消费者信息搜寻动机的定义为消费者搜集信息所花费的努力程度的需求(desire)，它是以努力的方向和努力的强度为特征的。

消费者信息搜寻的根本动机是降低信息不确定性，提高决策的质量，但不同个体在不同情境下的具体搜寻动机多样。Childers④

---

① Stone, R. N., Gronhaung, K. Perceived Risk: Further Considerations for the Marketing Discipline[J]. *European Journal of Marketing*, 1993, 27(3): 372-394.

② Spreng, R. A., Olshavsky, R. W. A Desires Congruency Model of Consumer Satisfaction[J]. *Journal of the Academy of Marketing Science*, 1993, 21(3): 169-177.

③ Schmidt, J. B., Spreng, R. A. A Proposed Model of Extemal Consumer Information Search[J]. *Journal of the Academy of Marketing Science*, 1996, 24(3): 246-256.

④ Childers, T. L., Carrb, C. L., Peckc, J., et al. Hedonic and Utilitarian Motivations for Online Retail Shopping Behavior[J]. *Journal of Retailing*, 2001, 77(4): 511-535.

等指出，在线购物者信息搜寻动机包含功利性动机和享乐性动机，前者描述消费者如何收集信息解决因惑；后者则说明消费者搜寻信息过程充满乐趣、幻想、兴奋、享受等体验。Moe① 也持类似观点，认为在线购物者信息搜寻动机包括了解产品相关知识、建立信息库，以及享受浏览商品的乐趣。综合以上观点，本章将搜寻动机概括为功能性、求知性以及娱乐性。功能性搜寻动机是指消费者在做出购买决策前，主动去了解商品相关知识；求知性搜寻动机是指在搜寻过程中获得新的知识、新的搜索技能等；娱乐性搜寻动机是搜寻的过程中获得身心上的享受以及其他一些意外收获。

搜寻动机是搜寻行为产生的直接决定因素。Schmidt 和 Spreng 提出动机与能力驱动了消费者的信息搜寻。消费者的搜寻动机不同，搜寻意愿的强烈程度也会不同，因而搜寻动机对于消费者的搜寻意愿有着一定的影响。

4.1.2.5　感知有用与感知易用

感知有用性反映用户认为使用一个具体系统对其工作业绩提高的程度。本章中的感知有用指消费者在信息搜寻过程中通过使用社会化媒体以及社会化媒体上的信息对于自己做出决策的有用程度。

感知易用性反映用户认为使用一个具体系统的容易程度。在进行社会化搜寻的过程中，社会化媒体使用有方便快捷，社会化媒体上的信息使用有无障碍，对消费者是否愿意进行信息搜寻有着一定的影响。

4.1.2.6　搜寻意愿

搜寻意愿是指消费者进行信息搜寻的主观概率或可能性。本研究将探究消费者的购前和购后搜寻意愿分别受到哪些因素的影响，两者之间是否存在着相互影响。

---

① Moe, W. W. Buying, Searching, or Browsing: Differentiating Between Online Shoppers Using In-store Navigational Click Stream [J]. *Journal of Consumer Psychology*, 2003, 13(1): 29-39.

4.2 调查过程

4.2.1 问卷设计

调查问卷由三个部分组成，第一部分是甄别问卷，排除非网络消费者以及未使用过社会化媒体的人群；第二部分为具体测量题项；第三部分是个人基本资料。量表采用李克特(Likert)五分量表。李克特量表是由美国社会心理学家李克特于1932年在原有的总加量表基础上改进而成，该量表由一组陈述组成，每一陈述有“非常同意”、“同意”、“不一定”、“不同意”、“非常不同意”五种回答，分别记为5、4、3、2、1，受测者被要求表达他们对该题项所陈述的问题的认同程度。

4.2.2 问卷前测

问卷前测于2013年2月28日通过问卷及实地发放，共发放70份问卷，排除不合理的问卷，最终获得64份前测问卷。本章使用的数据分析软件是SPSS17.0。

一份良好的量表应具有足够的效度。效度是指量表测量结果能够真正反映对象特征的程度。本章采用因子分析方法做建构效度分析，考察测量结果体现出来的某种结构与测量之间的对应程度。因子分析是基于原始变量的相关系数矩阵内部结构的研究，通过导出非观测综合变量去描述原始的多个变量之间的相关关系。根据旋转后的因子荷载值，判断数据是否与预期维度一致。

在进行因子分析前，需要使用KMO样本测度来检验数据是否适合做因子分析。KMO统计量的取值为0~1，KMO值越接近于1，意味着变量间的相关性越强，越适合做因子分析，依据Kaiser(1974)的观点，若KMO指标统计值大于0.8，呈现的性质为“良好的”标准；若KMO指标统计值大于0.7，呈现的性质为“适中的”标准；若KMO指标统计值大于0.6，呈现的性质为“普通的”标准。若Bartlett球形度检验的统计量观测值较大，且对应的显著性概率小于给定的显著性水平，则应拒绝原假设，适合做因子分析，反之，不适合。

问卷前测因子分析结果显示，感知风险、感知有用、感知易用、购前搜寻意愿与购后搜寻意愿量表的维度都得到了很好的支持，KMO，Bartlett 球形度检验以及显著水平都符合要求。而用户创造内容、互动和关系、搜寻动机三个量表的变量维度需要进行优化，详细分析过程如下。

4.2.2.1　用户创造内容因子分析

KMO 检验的结果是 0.818，很适合做因子分析，Bartlett 球形检验的 Sig 值为 0.000，小于显著水平 0.000，因此拒绝原假设，表示变量之间存在相关关系。表 4-1 给出了旋转后的因子载荷值，从中可以看出，原问卷的预设维度是四个，但因子分析的结果只支持三个维度。

表 4-1　　**用户创造内容旋转成分矩阵**

旋转成分矩阵 a			
	成分		
	1	2	3
V1	0.501	0.326	0.343
V2	0.384		0.700
V3			0.821
V4		0.853	
V5		0.847	
V6	0.713		
V7	0.601		0.333
V8	0.876		
V9	0.841		
V10	0.833		

KMO 值 = 0.818；Bartlett 的球形度检验 X2 = 946.673；显著水平 = 0.000

4.2.2.2 关系与互动因子分析

KMO 检验的结果是 0.876，很适合做因子分析，Bartlett 球形检验的 Sig 值为 0.000，小于显著水平 0.000，表示变量之间存在相关关系。表 4-2 给出了旋转后的因子载荷值，从中可以看出，原预设维度是五个，但因子分析的结果只支持三个维度。

表 4-2　　关系与互动旋转成分矩阵

旋转成分矩阵 a			
	成分		
	1	2	3
V11	0.527		0.395
V12	0.609	0.302	
V13		0.727	
V14		0.604	0.473
V15		0.363	0.714
V16			0.785
V17	0.470		0.627
V18	0.411		0.602
V19		0.680	
V20		0.789	
V21		0.740	
V22	0.610		
V23	0.671		0.327
V24	0.629	0.320	
V25	0.657	0.315	
V26		0.571	
V27	0.563		
V28	0.611		0.303

KMO 值 = 0.876；Bartlett 的球形度检验 X2 = 1944.590；显著水平 = 0.000

4.2.2.3　搜寻动机因子分析

KMO 检验的结果是 0.830，很适合做因子分析，Bartlett 球性检验的 Sig 值为 0.000，小于显著水平 0.000，表示变量之间存在相关关系。表 4-3 给出了旋转后的因子载荷值，从中可以看出，原问卷预设维度是三个，但因子分析的结果只支持两个维度。

表 4-3　　**搜寻动机旋转成分矩阵**

旋转成分矩阵 a		
	成分	
	1	2
V33	0.821	
V34	0.779	
V35	0.824	
V36	0.859	
V37	0.760	
V38		0.673
V39		0.855
V40		0.773
V41		0.793

KMO 值 = 0.830；Bartlett 的球形度检验 X2 = 947.352；显著水平 = 0.000

4.2.3　问卷修改

4.2.3.1　用户创造内容量表

从用户创造内容的旋转成分矩阵表 4-1 中可以发现：共同因素一包括 V2、V3；共同因素二包括 V4、V5；共同因素三包括 V1、V6、V7、V8、V9、V10；将题项调整并重新排序后，根据各共同因素所包含的题项的特征，分别将三个共同因素合理命名为自发性、非结构化和全面性。

新增变量全面性是初始研究变量个性化和丰富性的集合，指社会化媒体上的信息量巨大，内容丰富，可以用文本、音频、图片等多种形式来呈现，能够较为全面地满足消费者的个性化需求。

修改前后的用户创造内容量表分别见表 4-4 及表 4-5。

表 4-4　**用户创造内容量表(初始)**

变量	题　项
自发性	1. 社会化媒体发展迅速，普及率高，具有广泛的用户参与性 2. 在社会化媒体上，每个人都能自由发布原创内容 3. 能任意将其他信息载体的内容添加到社会化媒体平台
非结构化	4. 社会化媒体上信息比较本身比较零散，不完整 5. 社会化媒体上信息没有经过有效的组织，非标准化
个性化	6. 社会化媒体是一个自我展示的平台 7. 能根据自己的需求定制所要接收的社会化媒体信息
丰富性	8. 社会化媒体上有海量信息 9. 社会化媒体上的信息涉及的领域极为宽泛 10. 社会化媒体上的信息可以用文本、音频、视频、图片和社区等多种形式来呈现

表 4-5　**用户创造内容量表(修正后)**

变量	题　项
自发性	1. 在社会化媒体上，每个人都能自由发布原创内容 2. 能任意将其他信息载体的内容添加到社会化媒体平台
非结构化	3. 社会化媒体上信息本身比较零散，不完整 4. 社会化媒体上信息没有经过有效的组织，非标准化
全面性	5. 社会化媒体发展迅速，普及率高，具有广泛的用户参与性 6. 社会化媒体是一个自我展示的平台 7. 能根据自己的需求定制所要接收的社会化媒体信息 8. 社会化媒体上有海量信息 9. 社会化媒体上的信息涉及的领域极为宽泛 10. 社会化媒体上的信息可以用文本、音频、视频、图片和社区等多种形式来呈现

4.2.3.2　关系与互动量表

从关系与互动的旋转成分矩阵表 4-2 中可以发现：共同因素一包括 V11、V12、V22、V23、V24、V25、V27、V28；共同因素二包括 V13、V14、V19、V20、V21、V26；共同因素三包括 V15、V16、V17、V18；将题项调整并重新排序后，根据各共同因素所包含的题项的特征，分别将三个共同因素合理命名为参与性、交互性和社区性。

新增变量参与性是初始研究变量兴趣导向性、去中心化和信任的集合。社会化媒体上中用户参与受兴趣的驱使，平等地创造和接受信息，并且对于所属的群体会产生信任和认同；新增变量社区性集合了原研究变量社交性和交互性中涉及的单向沟通和交互，以及信任中的明星影响的题项。在社会化媒体中用户可以很快地形成一些群体，并就兴趣爱好、共同关注、社会热点，进行评论、分享，参与话题或活动等，在社区中，名人和意见领袖拥有更大的影响力；交互性则集合了原研究变量社交性和交互性中涉及双向沟通与互动的题项。

修改前后的关系与互动量表分别见表 4-6 及表 4-7。

表 4-6　　关系和互动量表(初始)

变量	题　项
兴趣导向性	11. 在社会化媒体平台上加入了一些社区，社区成员具有共同的价值观或兴趣爱好 12. 会与其他用户就某个共同感兴趣的商品进行讨论、评价和分析
社交性	13. 在社会化媒体上，经常评论陌生人发布的信息 14. 在社会化媒体上，经常评论关注对象发布的信息 15. 在社会化媒体上，经常评论互动好友发布的信息 16. 在社会化媒体上，经常和同学、朋友和同事等进行交流沟通

续表

变量	题项
交互性	17. 社会化媒体用户能更好地连接彼此，方便快捷地双向沟通和互动 18. 社会化媒体平台可以实现用户对某一话题进行追踪式的多次深度沟通和互动 19. 经常分享个人喜好或者购物体验 20. 经常发起或参与话题 21. 经常发起或参与活动
去中心化	22. 社会化媒体上人与人关系平等，交流自由，互动内容和行为没有受到过多限制 23. 社会化媒体上，在自由接收信息的同时也在创造着信息
信任	24. 相信经常与我互动的好友评论、分享或推荐的商品信息 25. 相信有共同兴趣的社区成员的评论、分享或推荐 26. 明星、红人、达人、榜样等对信息搜寻影响较大 27. 对于加入的社交或兴趣圈，很有归属感 28. 在社交或兴趣圈中，能主动维护彼此之间的关系

表 4-7　　　　**关系和互动量表(修正后)**

变量	题项
参与性	11. 在社会化媒体平台上加入了一些社区，社区成员具有共同的价值观或兴趣爱好 12. 会与其他用户就某个共同感兴趣的商品进行讨论、评价和分析 13. 社会化媒体上人与人关系平等，交流自由，互动内容和行为没有受到过多限制 14. 社会化媒体上，在自由地接收信息的同时也在创造着信息 15. 相信经常与互动的好友评论、分享或推荐的商品信息 16. 相信有共同兴趣的社区成员的评论、分享或推荐 17. 对于加入的社交或兴趣圈，很有归属感 18. 在社交或兴趣圈中，能主动维护彼此之间的关系

续表

变量	题 项
交互性	19. 在社会化媒体上，经常评论陌生人发布的信息 20. 在社会化媒体上，经常评论关注对象发布的信息 21. 明星、红人、达人、榜样等对信息搜寻影响较大 22. 经常分享个人喜好或者购物体验 23. 经常发起或参与话题 24. 经常发起或参与活动
社区性	25. 社会化媒体用户能更好地连接彼此，方便快捷地双向沟通和互动 26. 社会化媒体平台可以实现用户对某一话题进行追踪式的多次深度沟通和互动 27. 在社会化媒体上，经常评论互动好友发布的信息 28. 在社会化媒体上，经常和同学、朋友和同事等进行交流沟通

4.2.3.3 搜寻动机量表

从搜寻动机的旋转成分矩阵表 4-3 中可以发现：共同因素一包括 V33、V34、V35、V36、V37；共同因素二包括 V38、V39、V40、V41；将题项调整并重新排序后，根据各共同因素所包含的题项的特征，分别将两个共同因素合理命名为功能性和享乐性，其中原量表的娱乐性和求知性合并为一个新的维度——享乐性。新增变量享乐性是指在搜寻的过程中浏览其他信息，了解当下流行商品等，获得身心上的享受以及在搜寻过程中的知识和经验的收获。

修改前后的搜寻动机量表分别见表 4-8 及表 4-9。

表 4-8 **搜寻动机量表(初始)**

变量	题 项
功能性	33. 了解商品的性能和价格 34. 了解是否有团购、促销等优惠活动 35. 了解商家的信誉、购物承诺等 36. 了解其他消费者对商品的评价 37. 找到性价比更高的商品

续表

变量	题 项
娱乐性	38. 消磨时间 39. 拓展社交和兴趣圈
求知性	40. 搜寻新奇的商品信息，了解当下流行商品，增长见识 41. 获得知识和经验，提高搜寻技能

表 4-9　**搜寻动机量表(修正后)**

变量	题 项
功能性	33. 了解商品的性能和价格 34. 了解是否有团购、促销等优惠活动 35. 了解商家的信誉、购物承诺等 36. 了解其他消费者对商品的评价 37. 找到性价比更高的商品
享乐性	38. 消磨时间 39. 拓展社交和兴趣圈 40. 搜寻新奇的商品信息，了解当下流行商品，增长见识 41. 获得知识和经验，提高搜寻技能

在修改维度之后，对问卷量表进行信度分析。信度是指衡量结果的一致性或稳定性。问卷的内部相关信度由 Cronbach's α 系数的大小确定，Cronbach's α 值越大表示信度越高。

问卷各维度信度分析结果见表 4-10。自发性的信度偏低，只有 0.458。一般而言，Cronbach's α 值不应低于 0.70，但当某维度的题项较少，系数低于 0.50 也是可以接受的。这里自发性量表只设置了两个题项，且自发性是社会化媒体用户创造内容的一个重要维度，因而予以保留。

4.2.4　研究模型与研究假设

根据因子分析的结果对初始研究模型加以修正，正式研究模型见图 4-2。

表 4-10　　各变量信度系数表

测量项目	测量项数	Cronbach's α 值	总体 Cronbach's α 值
自发性	2	0. 458	0. 956
非结构化	2	0. 725	
全面性	6	0. 893	
社区性	8	0. 859	
参与性	6	0. 814	
交互性	4	0. 788	
感知风险	4	0. 814	
功能性	5	0. 875	
享乐性	4	0. 734	
感知有用	4	0. 833	
感知易用	3	0. 794	
购前搜寻意愿	3	0. 767	
购后搜寻意愿	4	0. 726	

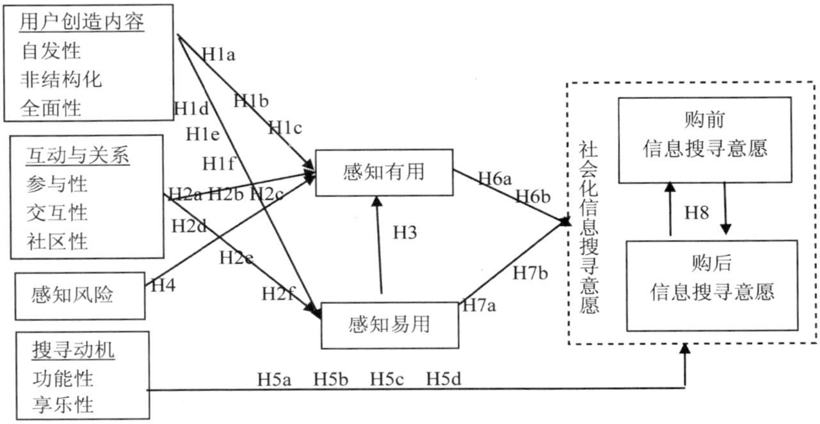

图 4-2　社会化媒体环境下消费者信息搜寻意愿研究模型

相应地，提出如下研究假设：

H1：用户创造内容与感知有用、感知易用之间存在相关关系。

H1a：社会化媒体内容的自发性与感知有用正相关。

H1b：社会化媒体内容的非结构化与感知有用负相关。

H1c：社会化媒体内容的全面性与感知有用正相关。

H1d：社会化媒体内容的自发性与感知易用正相关。

H1e：社会化媒体内容的非结构化与感知易用负相关。

H1f：社会化媒体内容的全面性与感知易用正相关。

H2：社会化媒体的关系与互动与感知有用、感知易用正相关。

H2a：社区性与感知有用正相关。

H2b：交互性与感知有用正相关。

H2c：参与性与感知有用正相关。

H2d：社区性与感知易用正相关。

H2e：交互性与感知易用正相关。

H2f：参与性与感知易用正相关。

H3：感知易用与感知有用正相关。

H4：感知风险与感知有用正相关。

H5：搜寻动机与搜寻意愿正相关。

H5a：功能性搜寻动机与购前搜寻意愿正相关。

H5b：功能性搜寻动机与购后搜寻意愿正相关。

H5c：功能性搜寻动机与购前搜寻意愿正相关。

H5d：享乐性搜寻动机与购后搜寻意愿正相关。

H6：感知有用与搜寻意愿正相关。

H6a：感知有用与购前搜寻意愿正相关。

H6b：感知有用与购后搜寻意愿正相关。

H7：感知易用与搜寻意愿正相关。

H7a：感知易用与购前搜寻意愿正相关。

H7b：感知易用与购后搜寻意愿正相关。

H8：购前搜寻意愿与购后搜寻意愿之间存在双向关系。

H9：消费者的社会化搜寻意愿会因消费者的性别、年龄、职业、月收入以及上网时间的不同而有所差异。

4.2.5 正式调查

前测后经过修改形成正式问卷，正式问卷各变量测量题项及参考来源见表 4-11，完整正式问卷见附录 C。正式调查于 2013 年 3 月 1 日开始，通过问卷及实地两种方式发放调查问卷共 290 份，回收有效问卷 247 份。

表 4-11　　　正式问卷各变量测量题项及参考来源

变量名称		题　项	参考来源
内容	自发性	1. 在社会化媒体上，每个人都能自由发布原创内容 2. 我能任意将其他信息载体的内容添加到社会化媒体平台	Kevin Glasie①
	非结构化	3. 社会化媒体上信息本身比较零散，不完整 4. 社会化媒体上信息没有经过有效地组织，非标准化	彭兰② 向春红，陶红③
	全面性	5. 社会化媒体发展迅速，普及率高，具有广泛的用户参与性 6. 社会化媒体是一个自我展示的平台 7. 能根据自己的需求定制所要接收的社会化媒体信息 8. 社会化媒体上有海量信息 9. 社会化媒体上的信息涉及的领域极为宽泛 10. 社会化媒体上的信息可以用文本、音频、视频、图片和社区等多种形式来呈现	Antony Mayfield④

① Kevin Glasier. An Introduction to Social Media[EB/OL]. http://www.slideshare.net/tactica_inc/the-conversation-an-introduction-to-social-media-presentation.

② 彭兰. 社会化媒体、移动终端、大数据影响新闻生产的新技术因素[J]. 新闻界，2012(16)：3-8.

③ 向春香，陶红. 微博的碎片化信息传播对“中心”的消解及其问题探究[J]. 西南农业大学学报：社会科学版，2011，5：80-83

④ Antony Mayfield. *What is Social Media* [M/OL], iCrossing, 2008, http://www.icrossing.co.uk/fileadmin/uploads/eBooks/What_is_Social_Media_iCrossing_ebook.pdf.

续表

变量名称		题　项	参考来源
关系与互动	参与性	11. 在社会化媒体平台上加入了一些社区，社区成员具有共同的价值观或兴趣爱好 12. 会与其他用户就某个共同感兴趣的商品进行讨论、评价和分析 13. 社会化媒体上人与人关系平等，交流自由，互动内容和行为没有受到过多限制 14. 社会化媒体上，在自由接收信息的同时也在创造着信息 15. 相信经常与我互动的好友评论、分享或推荐的商品信息 16. 相信有共同兴趣的社区成员的评论、分享或推荐 17. 对于加入的社交或兴趣圈，很有归属感 18. 在社交或兴趣圈中，能主动维护彼此之间的关系	Antony Mayfield
	交互性	19. 在社会化媒体上，经常评论陌生人发布的信息 20. 在社会化媒体上，经常评论关注对象发布的信息 21. 明星、红人、达人、榜样等对信息搜寻影响较大 22. 经常分享个人喜好或者购物体验 23. 经常发起或参与话题 24. 经常发起或参与活动	Antony Mayfield 彭兰① 刘兴菊②
	社区性	25. 社会化媒体用户能更好地连接彼此，方便快捷地双向沟通和互动 26. 社会化媒体平台可以实现用户对某一话题进行追踪式的多次深度沟通和互动 27. 在社会化媒体上，经常评论互动好友发布的信息 28. 在社会化媒体上，经常和同学、朋友和同事等进行交流沟通	Antony Mayfield 田鹏③

① 彭兰．社会背景下的碎片化传播及其传播价值实现[J]．传媒大讲坛，2011(10)：9-11.

② 刘兴菊．SNS 环境中消费者交互行为对购买意向的影响机制研究[D]．武汉：华中科技大学，2010.

③ 田鹏．Web2.0 环境下组织知识共享机制研究[D]．武汉：华中师范大学，2011.

续表

变量名称		题　项	参考来源
感知风险		29. 我担心购买的商品不是物有所值 30. 我担心买完以后发现有更加便宜的其他同类产品 31. 我担心购买后不久商家会进行降价 32. 我担心产品出问题后商家不能很好地解决	高海霞①
搜寻动机	功能性	33. 了解商品的性能和价格 34. 了解是否有团购、促销等优惠活动 35. 了解商家的信誉、购物承诺等 36. 了解其他消费者对商品的评价 37. 找到性价比更高的商品	McIntosh② Childers③ 胡兴报④
	享乐性	38. 消磨时间 39. 拓展社交和兴趣圈 40. 搜寻新奇的商品信息，了解当下流行商品，增长见识 41. 获得知识和经验，提高搜寻技能	
感知有用		42. 社会化媒体用户信息反馈及时，时效性高 43. 社会化媒体平台上关于商品的评论和建议更为全面深入，且真实可信 44. 结合用户的位置和行为偏好，社会化媒体能呈现更为精准的搜索结果 45. 该社会化媒体上的信息能帮助我找到最适合的商品	邵兵家等⑤

① 高海霞．消费者感知风险及行为模式透视[M]．北京：科学出版社，2009：47-49.

② McIntosh, R. W., Goeldner, C. R., Ritchie, J. R. B. *Tourism: Principles, Practices, Philosophies*[M]. John Wiley and Sons, 1995: 102-135.

③ Childers, T. L., Carr, C. L., Peck, J., et al. Hedonic and Utilitarian Motivations for Online Retail Shopping Behavior[J]. *Journal of Retailing*, 2002, 77(4): 511-535.

④ 胡兴报．国内旅游者网络旅游信息搜寻动机与行为研究[D]．合肥：安徽师范大学，2011：9-10.

⑤ 邵兵家．高志欣，师蕾．消费者社交网站购物态度影响因素的实证研究[J]．情报杂志，2010(8)：203-207，135.

续表

变量名称	题　项	参考来源
感知易用	46. 利用移动终端，我可以随时随地在社会化媒体平台上查找商品信息 47. 社会化媒体具有强大的连通性，用一个账号能登录不同社会化媒体 48. 参与和利用社会化媒体中的内容几乎没有任何障碍	David Gefen①
购前搜寻意愿	49. 如果通过信息搜寻我能买到物有所值的商品，我愿意进行信息搜寻 50. 在时间充裕的情况下，我愿意进行更多的信息搜寻 51. 对于信誉好、有相关购物承诺的商品我会减少信息搜寻	薛强等②
购后搜寻意愿	52. 对于满意的商品，我会继续关注该商品是否会出新品 53. 通过团购、打折等优惠活动购买的商品，我会继续关注价格走势 54. 购后我会对于购前所忽略的信息，进行有针对性的搜寻 55. 购后我会搜寻有共同购物体验的人，并进行交流	本研究

4.3 数据分析与模型检验

4.3.1 描述性统计分析

表4-12列出的研究样本基本信息可以看出，在年龄结构上，18~25岁的占76.92%；在职业结构方面，学生占64.37%。根据

① David Gefen, Elena Karahanna, Detmar W. Straub. Trust and TAM in Online Shopping: An Integrated Model[J]. MIS *Quarterly*, 2003, 27(1): 51-90.

② 薛强，朱远，李颖．影响消费者购前信息搜寻因素的主成分分析[J]. 大连海事大学学报(社会科学版)，2003，5(2)：45-48.

CNNIC 发布的中国互联网发展状况统计报告中网民的职业结构的统计数据，学生群体的互联网普及率始终处于高位，2013 年 1 月的数据显示，学生占网民总数的 25.1%，到 2013 年 6 月，这一比例上升到 26.8%，可见，学生是网民中规模最大的职业群体，该群体对网络依赖性较强，对网络购物和社会化媒体的接受度和参与度均较高。本研究以高校学生为主要调查对象是符合网民群体特征规律的。

表 4-12　　　　**搜寻意愿研究样本基本情况**

基本资料		人数	百分比	基本资料		人数	百分比
性别	男	123	49.8	月收入	1000 元及以下	115	46.56
	女	124	50.2		1001～2000 元	38	15.38
年龄	18 岁以下	5	2.02		2001～3000 元	38	15.38
	18～25 岁	190	76.92		3001～5000 元	35	14.17
	26～39 岁	40	16.19		5000～8000 元	15	6.07
	40～49 岁	12	4.86		8000 以上	6	2.43
职业	事业单位职员及公务员	14	5.67	上网时间	1 小时以内	42	17
	企业技术人员及高层管理者	29	10.74		1～2 小时	92	37.25
	教师	7	2.83		2～4 小时	69	27.94
	学生	159	64.37		4～6 小时	25	10.12
	家庭主妇	2	0.81		6 小时以上	19	7.69
	自由职业者	24	9.72				
	其他	12	4.86				

样本中男女性别比例持平；月均收入以中低收入为主，这主要受职业结构以学生为主的影响，3000 元以下收入者约为 52%，但 5000 元以上高收入者所占比例达到 8.5%；每天上网时间以 1～2 小时最多，占 37.25%，6 小时以上的最少，占 7.69%。

总体上，此次调查对象呈现出年轻化、学历高、网络利用程度高的特征，且性别比例均衡，样本选择合理。

4.3.2 信效度分析

表4-13可以看出，除自发性的Cronbach's α值略低于0.5外，其余变量Cronbach's α值均大于0.7。此外，各研究变量的KMO值均大于0.5，Bartlett球形度检验统计量的观测值均比较大，且相应的显著水平为0，小于显著性水平0.05，表明各因子都具有很好的解释性，说明正式问卷具有良好的信效度。

表4-13　　**正式问卷Cronbach's α值和KMO值**

测量项目	测量项数	Cronbach's α 值	整体α值	KMO值	Bartlett的球形度检验	Sig.
自发性	2	0.490	0.949	0.500	27.165	0.000
非结构化	2	0.711		0.500	89.499	0.000
全面性	6	0.849		0.844	673.313	0.000
社区性	8	0.840		0.844	654.951	0.000
参与性	6	0.828		0.817	548.975	0.000
交互性	4	0.782		0.758	269.524	0.000
感知风险	4	0.842		0.797	395.846	0.000
功能性搜寻动机	5	0.873		0.870	571.474	0.000
享乐性搜寻动机	4	0.786		0.735	321.922	0.000
感知有用	4	0.813		0.799	318.270	0.000
感知易用	3	0.755		0.685	179.560	0.000
购前搜寻意愿	3	0.723		0.606	179.677	0.000
购后搜寻意愿	4	0.745		0.737	221.392	0.000

4.3.3 平均数差异检验

4.3.3.1 性别的独立样本t检验

独立样本t检验适用于两个群体平均数的差异检验，研究问题是不同性别的消费者在购前和购后搜寻意愿上是否有显著差异？自变量性别为二分类别变量，因此采用独立样本 t 检验。

从表 4-14 可知，就性别在“购前搜寻意愿”的差异比较而言，方差相等的 Levene 检验的 F 值未达显著差异（F＝0.243，P＝0.623>0.05），表示两组样本方差同质，假设方差相等栏的 t 值等于 -1.305，p＝0.193>0.05，未达 0.05 显著水平，表明不同性别的消费者的购前搜寻意愿的显著差异不存在。同样的分析可知，不同性别的消费者不存在购后搜寻意愿的显著差异。因此，性别对于社会化搜寻意愿没有影响。

表 4-14 **性别的独立样本检验**

		方差方程的Levene检验		均值方程的 t 检验		
		F	Sig.	t	df	Sig.(双侧)
购前搜寻意愿	假设方差相等	0.243	0.623	-1.305	245	0.193
	假设方差不相等			-1.305	243.563	0.193
购后搜寻意愿	假设方差相等	0.006	0.936	-0.905	245	0.367
	假设方差不相等			-0.905	244.981	0.367

4.3.3.2 单因素方差分析

单因素方差是检验由单一因素影响的一个或几个相互独立的因变量各水平分组的均值间的差异是否具有统计意义，适用于三个以上群体间平均数的差异检验。

因为调查样本主要选取了高校学生，致使年龄、职业的各组数据样本量差异较大，尽管方差分析的条件中没有样本量的限制，但考虑到差异分析的均衡原则，将不对年龄、职业进行单因素方差分析。

（1）月收入的单因素方差分析

月收入方差齐性检验结果显示，购前搜寻意愿与购后信息搜寻意愿的 Levene 方差齐性检验的 P 值分别指是 0.303 和 0.460，两者均未达 0.05 的显著水平，因而样本数据之间的方差是齐性的。

表 4-15 中的数据表明，购前搜寻意愿和购后搜寻意愿的组间

F值分别为1.008和0.179，相应显著性系数为0.413和0.970，都大于0.05，因此认为月收入对社会化搜寻意愿没有显著影响。

表4-15　　月收入方差分析

ANOVA						
		平方和	df	均方	F	显著性
购前搜寻意愿	组间	2.326	5	0.465	1.008	0.413
	组内	111.201	241	0.461		
	总数	113.527	246			
购后搜寻意愿	组间	0.534	5	0.107	0.179	0.970
	组内	144.009	241	0.598		
	总数	144.543	246			

(2)上网时间的单因素方差分析

月收入方差齐性检验结果显示，购前搜寻意愿和购后搜寻意愿的Levene方差齐性检验的P值分别是0.367和0.316，两者均未达0.05的显著水平，因而可以认为样本数据之间的方差是齐性的。

表4-16中的数据表明，购前搜寻意愿的组间F值分别为4.932，相应的显著性系数为0.001，小于显著系数0.05，因而可以认为上网时间对购前搜寻意愿有显著影响。购后搜寻意愿的组间F值为2.018，相应显著性系数为0.093，大于0.05，因而可以认为上网时间对购后搜寻意愿的影响不显著。

表4-16　　上网时间方差分析

ANOVA						
		平方和	df	均方	F	显著性
购前搜寻意愿	组间	8.558	4	2.139	4.932	0.001
	组内	104.969	242	0.434		
	总数	113.527	246			

续表

ANOVA						
		平方和	df	均方	F	显著性
购后搜寻意愿	组间	4. 665	4	1. 166	2. 018	0. 093
	组内	139. 878	242	0. 578		
	总数	144. 543	246			

表 4-17 为采用最小显著差异法(LSD 法)的多重比较结果，事后比较用以探究哪些配对组别间的差异达到显著。

表 4-17　　上网时间对购前搜寻意愿的多重比较

LSD					
因变量	(I)上网时间	(J)上网时间	均值差（I-J）	标准误	显著性
购前搜寻意愿	1 小时以内	1~2 小时	-0. 40752*	0. 12682	0. 001
		2~4 小时	-0. 53796*	0. 13328	0. 000
		4~6 小时	-0. 35651*	0. 17203	0. 039
		6 小时以上	-0. 62949*	0. 18828	0. 001
	1~2 小时	1 小时以内	0. 40752*	0. 12682	0. 001
		2~4 小时	-0. 13043	0. 10845	0. 230
		4~6 小时	0. 05101	0. 15360	0. 740
		6 小时以上	-0. 22197	0. 17161	0. 197
	2~4 小时	1 小时以内	0. 53796*	0. 13328	0. 000
		1~2 小时	0. 13043	0. 10845	0. 230
		4~6 小时	0. 18145	0. 15897	0. 255
		6 小时以上	-0. 09153	0. 17644	0. 604
	4~6 小时	1 小时以内	0. 35651*	0. 17203	0. 039
		1~2 小时	-0. 05101	0. 15360	0. 740
		2~4 小时	-0. 18145	0. 15897	0. 255
		6 小时以上	-0. 27298	0. 20727	0. 189
	6 小时以上	1 小时以内	0. 62949*	0. 18828	0. 001
		1~2 小时	0. 22197	0. 17161	0. 197
		2~4 小时	0. 09153	0. 17644	0. 604
		4~6 小时	0. 27298	0. 20727	0. 189

* 表示均值差的显著性水平为 0. 05。

从上表可知，就“购前搜寻意愿”变量而言，平均差异显著的有“1~2 小时”组和“1 小时以内”组，“2~4 小时”组和“1 小时以内”组，“4~6 小时”组和“1 小时以内”组，“6 小时以上”组和“1 小时以内”组，两群体间的平均差异值为 40752*、0.53796*、0.35651*、0.62949*，表示每天上网时间在 1 小时以上的各组消费者的购前搜寻意愿均显著高于“1 小时以内”组群体。

4.3.4 相关分析

相关分析是事物之间不严格的依存关系；相关分析不考虑变量之间的因果关系只分析研究变量之间的相关方向以及相关程度。

双变量相关分析是研究变量间的线性相关程度，通过计算两个之间的相关系数，对两个变量之间是否显著相关做出判断。以下列出相关系数代表的强弱关系：0.8~1.0 极强相关、0.6~0.8 强相关、0.4~0.6 中等程度相关、0.2~0.4 弱相关、0.0~0.2 极弱相关或无相关。

4.3.4.1 用户创造内容与感知有用感知易用的相关性分析

从表 4-18 可以发现，感知有用与自发性之间的相关系数为 0.304，双侧显著性值接近 0，说明自发性与感知有用之间存在正向弱相关关系。

感知有用与非结构化之间的相关系数为 0.184，双侧显著性值为 0.004，说明非结构化与感知有用之间存在极弱的相关关系或不相关。

感知有用与全面性之间的相关系数为 0.532，双侧显著性值接近 0，说明全面性与感知有用之间存在显著正相关关系。

表 4-18 **用户创造内容与感知有用和感知易用的相关性分析**

相关性						
		自发性	非结构化	全面性	感知有用	感知易用
自发性	Pearson 相关性	1	0.233**	0.321**	0.304**	0.311**
	显著性(双侧)		0.000	0.000	0.000	0.000
	N	247	247	247	247	247

续表

相 关 性						
		自发性	非结构化	全面性	感知有用	感知易用
非结构化	Pearson 相关性	0. 233**	1	0. 352**	0. 184**	0. 285**
	显著性(双侧)	0. 000		0. 000	0. 004	0. 000
	N	247	247	247	247	247
全面性	Pearson 相关性	0. 321**	0. 352**	1	0. 532**	0. 604**
	显著性(双侧)	0. 000	0. 000		0. 000	0. 000
	N	247	247	247	247	247
感知有用	Pearson 相关性	0. 304**	0. 184**	0. 532**	1	0. 618**
	显著性(双侧)	0. 000	0. 004	0. 000		0. 000
	N	247	247	247	247	247
感知易用	Pearson 相关性	0. 311**	0. 285**	0. 604**	0. 618**	1
	显著性(双侧)	0. 000	0. 000	0. 004	0. 000	
	N	247	247	247	247	247

**表示在 0. 01 水平(双侧)上显著相关。

从表 4-18 可知，感知易用与自发性之间的相关系数为 0. 311，双侧显著性值接近 0，说明自发性与感知易用之间存在正向弱相关关系。

感知易用与非结构化之间的相关系数为 0. 285，双侧显著性值接近 0，说明非结构化性与感知易用之间存在正向弱相关关系。

感知易用与全面性之间的相关系数为 0. 604，双侧显著性值接近 0，说明全面性与感知易用之间存在显著正相关关系。

4. 3. 4. 2　关系和互动与感知有用和感知易用的相关性分析

从表 4-19 可知，感知有用与社区性之间的相关系数为 0. 595，双侧显著性值接近 0，说明社区性与感知有用之间存在显著正相关关系。

感知有用与参与性之间的相关系数为 0. 350，双侧显著性值接近 0，说明参与性与感知易用之间存在正向弱相关关系。

感知有用与交互性之间的相关系数为 0. 524，双侧显著性值接近 0，说明全面性与感知易用之间存在显著正相关关系。

表 4-19　关系和互动与感知有用和感知易用的相关性分析

相关性						
		社区性	参与性	交互性	感知有用	感知易用
社区性	Pearson 相关性	1	0. 554**	0. 652**	0. 595**	0. 530**
	显著性(双侧)		0. 000	0. 000	0. 000	0. 000
	N	247	247	247	247	247
参与性	Pearson 相关性	0. 554**	1	0. 432**	0. 350**	0. 214**
	显著性(双侧)	0. 000		0. 000	0. 000	0. 001
	N	247	247	247	247	247
交互性	Pearson 相关性	0. 652**	0. 432**	1	0. 524**	0. 471**
	显著性(双侧)	0. 000	0. 000		0. 000	0. 000
	N	247	247	247	247	247
感知有用	Pearson 相关性	0. 595**	0. 350**	0. 524**	1	0. 618**
	显著性(双侧)	0. 000	0. 000	0. 000		0. 000
	N	247	247	247	247	247
感知易用	Pearson 相关性	0. 530**	0. 214**	0. 471**	0. 618**	1
	显著性(双侧)	0. 000	0. 001	0. 000	0. 000	
	N	247	247	247	247	247

**表示在 0. 01 水平(双侧)上显著相关。

从表 4-19 可知，感知易用与社区性之间的相关系数为 0. 530，双侧显著性值接近 0，说明社区性与感知易用之间存在正向中等程度相关关系。

感知易用与参与性之间的相关系数为 0. 214，双侧显著性值为

0.001，说明参与性与感知易用之间存在正向弱相关关系。

感知易用与交互性之间的相关系数为 0.471，双侧显著性值接近 0，说明交互性与感知易用之间存在正向中等程度相关关系。

4.3.4.3　感知有用与感知易用的相关性分析

从表 4-18 和表 4-19 中可以看出，感知有用与感知易用之间的相关系数为 0.618，双侧显著性值接近 0，说明感知有用与感知易用之间存在显著正相关关系。

4.3.4.4　感知风险与感知有用的相关性分析

从表 4-20 可以看出，感知风险与感知有用之间的相关系数为 0.360，双侧显著性值接近 0，说明感知风险与感知有用之间存在正向弱相关关系。

表 4-20　　感知风险与感知有用的相关性分析

相关性			
		感知风险	感知有用
感知风险	Pearson 相关性	1	0.360**
	显著性(双侧)		0.000
	N	247	247
感知有用	Pearson 相关性	0.360**	1
	显著性(双侧)	0.000	
	N	247	247

**表示在 0.01 水平(双侧)上显著相关。

4.3.4.5　搜寻动机与社会化搜寻意愿的相关性分析

从表 4-21 可以看出，功能性搜寻动机与购前搜寻意愿之间的相关系数为 0.649，双侧显著性值接近 0，说明功能性搜寻动机与购前搜寻意愿之间显著正相关关系。

表 4-21　搜寻动机与购前搜寻意愿和购后搜寻意愿的相关性分析

相关性					
		功能性动机	享乐性动机	购前搜寻意愿	购后搜寻意愿
功能性动机	Pearson 相关性	1	0.228**	0.649**	0.441**
	显著性(双侧)		0.000	0.000	0.000
	N	247	247	247	247
享乐性动机	Pearson 相关性	0.228**	1	0.195**	0.417**
	显著性(双侧)	0.000		0.002	0.000
	N	247	247	247	247
购前搜寻意愿	Pearson 相关性	0.649**	0.195**	1	0.491**
	显著性(双侧)	0.000	0.002		0.000
	N	247	247	247	247
购后搜寻意愿	Pearson 相关性	0.441**	0.417**	0.491**	1
	显著性(双侧)	0.000	0.000	0.000	
	N	247	247	247	247

**表示在 0.01 水平(双侧)上显著相关。

享乐性搜寻动机与购前搜寻意愿之间的相关系数为 0.195，双侧显著性值接近 0，说明享乐性搜寻动机与购前搜寻意愿之间极弱相关或无相关关系。

从表 4-21 可以看出，功能性搜寻动机与购后搜寻意愿之间的相关系数为 0.441，双侧显著性值接近 0，说明功能性搜寻动机与购后搜寻意愿之间显著正相关关系。

享乐性搜寻动机与购后搜寻意愿之间的相关系数为 0.417，双侧显著性值接近 0，说明享乐性搜寻动机与购后搜寻意愿之间存在着显著正相关关系。

4.3.4.6　感知有用、感知易用与社会化搜寻意愿的相关性分析

(1)感知有用与社会化搜寻意愿的相关性分析

从表 4-22 可知，感知有用与购前搜寻意愿之间的相关系数为

0.547，双侧显著性值接近 0，说明感知有用与购前搜寻意愿之间存在显著正相关关系。

感知有用与购后搜寻意愿之间的相关系数为 0.492，双侧显著性值接近 0，说明感知有用与购后搜寻意愿之间存在显著正相关关系。

(2)感知易用与社会化搜寻意愿的相关性分析

从表 4-22 可知，感知易用与购前搜寻意愿之间的相关系数为 0.587，双侧显著性值接近 0，说明感知易用与购前搜寻意愿之间存在显著正相关关系。

感知易用与购后搜寻意愿之间的相关系数为 0.427，双侧显著性值接近 0，说明感知易用与购后搜寻意愿之间存在显著正相关关系。

表 4-22　**感知有用、感知易用与购前和购后搜寻意愿的相关性分析**

		感知有用	感知易用	购前搜寻意愿	购后搜寻意愿
感知有用	Pearson 相关性	1	0.618**	0.547**	0.492**
	显著性(双侧)		0.000	0.000	0.000
	N	247	247	247	247
感知易用	0.618**	0.618**	1	0.587**	0.427**
	0.000	0.000		0.000	0.000
	247	247	247	247	247
购前搜寻意愿	Pearson 相关性	0.547**	0.587**	1	0.491**
	显著性(双侧)	0.000	0.000		0.000
	N	247	247	247	247
购后搜寻意愿		0.492**	0.427**	0.491**	1
		0.000	0.000	0.000	
		247	247	247	247

4.3.4.7 购前搜寻意愿与购后搜寻意愿的相关性分析

从表4-22可知，购前搜寻意愿与购后搜寻意愿之间的相关系数为0.491，双侧显著性值接近0，说明感知易用与购后搜寻意愿之间存在显著正相关关系。

4.3.5 回归分析

对于多个自变量与一个因变量之间的关系，仅仅进行相关分析是不够的，需要对多个变量与因变量之间进行回归分析，来进一步验证因变量与自变量之间的因果关系。线性回归分析法是最基础的回归分析法。根据相关分析得到的结果，运用线性回归中的强迫进入法从以下几个方面进行分析：

4.3.5.1 自发性、非结构性、全面性与感知有用之间的回归分析

回归模型摘要显示，R方的值为30.4%，F值为35.315，显著性为0.000，模型具有较好的解释能力。从表4-23可知，自发性、非结构化、全面性的回归系数显著性检验t值的显著性分别为0.009、0.667和0.000，自发性和全面性的影响非常显著，而非结构化的影响不显著。从标准化回归系数来看，全面性对感知有用的影响最大，之后是自发性。表4-23中各自变量的容差在0.8以上，VIF值也都远小于10，因而自变量之间不存在共线性问题。所以，假设1a成立，假设1b不成立，假设1c成立。

表4-23 回归分析系数表(自发性、非结构性、全面性与感知有用)

系数a

模型		非标准化系数		标准系数			共线性统计量	
		B	标准 误差	试用版	t	Sig.	容差	VIF
1	（常量）	1.032	0.267		3.867	0.000		
	自发性	0.123	0.047	0.151	2.648	0.009	0.880	1.136
	非结构化	-0.022	0.050	-0.025	-0.431	0.667	0.860	1.163
	全面性	0.526	0.063	0.493	8.309	0.000	0.815	1.227

a. 因变量：感知有用。

4.3.5.2　自发性、非结构性、全面性与感知易用之间的回归分析

回归模型摘要显示，R 方的值为 38.3%，F 值为 35.315，显著性为 .000，模型具有较好的解释能力。从表 4-24 可知，自发性、非结构化、全面性的回归系数显著性检验 t 值的概率值分别为 0.024、0.228 和 0.000，自发性和全面性的影响非常显著，而非结构化的影响不显著。从标准化回归系数来看，全面性对感知易用的影响最大，之后是自发性。表中各自变量的容差在 0.8 以上，VIF 值也都远小于 10，因而，自变量之间不存在共线性问题。所以，假设 1d 成立，假设 1e 不成立，假设 1f 成立。

表 4-24　**回归系数分析表(自发性、非结构性、全面性与感知易用)**

系数 a								
模型		非标准化系数		标准系数	t	Sig.	共线性统计量	
		B	标准 误差	试用版			容差	VIF
1	(常量)	0.646	0.263		2.458	0.015		
	自发性	0.104	0.046	0.122	2.268	0.024	0.880	1.136
	非结构化	0.060	0.049	0.066	1.208	0.228	0.860	1.163
	全面性	0.606	0.062	0.541	9.705	0.000	0.815	1.227

a. 因变量：感知易用。

4.3.5.3　社区性、参与性、交互性与感知有用之间的回归分析

回归模型摘要显示，R 方的值为 38.7%，F 值为 51.078，显著性为 0.000，模型具有较好的解释能力。从表 4-25 可知，社区性、参与性、交互性的回归系数显著性检验 t 值的概率值分别为 0.000、0.940 和 0.000，社区性和交互性的影响非常显著，而参与性的影响不显著。从标准化回归系数来看，社区性对感知有用的影响最大，之后是交互性。表中各自变量的容差在 0.4 以上，VIF 值也都远小于 10，因而，自变量之间不存在共线性问题。所以，假设 2a 成立，假设 2b 不成立，假设 2c 成立。

表 4-25　**回归分析系数表(社区性、参与性、交互性与感知有用)**

系数 a								
模型		非标准化系数		标准系数			共线性统计量	
		B	标准 误差	试用版	t	Sig.	容差	VIF
1	(常量)	0.901	0.223		4.043	0.000		
	社区性	0.478	0.079	0.439	6.074	0.000	0.483	2.071
	参与性	0.004	0.054	0.005	0.075	0.940	0.684	1.461
	交互性	0.237	0.067	0.236	3.536	0.000	0.567	1.763

a. 因变量：感知有用。

4.3.5.4　社区性、参与性、交互性与感知易用之间的回归分析

回归模型摘要显示，R 方的值为 32.1%，F 值为 38.358，显著性为0.000，模型具有较好的解释能力。从表4-26 可知，社区性、参与性、交互性的回归系数显著性检验 t 值绝对值都大于 2，相应的概率值分别为0.000、0.030 和0.001，三者的影响非常显著。从标准化回归系数来看，社区性对感知有用的影响最大，之后是交互性，参与性的系数为负，说明参与性与感知易用呈负相关。表中各自变量的容差在0.4 以上，VIF 值也都远小于 10，因而自变量之间不存在共线性问题。所以，假设 2d 成立，假设 2e 不成立，假设 2f 成立。

表 4-26　**回归分析系数表(社区性、参与性、交互性与感知易用)**

系数 a								
模型		非标准化系数		标准系数			共线性统计量	
		B	标准 误差	试用版	t	Sig.	容差	VIF
1	(常量)	1.319	0.246		5.371	0.000		
	社区性	0.519	0.087	0.455	5.978	0.000	0.483	2.071
	参与性	−0.130	0.059	−0.139	−2.182	0.030	0.684	1.461
	交互性	0.246	0.074	0.234	3.337	0.001	0.567	1.763

a. 因变量：感知易用。

4.3.5.5 感知易用与感知有用之间的回归分析

回归模型摘要显示，R方的值为38.1%，F值为151.092，显著性为0.000，模型具有较好的解释能力。从表4-27可知，感知易用的回归系数显著性检验t值的概率值为0.000，说明感知易用对感知有用的影响非常显著。所以假设3成立。

表4-27 回归系数分析表(感知易用与感知有用)

系数a								
模型		非标准化系数		标准系数			共线性统计量	
		B	标准 误差	试用版	t	Sig.	容差	VIF
1	(常量)	1.368	0.184		7.436	0.000		
	感知易用	0.590	0.048	0.618	12.292	0.000	1.000	1.000

a. 因变量：感知有用。

4.3.5.6 感知风险与感知有用之间的回归分析

回归模型摘要显示，R方的值为12.9%，F值为151.092，显著性为0.000，模型具有一定的解释能力。从表4-28可知，感知风险的回归系数显著性检验t值的概率值为0.000，说明感知风险对感知有用的影响非常显著。所以假设4成立。

表4-28 回归分析系数表(感知风险与感知有用)

系数a								
模型		非标准化系数		标准系数			共线性统计量	
		B	标准 误差	试用版	t	Sig.	容差	VIF
1	(常量)	2.352	0.209		11.247	0.000		
	感知风险	0.325	0.054	0.360	6.033	0.000	1.000	1.000

a. 因变量：感知有用。

4.3.5.7 搜寻动机与购前搜寻意愿的回归分析

回归模型摘要显示，R 方的值为 42.3%，F 值为 89.398，显著性为 0.000，模型具有较好的解释能力。从表 4-29 可知，功能性搜寻动机和享乐性搜寻动机的回归系数显著性检验 t 值相应的概率值分别为 0.000 和 0.324，说明功能性搜寻动机对购前社会化搜寻的影响显著，而享乐性搜寻动机的影响不显著。标准化系数说明，功能性搜寻动机对于购前搜寻意愿的影响大。表中两变量的容差在 0.9 以上，VIF 值也都远小于 10，因而，自变量之间不存在共线性问题。所以假设 5a 成立，假设 5c 不成立。

表 4-29　回归分析系数表(搜寻动机与购前搜寻意愿)

系数 a								
模型		非标准化系数		标准系数	t	Sig.	共线性统计量	
		B	标准 误差	试用版			容差	VIF
1	(常量)	1.407	0.209		6.747	0.000		
	功能性搜寻动机	0.600	0.047	0.637	12.758	0.000	0.948	1.055
	享乐性搜寻动机	0.041	0.042	0.049	0.989	0.324	0.948	1.055

a. 因变量：购前搜寻意愿。

4.3.5.8 搜寻动机与购后搜寻意愿的回归分析

回归模型摘要显示，R 方的值为 30.1%，F 值为 52.443，显著性为 0.000，模型具有较好的解释能力。从表 4-30 可知，功能性搜寻动机和享乐性搜寻动机的回归系数显著性检验 t 值相应的概率值分别为 0.000 和 0.000，说明功能性搜寻动机对购后社会化搜寻的影响显著。从标准化系数来看，两者对于购后搜寻意愿的影响都非常大。表中两变量的容差在 0.9 以上，VIF 值也都远小于 10，因而，自变量之间不存在共线性问题。所以假设 5b 成立，假设 5d 成立。

表 4-30　**回归分析系数表(搜寻动机与购后搜寻意愿)**

系数 a								
模型		非标准化系数		标准系数			共线性统计量	
		B	标准 误差	试用版	t	Sig.	容差	VIF
1	(常量)	1. 100	0. 251		4. 390	0. 000		
	功能性搜寻动机	0. 375	0. 057	0. 365	6. 639	0. 000	0. 948	1. 055
	享乐性搜寻动机	0. 306	0. 050	0. 334	6. 080	0. 000	0. 948	1. 055

a. 因变量：购后搜寻意愿。

4. 3. 5. 9　感知有用、感知易用与购前搜寻意愿的回归分析

回归模型摘要显示，R 方的值为 39. 9%，F 值为 81. 100，显著性为 0. 000，模型具有较好的解释能力。从表 4-31 可知，感知有用和感知易用的回归系数显著性检验 t 值相应的概率值分别为 0. 000 和 0. 000，说明两者的显著性非常明显。从标准化系数来看，两者对于购前搜寻意愿的影响显著，相比较而言，感知易用的影响更大。表中两变量的容差在 0. 6 以上，VIF 值也都远小于 10，因而自变量之间不存在共线性问题。所以假设 6a 成立，假设 7a 成立。

表 4-31　**回归分析系数表(感知有用、感知易用与购前搜寻意愿)**

系数 a								
模型		非标准化系数		标准系数			共线性统计量	
		B	标准 误差	试用版	t	Sig.	容差	VIF
1	(常量)	1. 474	0. 198		7. 448	0. 000		
	感知易用	0. 378	0. 059	0. 402	6. 379	0. 000	0. 619	1. 617
	感知有用	0. 294	0. 062	0. 298	4. 729	0. 000	0. 619	1. 617

a. 因变量：购前搜寻意愿。

4. 3. 5. 10　感知有用、感知易用与购后搜寻意愿的回归分析

回归模型摘要显示，R 方的值为 26. 7%，F 值为 44. 335，显著

性为 0.000，模型具有较好的解释能力。从回归系数摘要表 4-32 可知，感知有用和感知易用的回归系数显著性检验 t 值的相应的概率值分别为 0.005 和 0.000，说明两者的显著性非常明显。从标准化系数看，两者对于购后搜寻意愿的影响显著。相较而言，感知有用的影响更大。表中两变量的容差在 0.6 以上，VIF 值也都远小于 10，因而，自变量之间不存在共线性问题。所以 6b 假设成立，假设 7b 成立。

表 4-32　回归分析系数表(感知有用、感知易用与购后搜寻意愿)

系数 a								
模型		非标准化系数		标准系数			共线性统计量	
		B	标准 误差	试用版	t	Sig.	容差	VIF
1	(常量)	1.407	0.239		5.894	0.000		
	感知易用	0.203	0.072	0.198	2.843	0.005	0.619	1.617
	感知有用	0.397	0.075	0.370	5.304	0.000	0.619	1.617

a. 因变量：购后搜寻意愿。

4.3.5.11　购前搜寻意愿与购后搜寻意愿的回归分析

回归模型摘要显示，R 方的值为 30.1%，F 值为 52.443，显著性为 0.000，模型具有较好的解释能力。表 4-33 中购后搜寻意愿的回归系数显著性检验 t 值的概率值为 0.000，说明购后搜寻意愿的显著性非常明显。表 4-34 中购后搜寻意愿的 t 值的相应的概率值为 0.000，说明购前搜寻意愿的显著性非常明显。所以假设 8 成立。

表 4-33　回归分析系数表(因变量：购前搜寻意愿)

系数 a								
模型		非标准化系数		标准系数			共线性统计量	
		B	标准 误差	试用版	t	Sig.	容差	VIF
1	(常量)	2.334	0.188		12.444	0.000		
	购后搜寻意愿	0.449	0.051	0.491	8.811	0.000	1.000	1.000

a. 因变量：购前搜寻意愿。

表 4-34　　回归分析系数表(因变量：购后搜寻意愿)

系数 a								
模型		非标准化系数		标准系数			共线性统计量	
		B	标准 误差	试用版	t	Sig.	容差	VIF
1	(常量)	1.482	0.244		6.077	0.000		
	购前搜寻意愿	0.536	0.061	0.491	8.811	0.000	1.000	1.000

a. 因变量：购后搜寻意愿。

4.4　结论与分析

4.4.1　假设检验结论

经过平均数差异检验、相关分析和回归分析，汇总假设检验结果见表 4-35。

表 4-35　　搜寻意愿研究假设检验结果汇总

H1	用户创造内容与感知有用、感知易用之间存在相关关系	成立
H1a	社会化媒体内容的自发性与感知有用正相关	成立
H1b	社会化媒体内容的非结构化与感知有用负相关	不成立
H1c	社会化媒体内容的全面性与感知有用正相关	成立
H1d	社会化媒体内容的自发性与感知易用正相关	成立
H1e	社会化媒体内容的非结构化与感知易用负相关	不成立
H1f	社会化媒体内容的全面性与感知易用正相关	成立
H2	社会化媒体的关系与互动与感知有用、感知易用正相关	成立
H2a	社会化媒体的社区性与感知有用正相关	成立
H2b	参与性与感知有用正相关	不成立

续表

H2c	交互性与感知有用正相关	成立
H2d	社区性与感知易用正相关	成立
H2e	参与性与感知易用正相关	不成立
H2f	交互性与感知易用正相关	成立
H3	感知易用与感知有用正相关	成立
H4	感知风险与感知有用正相关	成立
H5	搜寻动机与搜寻意愿正相关	成立
H5a	功能性搜寻动机与购前搜寻意愿正相关	成立
H5b	功能性搜寻动机与购后搜寻意愿正相关	成立
H5c	享乐性搜寻动机与购前搜寻意愿正相关	不成立
H5d	享乐性搜寻动机与购后搜寻意愿正相关	成立
H6	感知有用与搜寻意愿正相关	成立
H6a	感知有用与购前搜寻意愿正相关	成立
H6b	感知有用与购后搜寻意愿正相关	成立
H7	感知易用与搜寻意愿正相关	成立
H7a	感知易用与购前搜寻意愿正相关	成立
H7b	感知易用与购后搜寻意愿正相关	成立
H8	购前搜寻意愿与购后搜寻意愿之间存在双向关系	成立
H9	消费者的社会化搜寻意愿会因消费者的性别、年龄、职业、月收入以及上网时间的不同而有所差异	部分成立

4.4.2 模型修正

根据上述假设检验的结果对研究模型加以修正，如图 4-3 所示。

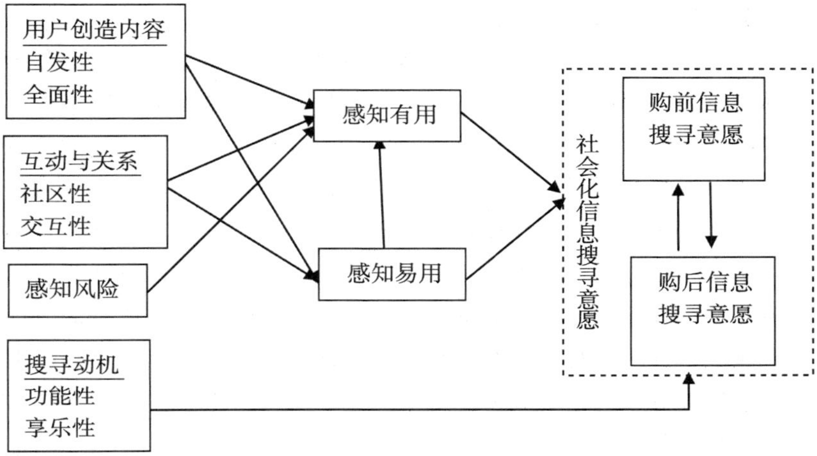

图 4-3　社会化媒体环境下消费者信息搜寻意愿修正模型

4.4.3　结论分析

4.4.3.1　人口统计特征

研究表明，性别和月收入对于社会化媒体环境下消费者信息搜寻愿意没有显著影响，但上网时间在一定程度上影响消费者搜寻意愿。上网时间较长的消费者有更强烈的购前信息搜寻意愿，当有购买商品的信息需求时，往往希望进行全面深入的信息搜寻。而花费在网络上的时间越少，信息搜寻意愿越不强烈，信息搜寻频率和强度越弱，这也是用户信息需求马太效应的一种体现。

4.4.3.2　用户创造内容

研究表明，内容的自发性、全面性对于感知有用和感知易用有着显著的正向影响。社会化媒体使用门槛低，一般只需注册一个账号就可以使用，方便消费者进行相关信息搜寻，且社会化媒体上用户自发贡献内容，信息全面，可以满足消费者个性化的信息需求，从而增强了消费者的社会化搜寻意愿。在回归分析中，非结构化与感知有用的标准化回归系数为负，非结构化与感知易用的标准化回归系数为正，但均未达到显著性水平，表明内容的非结构化对消费者的感知有用和感知易用没有显著影响。

4.4.3.3 关系和互动

研究表明，社会化媒体的社区性以及交互性对于感知有用和感知易用有着显著的影响。社会化媒体用户之间复杂的关系网络及其与传统网络环境不同的交互特征决定了它在信息创造和传递中的重要地位，通过与其他用户进行互动交流，更易于获得自己所需信息。研究还表明，社会化媒体中受兴趣驱动的用户参与与感知有用不相关，与感知易用负相关，可见，直接影响消费者信息搜寻意愿的是社区和交互，而去中心的平等地创造信息，对于所属群体所创造信息的信任一定程度上会干扰消费者所感知的社会化媒体环境下进行信息搜寻的有用性和易用性。

4.4.3.4 感知风险

研究表明，感知风险对消费者社会化搜寻意愿有着显著的正向影响。当消费者对于自己需要购买的商品不了解时，相应地感知风险会增加，消费者通过信息搜寻来增加对商品的了解，从而减少不确定性，降低风险。感知风险是通过感知有用来影响搜寻意愿的。

4.4.3.5 搜寻动机

研究表明，搜寻动机对消费者的社会化搜寻意愿有着显著的正向影响。当消费者具有明确的搜寻动机时，信息搜寻意愿就越强烈。同时，不同的动机对消费者信息搜寻意愿的影响程度不同。功能性动机对消费者信息搜寻意愿的影响远大于享乐性搜寻动机，功能性动机显著影响消费者购前和购后搜寻意愿，而享乐型搜寻动机仅对购后信息搜寻意愿影响显著。从搜寻动机的角度来说，购后搜寻意愿的心理动机更为复杂。

4.4.3.6 感知有用和感知易用

研究表明，感知有用对消费者的社会化搜寻意愿有着显著的正向影响。当网络消费者认为在社会化媒体上搜寻的信息对消费决策是有用的，信息搜寻意愿就会增强；感知易用对消费者的社会化搜寻意愿有着显著的正向影响。社会化媒体使用方便快捷，信息容易获取，都会增强消费者的信息搜寻意愿。

4.4.3.7　购前搜寻意愿和购后搜寻意愿

消费者的购前搜寻意愿与购后搜寻意愿意之间相互影响，相互促进。在整个购物过程中，信息搜寻行为贯穿始终，在购买到商品后，消费者也会继续进行信息搜寻，关注商品使用心得、后续产品等其他相关信息。在搜寻过程中也会继续发现其他满意的商品，产生购买欲望，从而进行更进一步的信息搜寻。

综上所述，感知有用、感知易用以及搜寻动机对购前搜寻意愿以及购后搜寻意愿都有着显著的正向影响，而社会化媒体的用户创造内容、关系与互动以及消费者的感知风险通过感知有用性和易用性显著影响消费者搜寻意愿。上网时间、用户创造内容的自发性和全面性、社会化媒体的社区性以及交互性、感知风险、功能性和享乐性搜寻动机这些主客体因素是消费者社会化搜寻意愿的主要影响因素。

从购前和购后搜寻意愿影响因素的比较上看，购前信息搜寻意愿更多地受到感知易用的影响，购后搜寻意愿受感知有用的影响更大。在搜寻动机方面，功能性搜寻动机对购前搜寻意愿的影响较大，两种动机对购后搜寻意愿的影响则相差不大。

4.5　本章小结

近年来，随着社会化媒体的普及，企业愈发注重社会化营销，互联网的普及以及电子商务的不断发展，消费者更多地选择网上购物，在 Web2.0 的大环境下，电子商务和社会化媒体的融合给消费者带来了不一样的购物体验。消费者信息搜寻意愿处于消费者信息搜寻行为的最前端。信息搜寻意愿将影响消费者是否进行搜寻以及如何进行搜寻。社会化搜寻意愿是信息搜寻行为研究中一块新的研究领域。本研究在理论研究的基础上，通过调查问卷对网络消费者社会化搜寻影响因素做了实证研究，该研究有助于社会化媒体平台或社会化电子商务平台加强消费者关系的维护，通过活动激励互动，同时针对购前购后搜寻意愿的差异性，进行合理的功能设置，将意愿转化为搜寻进而转化为购买，更好地满足消费者的信息需求。

第5章 社会化媒体环境下消费者信息搜寻行为模式

模式标志了事物之间隐藏的规律关系。行为模式是指从实际行为中概括出来的行为框架、行为标准和规律，任何一个群体都有自己特定的行为模式。

信息搜寻行为模式反映了具体信息搜寻模式与行为过程基本要素之间的关系。在被用户体验界奉为教科书级别的 *Don't Make Me Think* 中，将互联网用户按照搜寻行为划分为两类——搜索型与浏览型①。搜索型用户会首选使用搜索功能来寻找信息，而浏览型的用户更喜欢通过自己的浏览来寻找信息。搜索型用户未必比浏览型用户有更强的结果导向，只是他们更愿意直指目标；表面上看，浏览型用户充满了耐心，但更有可能是他们"懒得使用搜索"或者他们根本就不觉得在页面之间浏览是一件麻烦的事情。可见，不同信息搜寻行为表象背后是不同的行为模式。

传统网络环境以搜索引擎为信息主干道将提供各个具体信息的网站组织起来，对于搜索型用户，清晰的搜索提示以及在搜索结果列表页的排序与过滤都能提升用户体验；而对于浏览型用户，清晰的信息层级、分类标识、页面的易用性会更加重要。可见，消费者信息搜寻行为模式的研究能够更深入地了解影响消费者信息搜寻行为的相关因素，有助于指导系统平台设计及其信息架构组织，致力于为用户提供更好的信息搜寻体验。

现有的消费者信息搜寻行为模式基本以传统网络环境为研究背景，然而传统网络环境下信息搜寻行为模式的划分是否仍能概括在

① Steve Krug. *Don't Make Me Think*: *A Common Sense Approach to Web Usability*[M]. New Riders Press, 2005.

社会化媒体环境下已经发生了变化的消费者信息搜寻行为？这一点尚需验证。

本章研究社会化媒体环境下消费者信息搜寻行为模式。按照消费者信息搜寻的过程，信息搜寻是搜寻意愿所引发的搜寻行为，因此被安排在信息搜寻意愿研究章节之后。

5.1　信息搜寻行为模式研究框架

根据第 2 章中分析的信息搜寻行为要素，本研究建立的信息搜寻行为模式理论框架由 4 个部分组成，见图 5-1。

搜寻行为主体：主要指搜寻行为主体的搜寻能力。

搜寻行为客体：主要指消费者的搜寻内容。

信息搜寻环境：指社会化媒体环境，用社会化媒体的关系和互动要素来表示。

信息搜寻：由消费者采用的搜寻策略、遭遇的搜寻障碍、付出的搜寻努力以及是否进行进阶搜寻 4 个方面组成。

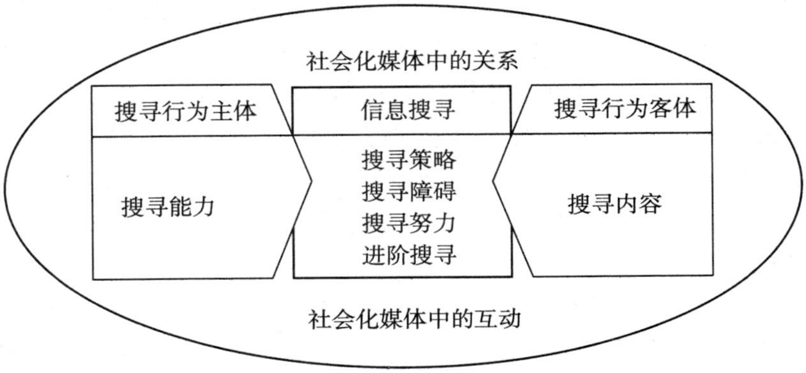

图 5-1　社会化媒体环境下信息搜寻行为模式研究框架

本章建立的信息搜寻行为模式理论框架全面考虑了信息搜寻行为的主体、客体和环境要素，将信息搜寻行为模式界定为多个因素共同作用下的消费者信息搜寻行为特征，同时反映了信息搜寻行为过程规律。

5.2 调查过程

5.2.1 研究平台选择及研究思路

旅游业是信息密集型和信息依托型产业，旅游信息搜寻是消费者信息搜寻研究领域中最重要的研究范畴之一。

从实践的角度来看，社会化媒体在旅游者信息搜寻中发挥着越来越大的作用。旅游消费需要大量信息来辅助旅游决策，消费者在整个旅游信息搜寻过程中需要花费较多的时间和精力。在不同的预算和旅行偏好下，消费者会搜寻目的地、航班、火车票、租车和酒店预订；搜寻点评信息或是来自好友和同事的意见，访问搜索网站寻找价格最优的产品，与其他旅行者或社交好友进行讨论；或是寻找志趣相投的旅行者结伴同行。一方面，社会化媒体能缩小旅行者之间的距离。社会化媒体平台会提供添加好友、聊天、发布更新信息和通知群内成员等功能，让消费者更为便捷的沟通；另一方面，社会媒体互动促使正面的消费行为。由 Conrad Advertising 和 YouGov 联合发表的研究报告 *Mapping the Travel Mind—The Influence of Social Media* 显示，如果收到来自好友或家人的建议或推荐，22%的男性消费者和 27%的女性消费者会采取“积极的行动”，12%的男性消费者和 15%的女性消费者表示愿意接受来自不认识的互联网用户和旅游公司的建议和推荐。

从理论研究的角度看，网络旅游信息搜寻研究始于 20 世纪 90 年代末，一直是研究的热点，涌现了大量的研究成果，主要涉及四大领域：网络信息源分析、搜寻主体特性、搜寻内容偏好和搜寻行为特征。其中搜寻行为特征是国外学者重点关注的领域，约占文献总量的 61%①。

---

① 沈洪洲，宗乾进，袁勤俭．国外社会化媒体研究主题演化分析[J]．情报科学，2013，31(001)：99-105.

因此，本章选择了消费者信息搜寻行为研究领域最具代表性的研究方向——旅游信息搜寻开展研究，具体研究平台选择了社会化旅游信息交流平台“蚂蜂窝”。蚂蜂窝(www.mafengwo.cn)是一个相互协作、共同分享的旅游信息平台，为旅游爱好者提供精彩的攻略，收录了全球各地86 550个的精彩旅行目的地，提供各种旅行资讯，包括目的地介绍、精美照片、游记、交通、美食、购物等信息，为旅游爱好者提供交流平台，结伴出游，交流摄影，寻找爱旅游和有共同爱好的朋友，一起分享旅行的乐趣。

通过对蚂蜂窝成员的关系、互动，以及成员具体的旅游信息搜寻行为的问卷调查，借助统计分析软件 SPSS17.0，通过描述性统计、因子分析、聚类分析等研究方法，对消费者信息搜寻行为中的关系和互动、信息搜寻行为特征以及二者之间的相互作用进行系统分析，对网络信息搜寻者的类型进行划分，最后归纳社会化媒体环境下不同类型的消费者信息搜寻行为模式。

5.2.2　问卷设计

调查问卷由人口统计学信息和社会化媒体环境下的信息搜寻行为两个部分组成，其中后者为问卷的主体内容，又分两个部分。第一部分为社会化媒体环境下的关系和互动，包括关系和互动两个方面；第二部分为信息搜寻行为，根据前文建立的理论框架，包括搜寻能力、搜寻内容、搜寻策略、搜寻障碍、搜寻努力程度和进阶搜寻 6 个方面。各量表均采用李克特 5 点量表，选项的 1~5 代表“极少”~“总是”。

变量定义及测量指标含义表述如下：

5.2.2.1　社会化媒体环境下的关系和互动

(1)关系

根据第 2 章对社会化媒体环境下关系内涵的界定，关系主要指社交关系和兴趣关系。因此，问卷设计涉及强关系、弱关系、临时关系、无关系和依兴趣而形成的特殊关系等几种主要类型。

(2)互动

根据第 2 章对社会化媒体环境下互动内涵的界定，本章中，互动指蚂蜂窝用户之间为了满足信息需求所进行的一系列信息交流分享行为。

5.2.2.2 社会化媒体环境下的信息搜寻

(1)搜寻能力

信息处理理论认为，行为的发生受到行为者能力的限制。搜寻能力指“消费者在进行搜寻与处理信息上所感知的才能”(Marchionini, 1989)①。有研究证明搜寻能力越高的消费者其搜寻程度也会越高(Bettman & Park, 1980)②。本章中，搜寻能力主要用蚂蜂窝成员搜寻信息的效果来加以度量，认为搜寻能力与搜寻效果正相关。

(2)搜寻内容

它指搜寻的客体或者对象，本研究中，搜寻内容主要指蚂蜂窝成员通过搜寻获得的包括目的地、商家信息、商品信息、价格信息、商品评价、好友及小组动态信息，以及个人持续关注的信息。搜寻内容既是需要搜寻的内容，同时也可以理解为找到的内容，它同时反映了消费的信息需求和信息搜寻的效果。

(3)搜寻策略

根据第2章对消费者信息搜寻策略内涵的界定，以及第3章中社会化媒体对消费者信息搜寻策略影响的研究结论，本章中，搜寻策略既包括内部搜寻策略，也包括处于主导地位的外部搜寻策略，既包括传统的框策略，也包括社会化媒体特有的圈策略，同时固定样本搜寻、连续搜寻，浏览、追踪、偶遇、询问策略也包括其中，以体现社会化媒体环境下信息搜寻策略的多样性和信息搜寻路径的跳跃性。搜寻策略是消费者信息搜寻行为模式的核心要素。

(4)搜寻障碍

---

① Marchionini, G. Information-seeking Strategies of Novices Using a Full-text Electronic Encyclopedia[J]. *Journal of the American Society for Information Science*, 1989, 40(1): 54-66.

② Bettman, J. R., Park, C. W. Effects of Prior Knowledge and Experience and Phase of the Choice Process on Consumer Decision Processes: A Protocol Analysis[J]. *Journal of Consumer Research*, 1980(7): 234-248.

这是指消费者搜寻或获取网络信息时的技术性或操作性阻碍因素。Nachmias 和 Gilad① 的研究指出，网络上的信息搜寻成功率并不高，有近一半的搜寻者无法成功地获得所需信息，Roper 更是认为高达 71%的网络使用者会在网络上遭受挫折②。根据第 2 章对用户创造内容特性的分析，以及第 3 章中社会化媒体对信息源及其组织方式影响的研究结论，搜寻障碍主要表现为以下几个方面：首先是自发性带来的信息主观性；接下来是信息的非结构化、信息过剩，以及非限制性产生的信息的非真实性。此外，社会化媒体按照成员在平台上的活跃程度而强制划分的等级也限制了一些处于较低等级的成员的信息获取。搜寻障碍负向影响消费者信息搜寻行为，同时与搜寻能力、搜寻策略相关联。

(5)搜寻努力程度

它指消费者在做出购买决策前所进行的信息搜寻活动(主要指外部搜寻活动)的量。搜寻努力程度包括时间和频率两个方面。在搜寻时间方面，主要指浏览搜寻信息时所花费的时间，包括每次搜寻的时间和总体搜寻时间。在搜寻频率方面，主要指平均每隔一段时间进行搜寻的次数。搜寻努力程度用以表示信息搜寻的深度。

(6)进阶搜寻

这是指首次搜寻结束后再次展开的搜寻活动。Wilson（1999）指出，搜寻者若在使用中对搜寻到的信息不满意，往往会重复搜寻过程③。进阶搜寻可以发生在购前，但往往发生在购后，这里将进阶搜寻限定为购后搜寻，同第 4 章中研究的购后搜寻。但考虑到旅游信息搜寻既可能带来预订等购买行为，也可能纯粹是出行参考和相约同行，狭义的购买难以加以概括，所以这里不使用购后搜寻这

---

① Nachmias, R., Gilad, A. Needle in a Hyper Stack: Searching for Information on the World Wide Web [J]. *Journal of Research Technology in Education*, 2002, 34(4): 475-486.

② Roper, S. *Survey Highlights New "Web Rage" Phenomenon* [M]. New York: Author, 2000.

③ Wilson, T. D. Models in Information Behavior Research [J]. *Journal of Documentation*, 1999, 55(3): 249-270.

个概念，而用更宽泛的概念——进阶搜寻。搜寻者并非仅仅依赖单一信息渠道，也会继续寻求多种信息渠道以补充获取信息。进阶搜寻可以再次登录原先的平台进行搜寻，可以到其他社会化媒体上搜寻；可以放弃社会化媒体平台，使用传统网络平台进行搜寻；也可以不再搜寻。进阶搜寻体现了消费者信息搜寻行为的动态连续性。

围绕上述变量的定义，形成本章研究的初始量表如表 5-1 所示。

表 5-1　**社会化媒体环境下消费者信息搜寻行为模式初始量表**

变量名	编号	题 项	参考来源
关系	RE_1	经常和好友相互讨论、评价感兴趣的信息	Antony Mayfield① 刘兴菊② 邱蕾③
	RE_2	关注的好友会和我互粉	
	RE_3	偶尔会在陌生人发表的言论中进行评价	
	RE_4	一般只浏览信息,不发表言论或者参与讨论	
	RE_5	会加入若干因不同兴趣而形成的小组	
互动	IN_1	经常发起旅游资讯方面的话题讨论	
	IN_2	经常参与活动,并积极讨论评价	
	IN_3	会经常积极响应其他成员的话题	
	IN_4	经常使用即时通信工具或站内消息与成员交流	
搜寻能力	AB_1	能够轻松地找到我所需要的信息	孙曙迎④
	AB_2	能在复杂的信息中找到有价值的信息	
	AB_3	能够快捷地找到新奇的、独特的信息	

① Antony Mayfield. *What is Social Media*[M/OL]. iCrossing, 2008, http://www.icrossing.co.uk/fileadmin/uploads/eBooks/What_is_Social_Media_iCrossing_ebook.pdf.

② 刘兴菊．SNS 环境中消费者交互行为对购买意向的影响机制研究[D]. 武汉：华中科技大学．2010.

③ 邱蕾．社会化媒体对消费者购买意愿的影响研究[D].南昌：江西财经大学，2009.

④ 孙曙迎．我国消费者网上信息搜寻行为研究[D]. 杭州：浙江大学，2009.

续表

变量名	编号	题　项	参考来源
搜寻内容	CO_1	搜寻出行方式以及时间、地点	本研究
	CO_2	寻找同伴	
	CO_3	搜寻“目的地大全”中的信息	
	CO_4	搜寻近期推出的“一窝蜂”优惠	
	CO_5	搜寻已经体验的消费者及其好友对于关注的目的地的评价	
	CO_6	关注自己所在小组以及小组成员的动态	
	CO_7	关注好友以及好友所在小组的动态	
	CO_8	关注近期推出的活动以及最新话题	
	CO_9	关注“拍卖行”的新品	
搜寻策略	ST_1	根据自己的经验直接搜寻	Wayne S. DeSarbo① Choo② 俞碧飏③
	ST_2	向好友提问并讨论后再进行搜寻	
	ST_3	搜寻活跃度较高的成员的更新	
	ST_4	按页面相关信息先后次序依次搜索	
	ST_5	随机选择一个产品进行搜索	
	ST_6	直接用搜索引擎搜索	
	ST_7	根据导航或者浏览图片搜寻信息	
	ST_8	为了查找旅游景点信息，在浏览信息或与好友进行讨论沟通时，经常发生信息偶遇（指在没有期待的情况下有用信息的发现）	
	ST_9	当我参加类似于“真人秀”的活动与好友讨论沟通信息时，经常发生信息偶遇	
	ST_10	一直关注某一个旅游景点信息	
	ST_11	搜寻其他成员推荐的景点资讯	
	ST_12	关注好友体验过的旅游资讯	

① Wayne, S. DeSarbo, Jungwhan Choi. A Latent Structure Double Hurdle Regression Model for Exploring Heterogeneity in Consumer Search Patterns [J]. *Journal of Econometrics*, 1999(89): 423-455.

② Choo, C. W., Detlor, B., Turnbull, D. Information Seeking on the Web—An Integrated Model of Browsing and Searching [A]. Proceedings of the Annual Meeting of the American Society for Information Science , 1999: 3-16.

③ 俞碧飏. 信息偶遇概念与特点的实证辨析: 以科研人员为例[J]. 情报学报, 2012, 31(7): 759-769.

续表

变量名	编号	题　项	参考来源
搜寻障碍	OB_1	用户生成的内容具有强烈的主观色彩	Pan①
	OB_2	信息未经组织、编目,呈现散乱状态,无法做出选择	
	OB_3	信息被站内成员转载较多,同一页面出现较多雷同信息	
	OB_4	体验旅游产品(如酒店、餐馆)后,会发现与蚂蜂窝上发布的信息不相符	
	OB_5	在搜寻旅游信息时,由于等级差异,使得普通用户发布的信息处于难以触及的状态	
搜寻努力程度	EF_1	对某个信息感兴趣时,我会花很长时间搜寻相关信息	Hodkinson② 王刚③
	EF_2	我会经常搜寻感兴趣的信息	
	EF_3	在查询出行线路时,我会仔细查找出行的时间、地点等信息	
	EF_4	为了能够找到最适当的出行线路,我会广泛地搜寻各种路线并进行对比	

① Pan B., Li X. R., Zhang L. G., et al. An Exploratory Study on the Satisfaction and Barriers of Online Trip Planning to China: American College Students' Experience[J]. *Journal of Hospitality & Leisure Marketing*, 2008, 16(1-2): 203-226.

② Hodkinson, C., Kiel, G., McColl-Kennedy, J. R. Consumer Web Search Behavior: Diagrammatic Illustration of Way Finding on the Web[J]. *International Journal of Human—Computer Studies*, 2000(52): 805-830.

③ 王刚. 基于互联网社区的结伴自助旅游者信息搜寻行为研究[D]. 济南:山东大学, 2012.

续表

变量名	编号	题　项	参考来源
进阶搜寻	PR_1	再次上蚂蜂窝搜寻	林孟慧①
	PR_2	到其他社会化媒体搜寻(如淘江湖等)	
	PR_3	翻阅旅游宣传册/杂志/图书	
	PR_4	不再搜寻	

5.2.3　问卷前测

问卷前测于 2013 年 3 月 20 日至 3 月 30 日进行，在蚂蜂窝上共发放网络问卷 67 份，回收 59 份，其中有效问卷 50 份，有效率 84.7%。

运用 SPSS17.0 对量表的信度进行检测，结果显示，总量表 Cronbach's α 值为 0.967，表明问卷有较高的一致性。进一步对各量表做信度分析，结果见表 5-2。

表 5-2　**搜寻行为模式变量项目数及 Cronbach's α Cronbach's α 值**

变量	项目数	Cronbach's α	总量表 Cronbach's α 值
关系	5	0.602	0.967
互动	4	0.895	
搜寻能力	3	0.784	
搜寻内容	9	0.887	
搜寻策略	12	0.908	
搜寻障碍	5	0.848	
搜寻努力程度	4	0.882	
进阶搜寻	4	0.584	

① 林孟慧. 因特网形态旅游信息搜寻行为之初探[D]. 台中：逢甲大学，2005.

变量“进阶搜寻”的 Cronbach's α 值低于 0.6，“关系”变量的 Cronbach's α 值略高于 0.6，其他六个变量的 Cronbach's α 值均大于 0.7，均达到信度要求的标准。因此只需对关系和进阶搜寻测量题项进行调整，以提高量表的内部一致性。

①关系量表的修改(见表 5-3)。

表 5-3 **关系量表信度分析**

题项	修正的项目总相关	删除该项目后的 α 系数	α 系数
RE_1	0.515	0.456	初始 α 系数=0.602 最终 α 系数=0.756
RE_2	0.417	0.518	
RE_3	0.595	0.416	
RE_4	-0.092	0.756	
RE_5	0.467	0.486	

从表 5-3 可知，RE_4 修正后项总相关系数-0.092，小于 0.3，删除此项后整体信度达到 0.756，提高了 0.154，符合删除标准。

②进阶搜寻量表的修改(见表 5-4)。

表 5-4 **进阶搜寻量表信度分析**

题项	修正的项目总相关	删除该项目后的 α 系数	α 系数
PR_1	0.156	0.649	初始 α 系数=0.584 最终 α 系数=0.649
PR_2	0.612	0.285	
PR_3	0.565	0.325	
PR_4	0.179	0.643	

从表 5-4 可知，PR_1 和 PR_4 项目修正后的总相关系数分别为 0.156 和 0.179，小于 0.3，并且当删除 PR_1 时 α 系数的增加值大于删除第 4 项 α 系数的增加值，因此删除 PR_1，但是删除 PR_1 后 α 系数为 0.649，仍然小于 0.7，再次对剩余 3 个题项进行信度

分析。结果显示，PR_4 修正后项总相关系数为 0. 313，略大于 0. 3，并且第 4 项删除前后 α 系数的变化不大，不符合删除标准。

因此，经问卷前测，将关系量表中的 RE_4 题项和进阶搜寻量表中的 PR_1 题项予以删除，形成调查问卷。

5. 2. 4　正式调查

正式调查于 2013 年 4 月进行，通过发送蚂蜂窝站内私信以及向旅游 QQ 群成员发送 QQ 信息的方式，随机发送问卷上的调查问卷的填写链接。正式调查共获得网络问卷 259 份，有效问卷 228 份，问卷有效率达 88%。

5. 2. 4. 1　因子分析

为确定问卷的建构效度，首先进行因子分析。采用主成分分析法，因子的旋转方式利用直交旋转即方差最大旋转方式，并将特征值大于 1 作为因子提取的标准。各项变量 KMO 和 Bartlett 检验结果见表 5-5，除进阶搜寻的 KMO 值略低，其余变量的 KMO 值均大于 0. 7。同时 Bartlett 的球形度检验显著，P 值均为 0. 000，达到显著水平，说明变量间有共同因素存在，适合进行因子分析。

表 5-5　**搜寻行为模式研究量表 KMO 和 Bartlett 检验**

变量名称	KMO	Bartlett 的球形度检验	P 值
关系(RE)	0. 714	148. 285	0. 000
互动(IN)	0. 810	464. 571	0. 000
搜寻能力(AB)	0. 737	372. 057	0. 000
搜寻内容(CO)	0. 846	753. 719	0. 000
搜寻策略(ST)	0. 847	859. 817	0. 000
搜寻障碍(OB)	0. 804	340. 082	0. 000
搜寻努力程度(EF)	0. 785	493. 726	0. 000
进阶搜寻(PR)	0. 605	84. 922	0. 000

通过因子分析，变量 RE、IN、AB、OB、EF、PR 各提取出一

个共同因子，无法进行旋转，表明量表内部具有很好的建构效度。但是 CO 变量提取出 2 个共同因子，ST 变量提取出 3 个共同因子，建构效度不佳。需对搜寻内容(CO)和搜寻策略(ST)两个量表的变量维度进行优化。

(1)搜寻内容(CO)因子分析

表 5-6 给出了搜寻内容旋转后的因子载荷值，可以看出，因子分析提取出 2 个共同因子。题项 CO_4～ CO_9 属于共同因子一，题项 CO_1～ CO_3 属于共同因子二。通过对题项的进一步分析，并结合蚂蜂窝的实际，认为题项 CO_4～ CO_9 更好地突出了社会化媒体信息内容依附于关系和互动的特点，保留共同因子一；而题项 CO_1～ CO_3 涉及目的地、出行方式、时间等，虽属于消费者重点关注的信息内容，但完全可以通过题项 CO_4～ CO_9 中涉及的好友和小组动态、讨论和活动、口碑和推荐等搜寻内容加以涵盖，故共同因子二可予以删除。

表 5-6　　　　搜寻内容的旋转成分矩阵

旋转成分矩阵[a]		
	成分	
	1	2
CO_1		0. 833
CO_2		0. 617
CO_3		0. 776
CO_4	0. 641	0. 363
CO_5	0. 468	0. 567
CO_6	0. 762	
CO_7	0. 823	
CO_8	0. 821	
CO_9	0. 759	

删除题项 CO_1～CO_3 后，采用协方差矩阵分析法再次对搜寻内容量表进行因子分析，KMO 值为 0.845，Bartlett 检验显著，说明量表具有结构效度，能够进行因子分析，见表 5-7。进而对该量表进行主成分分析，只显示为一个共同因子，说明修正后的量表各个题项之间表现出高度一致性。

表 5-7　　**搜寻内容的 KMO 和 Bartlett 的检验(修正后)**

KMO 和 Bartlett 的检验		
取样足够度的 Kaiser-Meyer-Olkin 度量		0.845
Bartlett 的球形度检验	近似卡方	707.640
	df	15
	Sig.	0.000

(2)搜寻策略(ST)因子分析

表 5-8 给出了搜寻策略旋转后的因子载荷值，可以看出，因子分析提取出 3 个共同因子。ST_3、ST_8、ST_10、ST_11、ST_12 共 5 个题项属于共同因子一，ST_1、ST_4、ST_6、ST_7 共 4 个题项属于共同因子二，ST_2、ST_5、ST_9 共 3 个题项属于共同因子三。通过对题项的进一步分析，并结合蚂蜂窝的实际，认为共同因子一和共同因子二将搜寻策略划分为两类，分别对应着社会化搜寻策略和传统网络搜寻策略。共同因子三涉及 3 个题项，其中 ST_2(向好友提问并讨论后再进行搜寻)表达不够明晰，“提问讨论”和“再进行搜寻”均为搜寻策略，且难以将其划分为传统策略还是社会化搜寻策略；ST_5(随机选择一个产品进行搜索)不能很好地反映消费者的实际信息搜寻情况；ST_9(我参加类似于真人秀的活动与好友讨论沟通信息时，经常发生信息偶遇)将偶遇现象界定在活动中，这一情境设定过于严苛，不具有研究性，且与 ST_8 同为偶遇策略的题项，研究内容交叠。综上，删除共同因子三。

表 5-8　　**搜寻策略的成分分析**

旋转成分矩阵 a			
	成分		
	1	2	3
ST_1		0.732	
ST_2	0.475		0.603
ST_3	0.595		0.526
ST_4		0.737	
ST_5			0.842
ST_6		0.781	
ST_7	0.389	0.632	
ST_8	0.543	0.392	
ST_9	0.419		0.710
ST_10	0.594	0.418	
ST_11	0.812		
ST_12	0.773		

于是，搜寻策略量表被一分为二：传统搜寻策略(TR)量表和社会化搜寻策略(SO)量表，对这两个量表的因子分析过程如下(见表 5-9)：

①传统搜寻策略(TR)。传统搜寻策略是指在传统网络环境下搜寻信息时所使用的方法、工具以及两者的组合。题项设置包括内部搜寻、连续搜寻、搜索、浏览四种传统搜寻策略。

再次采用协方差矩阵分析法，对传统搜寻策略量表进行因子分析，KMO 值为 0.783，Bartlett 检验显著，说明适合对数据进行因子分析，见表 5-9。进而对该量表进行主成分分析，只抽取了一个共同因子，说明修正后的量表各题项之间表现出高度一致性。

表 5-9　　传统搜寻策略的 KMO 和 Bartlett 检验

KMO 和 Bartlett 的检验		
取样足够度的 Kaiser-Meyer-Olkin 度量		0.783
Bartlett 的球形度检验	近似卡方	256.762
	df	6
	Sig.	0.000

②社会化搜寻策略(SO)。社会化搜寻策略是体现社会化媒体特性的信息搜寻方法、工具以及两者的组合。题项设置包括偶遇、追踪、推荐等策略。

再次采用协方差矩阵分析法，对社会化搜寻策略量表进行因子分析，KMO 值为 0.831，Bartlett 检验显著，说明量表具有结构效度，能够进行因子分析，见表 5-10。进而对该量表进行主成分分析，只显示为一个共同因子，说明修正后的量表各个题项之间表现出高度一致性。

表 5-10　　社会化搜寻策略 KMO 和 Bartlett 检验

KMO 和 Bartlett 的检验		
取样足够度的 Kaiser-Meyer-Olkin 度量		0.831
Bartlett 的球形度检验	近似卡方	413.322
	df	10
	Sig.	0.000

通过上述因子分析对问卷所做的修改，使得各个量表均具有较好的建构效度，变更的变量及其对应题项见表 5-11，正式问卷见附录 D。

表 5-11　　搜寻行为模式研究量表变更的变量及对应题项搜寻

原变量名	原变量编号	变量变更后命名	变量变更后编号	原题项编号	变更后题项编号
搜寻内容	CO	搜寻内容	CO	CO_4、CO_5、CO_6、CO_7、CO_8、CO_9	CO_1、CO_2、CO_3、CO_4、CO_5、CO_6

续表

原变量名	原变量编号	变量变更后命名	变量变更后编号	原题项编号	变更后题项编号
搜寻策略	ST	传统搜寻策略	TR	ST_1、ST_4、ST_6、ST_7	TR_1、TR_2、TR_3、TR_4
		社会化搜寻策略	SO	ST_3、ST_8、ST_10、ST_11、ST_12	SO_1、SO_2、SO_3、SO_4、SO_5

5.2.4.2 样本人口统计学特征

表 5-12 所示，样本中男性占 53.95%，女性占 46.05%，男性人数略高于女性；年龄结构上，18～25 岁占 63.16%，这类群体多为在校大学生，闲暇时间相对充裕，虽然经济能力有限，但仍是上网搜寻旅游信息的主要人群，其次是 26～39 岁占到 28.07%，这类群体可支配收入高，在旅游信息搜寻以及旅游中同样扮演着重要的角色；在文化程度方面，大专或本科学历占总样本量的 84.21%，其次是硕士及以上占 8.78%，两类人群之和超过 90%，反映出网络旅游信息搜寻主体具有高学历的特征；职业结构以学生、企事业管理人员、自由职业者为主；月均收入以中低收入为主，其中 1 000元及以下最多，占 28.51%，这主要受样本中学生占比较大的影响，但另一方面，5 000元以上的高收入者也达到了 21.05%。

表 5-12　　搜寻行为模式研究样本基本信息

项目	项目分类(%)
性别	男：53.95；女：46.05
年龄	18 岁以下：0；18～25：63.16；26～39：28.07；40～49：5.70；50 及以上：3.07
学历	高中及以下：7.02；本科/大专(或者在读)：84.21；硕士(或者在读)：7.46；博士及以上(或者在读)：1.32

续表

项目	项目分类(%)
职业	事业单位职员及公务员：7.89；企业技术人员及高层管理者：18.43；教师：2.63；学生：37.72；家庭主妇：0；自由职业：10.96；其他：22.37
月收入(元)	1 000及以下：28.51；1 000～2 000：12.72；2 001～3 000：14.91；3 001～5 000：22.81；5 001～8 000：12.28；8 000以上：8.77

从总体上看，此次调查对象性别比例基本均衡，呈现年轻化、高学历的特征。说明上网搜寻旅游信息的旅游者知识水平较高、旅游需求旺盛。同时，越来越多的高收入者倾向于旅游消费。这也验证了 Marcussen①、Heung② 等学者的研究结论。

5.3　社会化媒体环境下消费者信息搜寻行为模式的聚类实现

5.3.1　聚类标准和方法

物以类聚，人以群分。作为人类认识世界的基础工具，分类有助于我们把相似的事物归类，以便从中发现潜在规律。聚类分析是一种基于数理统计的客观的分类方法。它的实质是将样本集数据依据其性质间的亲密程度，在缺少先验知识的情况下进行分类，同一类的个体特征有较大的相似性，而不同类的个体有很大的差异。聚类方法一般有三类：系统聚类法、非系

① Marcussen, C. H. The Effects of Internet Distribution on Travel and Tourism Services on the Marketing Mix: No Frills, Fair Fares, and Fare Wars in the Air [J]. *Information Technology*, 1999, 7(3/4): 197-212.

② Heung, V. C. S. Internet Usage by International Travelers: Reasons and Barriers [J]. *International Journal of Contemporary Hospitality Management*, 2003, 15(7): 370-378.

统聚类法和二阶聚类法。系统聚类法也称分层聚类法，该方法将所有模式聚合到一类；非系统聚类法是在指定分类的前提下完成的；二阶聚类是前两种方法的结合，分类变量和连续变量都可以参与二阶聚类分析，可以自动确定分类数，可以高效率地分析大数据集，适用性较强。

本章中，一方面社会化媒体环境下消费者信息搜寻行为模式分类属于探索性分析，分类数量事先并不确知，故非系统聚类法不适用。另一方面，当观测量特征较复杂时，系统聚类法难以对类别进行具体解释。因此本研究采用二阶聚类法对消费者网络旅游信息搜寻行为模式进行类型划分，并对每种类型的特征进行讨论，揭示各类型之间的行为差异。

聚类实现的思路是将蚂蜂窝成员的信息搜寻行为进行聚类，得出不同的信息搜寻行为模式，在此基础上以关系和社会化搜寻策略为分类变量，研究消费者信息搜寻行为模式的进一步划分。

5.3.2 消费者信息搜寻行为基本模式聚类

首先计算各个变量的均值 RE、IN、AB、CO、TR、SO、OB、EF、PR，在此基础上进行二阶聚类。在 SPSS 软件上运行 Analyze | Classify | TwoStep Cluster，打开 TwoStep Cluster Analyze 主对话框，将上述 9 个变量全部选入 Continuous Variables 列表框，Distance Measure（距离测度）选择对数似然距离测度，Number of Cluster（聚类数）选择自动确定，Clustering Criterin（聚类准测）选择 BIC，单击 Options，保持其默认选项，打开 Plots 对话框，选择 Within cluser percentage chart 和 Cluster pie chart 以显示每个变量在不同聚类间的差异和每个聚类的百分数和观察数，设置好 Variable Importance Plot（变量重要性图）即可。

从表 5-13 的聚类分析结果以及所占比例可以确定，消费者的信息搜寻模式可以分为两类，即类 Ⅰ 和类 Ⅱ。类 Ⅰ 观测量数为 177，占 77.6%，类 Ⅱ 观测量数为 51，占 22.4%。

表 5-13　　聚类分析结果以及所占比例

聚类分布				
		N	组合 %	总计 %
聚类	Ⅰ	177	77.6%	77.6%
	Ⅱ	51	22.4%	22.4%
	组合	228	100.0%	100.0%
总计		228		100.0%

类别变量重要性聚类条形图刻画了两类行为模式的关键特征，以下加以详述：

5.3.2.1　类Ⅰ行为模式特征

由图 5-2 可知，类Ⅰ中 TR、SO、EF、RE、AB、OB、CO、IN 八个变量在该类中的均值要显著大于其总体均值，而 PR 变量的测度值并不显著。类Ⅰ的主要特征为：注重多种搜寻策略的构建、选择和综合运用，传统搜寻策略和社会化搜寻策略均显著高于平均水平，传统搜寻策略的使用要高于社会化搜寻策略，说明

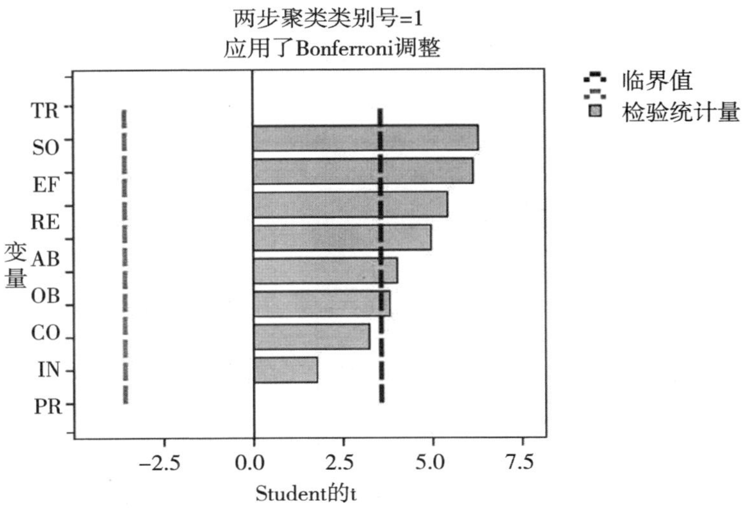

图 5-2　类Ⅰ变量重要性特征(策略选择型)

消费者倾向于遵循原有搜寻习惯；花费较多的时间和精力进行搜寻，搜寻努力程度较大；具有较强的信息搜寻能力，能够轻松快捷地找到目标信息，同时也能在较为复杂的信息环境中找到所需信息；搜寻内容全面且数量多；搜寻者相互之间的关系和互动性较强，并且更加注重通过与其他成员的互动、沟通来构建和维护与其他成员的关系；当然，由于策略运用的多样性、搜寻努力程度大、搜寻内容多、关系复杂和互动频繁，给信息搜寻带来了更多的障碍。

类Ⅰ消费者进行了更多的进阶搜寻，搜寻效果良好，但进阶搜寻程度未达显著水平。于是将类Ⅰ命名为“策略选择型搜寻模式”，以突出该模式中搜寻策略的重要地位。

5.3.2.2 类Ⅱ行为模式特征

由图5-3可知，类Ⅱ中所有变量特征和类Ⅰ正好相反，该类中RE、CO、SO、TR、EF、OB、AB、IN八个变量在类Ⅱ中的均值显著小于其的总体均值，而PR变量的测度值并不显著。类Ⅱ的主要特征为：搜寻者与其他成员之间联系远低于平均水平，关系不密切，彼此之间的互动也低于平均水平，说明这类成员在搜寻信息

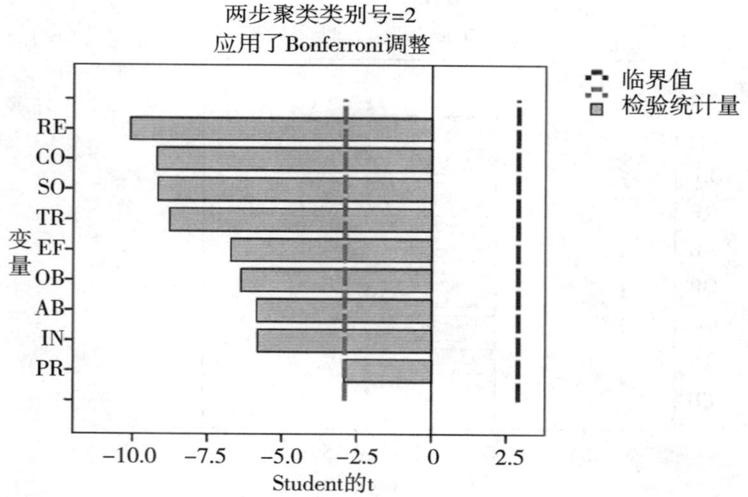

图5-3 类Ⅱ变量重要性特征(快速扫描型)

时，不善于利用社会化媒体平台的互动交流功能，参与性不高；信息需求不旺盛，搜寻的内容相对较少；搜寻信息所采取的策略也随之减少，并且社会化搜寻策略的缺乏表现得更为显著；搜寻信息的能力不足，相应的信息搜寻的技能匮乏，由于整个信息搜寻活动处于低水平运行状态，所以不需要花费太多的时间和精力即可搜寻到目标信息，同时使得搜寻过程中感知的搜寻障碍减少。类Ⅱ消费者较少开展进阶搜寻，但表现并不显著。

此模式与类Ⅰ相比，搜寻努力程度较少，同时策略使用较少，互动性不强，搜寻活动不活跃，于是将类Ⅱ命名为“快速扫描型搜寻模式”。

以上的聚类分析没有设定分类变量，将所有变量作为连续变量加以聚类。为了发现更为深入的信息搜寻模式及相应特征，需要在以上聚类分析确定的两种基本信息搜寻行为模式的基础上，选择能够凸显社会化媒体特征的分类变量，进一步聚类分析。通过对比类Ⅰ和类Ⅱ，笔者认为，类Ⅰ更具有研究价值，原因在于：类Ⅰ所代表的样本数量占有绝对优势，是最普遍的信息搜寻行为模式；此外，类Ⅱ的相关特征都明显低于总体均值，没有合适的分类特征进行聚类。

接下来将以互动和社会化搜寻策略为分类变量对信息搜寻行为模式类Ⅰ进行深入分析。尽管具有突出的社会化媒体特性的分类变量不只是以上两个，但选择它们足够阐释研究思路和技术路线，没必要一一展开。

5.3.3　基于互动的消费者信息搜寻行为模式聚类

调查问卷的关系量表中设置了 4 个题项，调查者在这 4 个题项上选择结果平均分的高低可以反映其在社会化媒体环境中的互动性。通过选择 SPSS 中的“重新编码为不同变量”，将均值变量 IN 编码，新变量的取值为互动性弱、互动性一般和互动性强，以重新编码的 IN 变量为分类变量进行二阶聚类，从而分析类Ⅰ“策略选择模式”中基于互动的消费者信息搜寻行为的具体特征。

类Ⅰ共 177 个样本数据，为避免三个组别的人数差距过大，按照 3 : 4 : 3 的比例，通过对 IN 均值排序，找出划分区间，分别为 [1~2.25]、[3.26~3.25]、[3.26~5]。按此区间划分为 3 类，分别赋值 1，2，3，生成新的变量命名为 rank_in，将 rank_in 作为分类变量，除 IN 以外的 8 个均值变量 RE、AB、CO、TR、SO、OB、EF、PR 作为连续变量进行二阶聚类。

二阶聚类结果显示，消费者信息搜寻模式按互动可以分为 3 类，分别代表着不同的互动性，从图 5-4 可以看出，1 类表现为互动性弱、2 类表现为互动性一般、3 类表现为互动性强。为了行文的方便，分别给以编号 IN1、IN2、IN3。

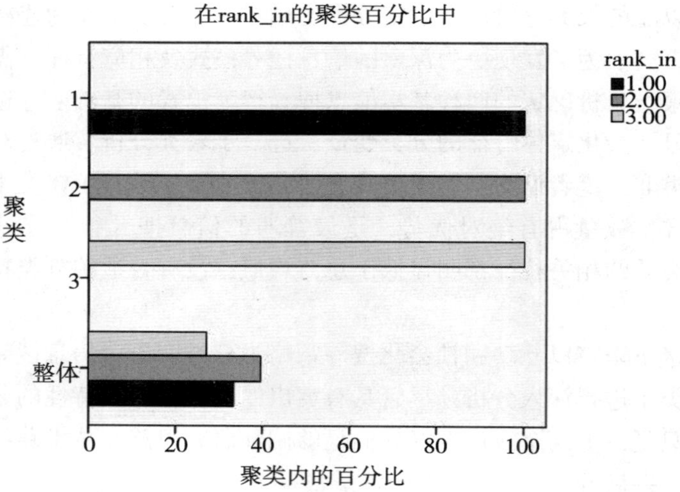

图 5-4　不同关系在各聚类及样本总体中的分布

5.3.3.1　IN1(互动性弱)行为模式特征

由图 5-5 可知，除搜寻努力 EF 高于总体均值，但未达显著性之外，其余变量均低于总体平均水平，其中搜寻内容 CO、关系 RE、社会化搜寻策略 SO、搜寻障碍 OB 达到显著性。可以认为，该类型的消费者之间的关系松散或关系类型单一，相互之间的互动程度极低，致使搜寻过程中社会化搜寻策略的使用很少，倾向于运用传统搜寻策略搜寻“权威发布”来源的信息，受社会化媒体信息

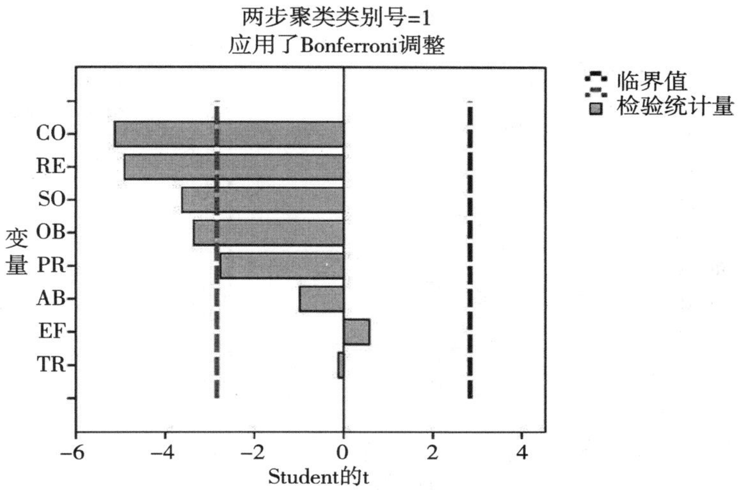

图 5-5　IN1 类变量特征——互动性弱

的主观性、非真实性、非结构化的影响不大，因此感知搜寻障碍也显著低于平均水平，同时消费者表现出较低的信息搜寻能力，为了能够搜寻到有用信息，所付出努力程度相对较大，但搜寻到的内容很少，也较少地进行再次搜寻。

此搜寻行为模式中消费者因为交互、能力、策略运用方面的局限性，虽然花费了时间和精力，但是效果不佳，于是将类 IN1 命名为“封闭劳而无获型(黄牛型)”。

5.3.3.2　IN2 类(互动性一般)行为模式特征

由图 5-6 可知，低于总体平均水平的有传统搜寻策略 TR、搜寻努力程度 EF、搜寻障碍 OB、搜寻能力 AB、关系 RE 以及社会化搜寻策略 SO，高于总体平均水平的有搜寻内容 CO 以及进阶搜寻 PR，但各个变量指标表现均不显著。可以认为，该类型的消费者会通过更多的进阶搜寻来获得更多的搜寻内容，但是搜寻策略的使用较少，传统搜寻策略低于均值水平的程度大于社会化搜寻策略，搜寻过程中遇到的障碍增加，但是由于搜寻能力欠缺，努力程度较低，因此增加了信息搜寻的难度，同时该类型的消费者与其他消费者之间的关系不够紧密，制约了互动性，只能通过一定程度的

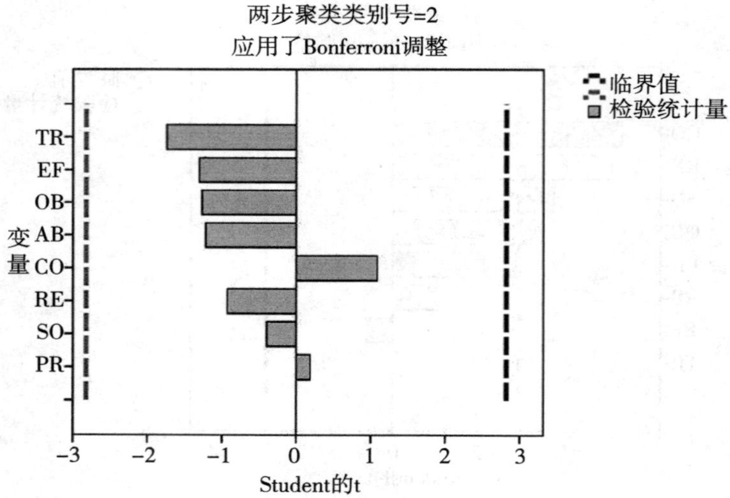

图 5-6　IN2 类的变量特征——互动性一般

互动及进阶搜寻来获取更多信息。

此搜寻行为模式中消费者在信息搜寻时花费的时间较少，能力也较弱，但有一程度的互动，能达到期望的搜寻目的，将类 IN2 命名为“开放机巧获益型(狐狸型)”。

5.3.3.3　IN3 类(互动性强)行为模式特征

由图 5-7 可知，全部变量在该类的均值都高于其总体平均水平，其中关系 RE、搜寻内容 CO、社会化搜寻策略 SO、搜寻障碍 OB、搜寻能力 AB 五个变量具有显著性。可以认为，该类型的消费者之间的关系特别密切或关系类型丰富，互动性表现最为显著，因此可以充分驾驭社会化搜寻策略来进行信息搜寻，使得社会化搜寻策略的使用高于传统搜寻策略，同时由于消费者具有较高的信息搜寻能力，加上花费较多时间和精力进行充分的信息搜寻，能够克服搜寻过程中的障碍，搜寻到全面的信息，实现搜寻目标。因为已经开展有效的信息搜寻，对于搜寻获得的结果再次进行搜寻的表现并不显著。

此搜寻行为模式中消费者更加注重互动及社会化搜寻策略的使用，搜寻能力突出，且付出了相当的时间和精力成本，进行了

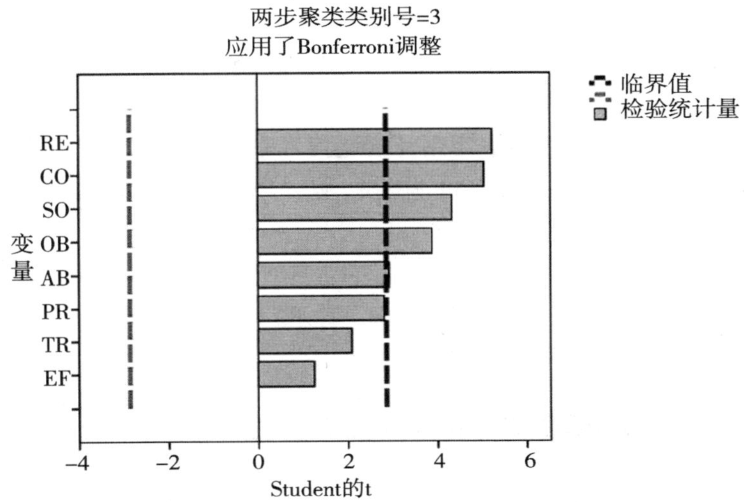

图 5-7　IN3 类的变量特征——互动性强

有效率的信息搜寻活动，笔者将类 IN3 命名为“活跃勤勉高效型（蜜蜂型）”。

5.3.4　基于社会化搜寻策略的消费者信息搜寻行为模式聚类

调查问卷的社会化搜寻策略量表中设置了 5 个题项，调查者在这 5 个题项上选择结果平均分的高低可以反映其社会化搜寻策略使用的程度。通过选择 SPSS 中的“重新编码为不同变量”，将均值变量 SO 重新编码，新变量的取值为很少使用、一般使用和经常使用 3 类，以重新编码的 SO 变量为分类变量进行二阶聚类，从而分析类 I “策略选择模式”中基于不同社会化搜寻策略运用的消费者信息搜寻行为的具体特征。

类 I 共 177 个样本数据，按照 3∶4∶3 的比例，通过对 SO 均值排序，找出划分区间，分别为［1～3］、［3.01～3.6］、［3.61～5］，按此区间划分为 3 类，分别赋值 1，2，3，生成新的变量命名为 rank_so，将 rank_so 作为分类变量，除 SO 以外的八个均值变量 RE、IN、AB、CO、TR、OB、EF、PR 作为连续变量进行二阶聚类。

二阶聚类结果显示，消费者的信息搜寻模式按社会化搜寻策略可以分为3类，代表着社会化搜寻策略的不同使用程度，从图5-8可以看出，1类代表很少使用社会化搜寻策略、2类代表使用程度一般、3类代表经常使用，为了行文方便，分别给以编号SO1、SO2、SO3。

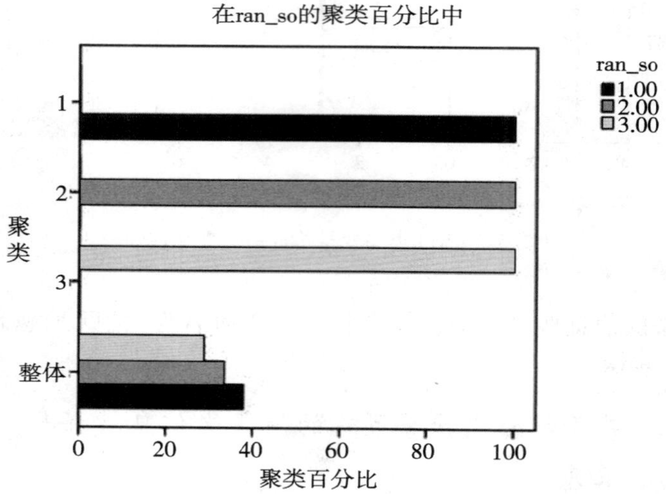

图5-8 社会化搜寻策略的不同使用程度在各聚类及样本总体中分布

5.3.4.1 SO1类(很少使用社会化搜寻策略)行为模式特征

由图5-9可知，全部变量在该类的均值都低于其总体平均水平，其中搜寻内容CO、传统搜寻策略TR两个变量具有显著性。可以认为，该类型的消费者很少使用社会化搜寻策略，因为相互之间的联系不密切，缺乏与其他成员的互动。不仅是社会化搜寻策略使用很少，传统搜寻策略的使用明显低于均值，这与该模式的消费者信息搜寻能力低不无关系。另外，信息搜寻努力少且不会针对搜寻结果再次搜寻以改善效果，尽管因搜寻过程短暂而遭遇的障碍较少，但搜寻内容仍严重匮乏，这是该类型消费者最为突出的特征之一。

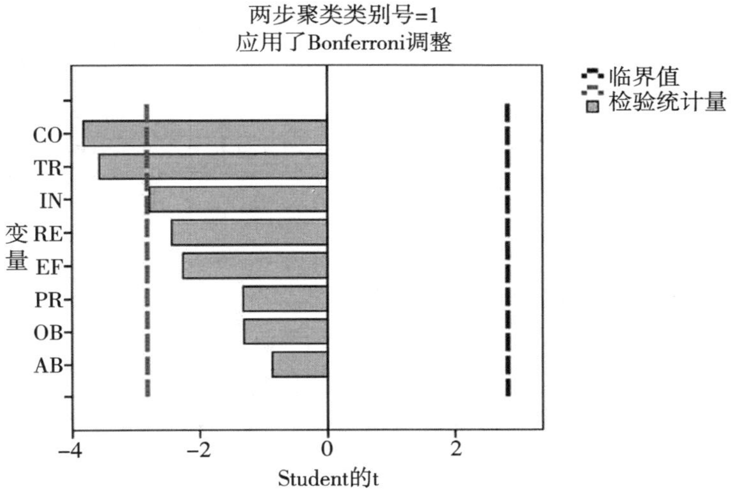

图 5-9　SO1 类变量特征——很少使用社会化搜寻策略

此类搜寻行为模式中消费者能力平庸，搜寻策略缺乏，不善于利用社会化媒体的关系和互动，没有为信息搜寻投入努力，往往一无所获。于是将类 SO1 命名为“不劳无获型”。

5.3.4.2　SO2 类(社会化搜寻策略的使用一般)行为模式特征

图 5-10 中除传统搜寻策略 TR 高于总体均值，但未达显著性之外，其余变量均低于总体均值，其中搜寻能力 AB 达到显著性。可以认为，该类型的消费者之间注重传统搜寻策略的使用，同时对社会化搜寻策略也有一定程度的运用，但搜寻能力显著欠佳，关系松散或关系类型单一，互动交流很少，信息搜寻的努力程度偏低，搜寻过程中遇到的障碍较少，搜寻效果不佳，搜寻内容较少，也较少进行进阶搜寻。

此类搜寻行为模式中，消费者搜寻能力不济，虽然注重搜寻策略的使用，但和 SO1 类似，互动性不强，信息搜寻活动不活跃，难以实现其搜寻目标，这类模式与 Lin 提出的迷失型信息搜寻模式类似，都遇到无法解决的信息问题，于是将类 SO2 命名为“无所适从型”。

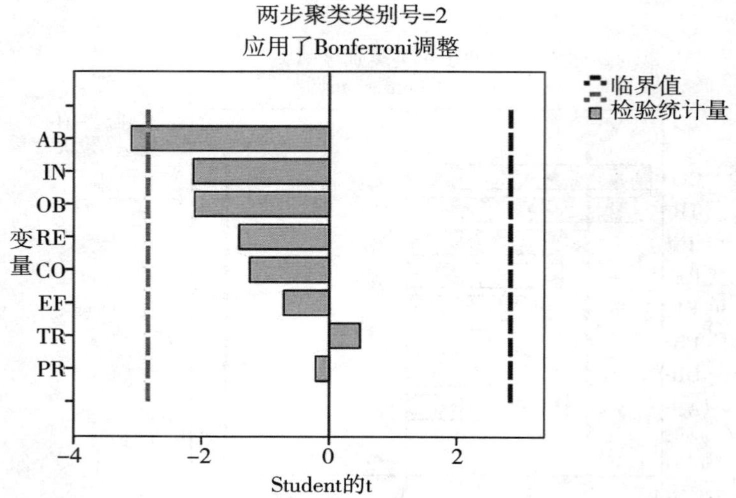

图 5-10　SO2 类变量特征——社会化搜寻策略的使用

5.3.4.3　SO3 类(经常使用社会化搜寻策略)行为模式特征

由图 5-11 可知，全部变量在该类的均值都高于其总体平均水平，其中搜寻内容 CO、互动 IN、搜寻能力 AB、传统搜寻策略

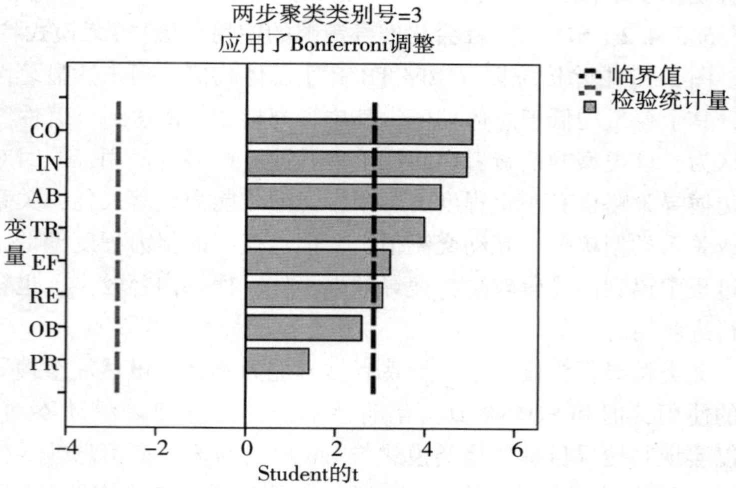

图 5-11　SO3 类变量特征——社会化搜寻策略使用得多

TR、搜寻努力程度 EF、关系 RE 四个变量具有显著性。可以认为，该类型的消费者善于使用社会化搜寻策略和传统搜寻策略，对于策略的选择和使用更加得心应手，成员之间的联系紧密，形成了各种各样的关系，互动交流频繁，具有较高的信息搜寻能力，能够专注于搜寻，付出的搜寻努力较大，搜寻活动活跃，持续的进阶搜寻高于均值水平。尽管搜寻过程中遇到来自搜寻系统(包括其他用户)的障碍也较多，但搜寻内容丰富全面，能够满足消费者个性化即时性的信息需求。

此类搜寻行为模式的消费者在社会化媒体平台信息搜寻的过程中拥有较高的自由度并表现出较强动态性，信息搜寻策略使用灵活，运用自如，互动性较强，搜寻过程具有持续性，获得了很好的搜寻效果，于是将类 SO3 命名为“足智多谋型”。

5.4　结论分析

本书所归纳的社会化媒体环境下消费者信息搜寻行为模式见表 5-14。

表 5-14　**社会化媒体环境下消费者信息搜寻行为模式**

<table>
<tr><th>研究</th><th>基本模式</th><th>深入研究</th><th>信息搜寻行为模式</th></tr>
<tr><td rowspan="7">基于所有变量的聚类</td><td rowspan="6">策略选择型</td><td rowspan="3">基于互动变量的聚类</td><td>封闭劳而无获型(黄牛型)</td></tr>
<tr><td>开放机巧获利型(狐狸型)</td></tr>
<tr><td>活跃勤勉高效型(蜜蜂型)</td></tr>
<tr><td rowspan="3">基于社会化搜寻策略变量的聚类</td><td>不劳无获型</td></tr>
<tr><td>无所适从型</td></tr>
<tr><td>足智多谋型</td></tr>
<tr><td>快速扫描型</td><td colspan="2">—</td></tr>
</table>

通过两个层次的聚类分析，既归纳了不同的信息搜寻行为模式，同时也揭示了不同信息搜寻行为模式各要素之间隐藏的共同规

律。主要研究结论如下：

①通过对所有研究变量的聚类分析，归纳出社会化媒体环境下两种信息搜寻行为模式：第Ⅰ类为策略选择型搜寻模式，第Ⅱ类为快速扫描型搜寻模式。两种模式的基本变量特性完全对立，策略选择型模式下所有变量测定值均高于总体均值，而快速扫描型模式下所有变量测定值均低于总体均值。策略选择型模式中，策略、努力和关系的高测定值作为主导因素正向影响了消费者信息搜寻，而快速扫描型模式中，关系、内容和策略的低测定值作为主导因素负向影响了消费者信息搜寻。策略选择型搜寻模式是社会化媒体环境下消费者信息搜寻行为的典型模式，其样本基数大，具有深入聚类分析的必要性和可行性。

②互动和社会化搜寻策略能充分体现社会化媒体的特征，选择这两个变量作为进一步聚类分析的分类变量，将有利于挖掘社会化媒体环境下消费者信息搜寻不同于传统网络环境的行为规律。

③以互动为分类变量，对策略选择型搜寻模式进行深入分析，归纳出三种不同的信息搜寻模式，分别为封闭劳而无获型，对应着互动性弱；开放机巧获利型，对应着一般关系；活跃勤勉高效型，对应着互动性强。互动是社会化媒体的要素之一，以互动作为分类变量，能够更好地揭示互动对于消费者信息搜寻行为的影响。从聚类结果来看，互动性的强弱直接影响了搜寻过程和搜寻效果。互动越频繁，信息搜寻活动就越活跃，信息搜寻的效果越好。

④以社会化搜寻策略为分类变量，对策略选择型搜寻模式进行深入分析，归纳出三种不同的信息搜寻模式，分别为足智多谋型，对应着经常使用社会化搜寻策略；纸上谈兵型，对应着社会化搜寻策略使用程度一般；不劳无获型，对应着较少使用社会化搜寻策略。从聚类结果来看，社会化搜寻策略的使用直接影响搜寻过程和搜寻效果。社会化搜寻策略使用越多，信息搜寻活动就越活跃，信息搜寻的效果越好。

⑤就社会化媒体环境的关系和互动要素而言，在所有的行为模式中，关系和互动均呈同向变化，且关系高于均值，则互动更大程度地高于均值，反之亦然，有效证实了互动以关系为基础，关系影

响互动。

⑥就信息搜寻主客体要素的相互作用而言，搜寻能力和搜寻内容也呈现同向变化，如前文分析，搜寻内容可以两种理解，可反映信息需求，亦可反映搜寻效果，也就意味着，搜寻能力强，信息需求高，或是搜寻到的内容多，说明了消费者的信息搜寻能力在其信息搜寻中的重要性。

⑦就搜寻策略的使用而言，传统搜寻策略和社会化搜寻策略呈同向变化，尽管如此，在大多数的行为模式中，传统搜寻策略的使用仍多于社会化搜寻策略，这与消费者的搜寻偏好相关。但社会化搜寻策略的运用意味着更好搜寻效果，因为在社会化搜寻策略使用多于传统搜寻策略的行为模式中(如 RE1、RE2)，搜寻内容变量均高于总体均值。

⑧尽管在不同的信息搜寻行为模式中，进阶搜寻的程度会有所不同，但均未达显著性，这就意味着，对消费者而言，购前的信息搜寻是必要的，而购后的进阶搜寻则显得不太重要。消费者的信息搜寻往往是针对新出现的问题，而非延续或完善已经完成的信息搜寻。但是，研究发现，消费者的进阶搜寻与搜寻障碍相关，在搜寻障碍较多的情况下，消费者更倾向于进阶搜寻。因为在所有的行为模式中，进阶搜寻和搜寻障碍呈同向变化。

⑨总的来说，影响社会化媒体环境下消费者信息搜寻行为模式划分的首要的因素是关系的层次、互动的程度、采用的搜寻策略以及具备的搜寻能力，其次是搜寻内容、搜寻努力程度和搜寻障碍，进阶搜寻对消费者信息搜寻行为模式划分的影响最小。

5.5　本章小结

社会化媒体环境下消费者的信息搜寻行为模式呈现多元化的发展趋势，本章尝试归纳了几种信息搜寻行为模式，并分析了各类型行为模式的不同特征，以及不同行为模式的共同规律，可以为企业或社会化媒体平台准确把握消费者的信息搜寻行为特征，合理配置网络资源、完善各项功能提供理论指导。

本章虽然突破性地将消费者信息搜寻行为模式的划分置于社会化媒体环境下，但仍没有突破现有研究忽略偏好、感情、信任、知识领域、认知风格等认知因素对信息搜寻行为影响的局限，归纳的信息搜寻行为模式仅能描述消费者信息搜寻的外在行为，是为研究的缺憾。

本章综合考虑了信息搜寻行为的各个要素，包括主体、客体、环境和搜寻活动本身，下一章将对信息搜寻行为的效果，即信息搜寻效率展开定量研究。

第6章　社会化媒体环境下消费者信息搜寻效率

微博、SNS、问答社区等新兴社会化媒体平台的出现，给用户带来更多的搜寻渠道和搜寻策略选择，但由于UGC激励了消费者的参与度和互动性，社会化媒体平台生产了宏大的信息量，加上无数网民生产的信息碎片，以及误导性的评论、推荐和转发行为导致低价值信息的大量存在，所以消费者面临着更为严重的信息过剩和无用信息问题，这给消费者的信息搜寻制造了难度和风险。Blogger的创始人，前Twitter的CEO，Evan Williams曾经发出过这样的质询："当我们大步迈进了低门槛分享内容的时代时，在提高内容质量上的进展似乎很小。在质量和数量成反比的信息过剩时代，我们如何才能定位到最有价值的内容呢?"

Bruce Croft，W. 认为，社会化搜寻是所有有利于信息搜寻与意义建构的社会化交互和合作，包括社会网络和专家系统的运用、社会化数据的挖掘和群体智慧等所有能够提高搜寻效率的行为①。在他的定义中，社会化搜寻被视为能够提高搜寻效率一种搜寻模式。第5章对消费者信息搜寻行为模式的研究结论也指出，社会化搜寻策略会带来高效的信息搜寻。但前文的研究是基于消费者的调查问卷，难以避免主观判断的偏失，且研究难以深入。社会化搜寻效率高于传统网络搜寻的研究假设亟待运用更为客观有效的研究方法加以检验。

---

① Brynn M. Evans, Sanjay Kairam, Peter Pirolli. Do Your Friends Make You Smarter?: An Analysis of Social Strategies in Online Information Seeking[J]. *Information Processing and Management*, 2010(46): 679-692.

Nachmias 和 Gilad（2002）在针对网络信息搜寻策略的研究中发现，最没效率的策略是搜索引擎策略，而最有效的策略是浏览策略①。他们的研究仅比较了传统网络环境下的 3 种策略：搜索引擎策略、浏览策略和直接接触策略。而社会化媒体环境中消费者信息搜寻的策略更为丰富，不同搜寻策略的搜寻效率成为一个新的研究问题。

本章主要围绕上述两个研究问题展开：①在社会化媒体环境下，消费者的信息搜寻效率是否优于传统网络环境？②不同搜寻策略的搜寻效率差异性如何？具体研究思路是：设定不同难度级别的搜寻任务，选择具有代表性的传统网络平台和社会化媒体平台开展信息搜寻实验，通过对信息搜寻实验结果中数量和质量指标数据的分析，从搜索、浏览、追踪、偶遇、询问 5 种信息搜寻模式的视角对社会化媒体与传统网络环境下的消费者信息搜寻效率，以及不同社会化搜寻策略的搜寻效率进行全面深入的比较研究，为消费者以最省力和最有效的方式获取最有价值的信息提供一些实践指导。

6.1 信息搜寻效率及其评价

效率是指最有效地使用社会资源以满足人类的愿望和需要，搜寻效率便是最有效地进行搜索行为来满足消费者的信息需求。有效的搜寻行为是指尽可能地花费少的搜寻成本，获取尽可能多的搜寻收益。这意即搜寻效率指搜寻主体实施搜寻行为的“成本—收益”。

目前基于社会化媒体环境的搜索效率评价的研究成果极少，而将搜索策略加以延伸，全面考察不同搜寻策略的效率更是一个崭新的研究领域。传统网络环境下的搜索效率评价的研究成果较多，提出了不同的效率评价指标。Su Louise T.，Chen Hsin-liang 和 Dong Xiaoying 在 Web 搜索引擎评价实践中运用了一个全面系统的搜索引

① Nachmias, R., Gilad, A. Needle in a Hyper Stack: Searching for Information on the World Wide Web [J]. *Journal of Research Technology in Education*, 2002, 34(4): 475-486.

擎绩效评价指标体系，包括相关性、效率、效用、用户满意度和连接性 5 个评价指标①。Spink Amanda，Park Minsoo 和 Koshman Sherry 提出以用户为中心的评价方法，包括有效性和可用性②。可见，目前搜寻效率评价尚无权威标准，社会化媒体环境下搜寻效率的评价更要在传统网络搜索评价指标体系的基础上，视具体的研究问题加以创造性的理论探索。

本章的效率评价从搜寻效率的定义出发，搜寻收益用查找资源数或利用资源数来度量，搜寻成本的科学指标是信息搜寻时间，它比信息搜寻次数更直接、更明确。为了使研究问题简化，对所有的搜寻实验限定时间。当时间成本为常量时，搜寻效率的决定指标即为搜寻收益。考虑到社会化媒体环境的复杂性及实验条件所限，希望确定的评价指标尽可能简洁，将沿用早期网络环境搜索评价研究的两个核心指标：查全率和查准率。然而，随着社会化媒体的兴起，面对海量信息和同样海量的检索结果，查全率作用已慢慢变小，而且查准率也逐步演化为其他相关指标③。

本章对消费者信息搜寻效率评价从数量和质量两个维度进行。其中数量是查全率的变体，指用户搜寻所需特定信息的结果总数和实际上有效的结果数量，而质量是由查准率演变而来，指用户获得的所需要的特定信息的准确性，即有效结果数占总结果数的比例，直接体现了信息的效用性与用户信息需求的满足程度。

社会化媒体环境下消费者信息搜寻策略包括搜索、浏览、追踪、偶遇和询问，对于不同搜寻策略，其效率评价的具体指标

① Su L. T.，Chen Hsin-liang，Dong Xiaoying. Evaluation of Web-based Search Engines from the End-user's Perspective：A Pilot Study [C]. Pittsburgh：Proceedings of the 61st Annual Meeting of the American Society for Information Science，1998：348-361.

② Spink Amanda，Park Minsoo，Koshman Sherry . Factors of Fecting Assigned Information Problem Ordering During Web Search：An Exploratory Study [J]. *Information Processing and Management*，2006，(42)：1366-1378.

③ 马志杰．国外搜索引擎评价研究综述[J]. 图书馆学研究，2013(2)：2.

如下：

①搜索策略搜寻效率评价指标：用户利用搜索策略搜寻所需特定信息获得的结果总数和有效结果数量，以及搜索结果的准确性，即搜索结果有效率。

②浏览策略搜寻效率评价指标：用户浏览搜寻特定信息获得的结果总数和有效结果数量，以及浏览结果的准确性，即浏览结果有效率。

③询问策略搜寻效率评价指标：用户针对特定信息提问获得的答案总数、有效答案数以及答案有效率。

④追踪策略搜寻效率评价指标：用户追踪获得的结果数量，以及追踪结果数占总搜寻结果数的比例。

⑤偶遇策略搜寻效率评价指标：用户偶遇获得的结果数量，以及偶遇结果数占总搜寻结果数的比例。

6.2 实验研究设计

针对社会化媒体环境下消费者信息搜寻的搜索、浏览、询问、追踪、偶遇 5 种策略设计实验。

浏览和偶遇是间接搜寻策略，目的性不强，而搜索和追踪目标明确。搜索、浏览、追踪和偶遇是同样适用于传统网络环境和社会化媒体环境的信息搜寻策略。现有研究认为被动搜寻策略(追踪和偶遇)处于用户信息搜寻的辅助地位，因此关注较少。然而，追踪和偶遇在社会化媒体环境下的重要性上升，开展针对性的研究不但可以进一步理解社会化的信息搜寻行为，同时也可改进功能设计从而引导消费者更有效地搜寻信息提供新的思路。目前，一些网站已经有意识地增强了这方面的功能设置，如网易的聚合阅读、淘宝等电商平台为买家提供的“猜你喜欢”等，均能更大程度地满足消费者对追踪和偶遇的要求。

由于追踪是指围绕消费者感兴趣的商家、商品或人，然后通过朋友推荐或系统推送获得信息，而偶遇既不是计划内的，也不是预料之中的，当用户并不是有意要查找某信息时，却偶然获得了该信息。因此在严格的实验条件下无法成功地激发用户的信息追踪和偶遇，所以本实验从搜索、浏览和询问三个方面设计实验，将追踪和偶遇穿插在浏览实验中，根据用户浏览实验中所提供的数据与实验任务相关度分析追踪和偶遇现象。

当然，在搜索、询问策略中也有追踪和偶遇现象，但考虑到实验的时间和研究精力，不能对所有情况下的追踪和偶遇进行研究，更为重要的是，结合对信息追踪和偶遇的相关研究，可以认为，相对于直接定向的搜索行为，间接无向的浏览给被动信息搜寻行为的发生提供了更为充分的条件，因此，本实验只选取其中具有典型研究价值的浏览策略中的追踪和偶遇来加以研究。

询问产生于社会化媒体的关系和互动，带有最为显著的社会化媒体的烙印，将同搜索、浏览一样，单独进行搜寻实验。

6.2.1　实验平台

①搜索实验平台首先考虑选择一个社会化搜索引擎和一个传统搜索引擎。但由于搜索引擎的社会化发展趋势，难以找到严格意义上的非社会化搜索引擎。所以调整实验设计思路，选择了搜索引擎有道和谷歌。谷歌提供了一种在自己的社会圈子里进行搜索的途径，社会化程度高，而有道搜索的社会化程度相对较低。采用的研究方法是对比较两个搜索引擎中搜索结果的社会性来源和非社会性来源的数量，而不是两个搜索引擎搜索结果的数量，这样实验结果对平台选择的依赖性降低。

②浏览实验选择了淘宝网和蘑菇街，淘宝网是亚太地区最大的网络零售商圈，是典型的传统浏览购物平台，蘑菇街是目前国内最具人气的女性分享导购社区，每天有几百万网友在这里自由地交流时尚、购物的话题，相互分享、相互帮助，发现折扣，享受优惠，是最具代表性的社会化浏览购物平台。因此选择淘宝网和蘑菇街进行浏览实验。

③询问实验选择了国内最主要的问答社区平台，包括搜搜问问、百度知道、天涯问答、奇虎问答、雅虎知识堂、新浪爱问。搜搜问问是腾讯提供的问答互动平台，提问可以在用户 QQ 上显示出

来，信息提示方便；百度知道最大特点在于和搜索引擎的结合，让用户所拥有的隐性知识显性化，同时实现搜索引擎的社区化；天涯问答是由谷歌和天涯社区联合开发的网友互助问答社区；奇虎问答收录了中国优质的微信息内容，还提供手机问答；雅虎知识堂互动问答信息服务平台能将社群互动的知识内容保存，并提供历史问答的搜寻；新浪爱问采用了目前最为领先的智慧型互动搜索技术。

上述平台各具特质，全面选取以上 6 个典型的问答社区作为询问搜寻策略效率研究的平台，将使研究结果更具科学性。当然每个实验者只需根据实验设计者的安排使用其中的一个平台进行询问实验。

6.2.2 实验任务

为了更为全面有效地进行评价，本章对实验任务依难易程度进行了分解。Bystrom 提出，搜寻任务按照搜索任务的感知难易程度可以划分为高难度、普通难度和低难度①。Kim 等人②将搜寻任务从易到难划分为事实性任务、解释性任务和探索性任务，其中事实性任务难度最低，重在对客观存在的事实信息的搜索，如对人名、地点、历史事件等的搜索，搜索结果呈现出封闭的结构，即是客观的；解释性任务难度较大，重在对信息的理解和归纳，它要求的智力比事实性任务高，其搜索结果具有一定的开放性；探索性任务难度最大，重在根据一定的客观条件要求进行分析和推理，找到符合要求的答案，其搜索结果是开放的，具有很大的主观性。

实验任务的设计要使不同难易程度的三类任务在每个实验平台上都具有可操作性，确定实验任务如表 6-1 所示。

---

① Bystrom, K. Information and Information Sources in Tasks of Varying Complexity [J]. *Journal of the American Society for Information Science and Technology*, 2002, 53(7): 581-591.

② Kim, J. Describing and Predicting Information-Seeking Behavior on the Web[J]. *Journal of American Society for Information Science and Technology*, 2009, 60(4): 679-693.

表 6-1　　　　　　　　消费者信息搜寻实验任务

任务类型	任 务 说 明
事实性任务	任务背景：你最近想买双适合郊游的运动鞋，在路上看到有位路人穿着下图中的这双新百伦 996，你很喜欢，也想买一双，想知道这双鞋的款号  任务要求：查找图中这双鞋的款号
解释性任务	任务背景：拍立得相对于其他相机有着它独特的魅力，不少人会在它拍出来的相片四周白框涂鸦写字，用来记录人生 任务要求：富士 mini7s(蓝色)的价格浮动多大
探索性任务	任务背景：正处于毕业找工作阶段的你，最近接到了银行的面试通知，要求穿正装，你还缺一件比较正式的西装上衣 任务要求：请找一件适合参加面试穿的西装上衣

不同搜寻策略的具体测量指标以及相应的提交实验结果说明如表 6-2 所示：

表 6-2　　　　　　实验评价指标及实验结果提交说明

搜寻策略	测量指标		提交实验结果说明
	数量	质量	
搜索	搜索结果数量		搜索结果前三页中符合实验任务要求的搜索结果网址

续表

<table>
<tr><th rowspan="2">搜寻策略</th><th colspan="3">测量指标</th><th rowspan="2">提交实验结果说明</th></tr>
<tr><th colspan="2">数量</th><th>质量</th></tr>
<tr><td>浏览</td><td colspan="2">收藏(喜欢)数量</td><td>收藏(喜欢)与实验任务相关度</td><td>所有“收藏夹”和“喜欢”中新增的商品清单截图，说明对应商品的“收藏”或“喜欢”原因为 a(符合实验任务要求)的商品</td></tr>
<tr><td>询问</td><td>答案数</td><td>有效答案数</td><td>答案有效率</td><td>所提问题的网址</td></tr>
<tr><td>追踪</td><td colspan="2">与浏览任务相关商品数量</td><td>追踪所占比例</td><td>在浏览实验中，说明对应商品的“收藏”或“喜欢”原因为 b(与实验任务相关的感兴趣的其他商品)的商品</td></tr>
<tr><td>偶遇</td><td colspan="2">与浏览任务相关商品数量</td><td>偶遇所占比例</td><td>在浏览实验中，说明对应商品的“收藏”或“喜欢”原因为 c(与实验任务无关的感兴趣的其他商品)的商品</td></tr>
</table>

6.2.3 实验人员

用户的性别、年龄、社会地位、教育、专业等会对网络信息搜寻行为有一定影响，考虑到用户群的特征和方便取样，实验招募了 10 位在校大学生和 10 位非学生人员，共 20 人参加实验，为避免实验人员的搜索能力明显差异对实验结果科学性造成影响，在实验前对 20 名实验者有一定的培训和提问，其中 4 人由于搜索水平过低而被过滤掉。实验组织者于 2013 年 5 月 6 日至 5 月 19 日组织实验人员进行了实验，其中实验者实际参与并完成实验的时间约为 1～1.5 小时。实验中途 3 人因故退出，因此，最终共收集了 13 份实验样本数据，依次编号为 A～M，实验样本人口统计学特征见表 6-3。

表 6-3　**搜寻实验人员人口统计学特征**

项目	项目分类(%)
性别结构	男 38.46；女 61.54
学科背景	文科 7.69；理科 23.08；工科 46.15；商科 15.38；医科 7.69
职业结构	学生 53.85；非学生 46.15

由表 6-3 可知，样本中女性实验者高于男性，由于本实验选用了女性购物社区平台，因此女性参加实验的人数较多；在学科背景上，每种学科背景的样本都有涉及；在职业结构上，学生比例稍高。总体上，本次实验的参与者性别比例、学科背景合理，职业结构较丰富，所以本实验样本选择科学合理。

6.2.4　实验流程

实验人员在开始实验前，接受一定的搜寻能力调查和培训，过滤掉搜寻水平过低的实验者。本实验设计在搜索、浏览、询问三种策略下进行事实性、解释性、探索性三种实验任务，追踪和偶遇策略的实验研究在浏览策略下进行。

开始实验后，首先是阅读实验要求(实验流程指导见附录 E)，并在相应社会化问答平台注册账号。然后开始依次按搜索实验→浏览实验→询问实验的顺序完成三个实验任务，并记录相应实验数据，其中，浏览实验下的追踪和偶遇实验，按照浏览实验的实验要求依次记录下相应实验数据。实验完成后，将实验数据记录表通过邮件提交给实验组织者。至此，实验结束。

实验程序如图 6-1 所示。

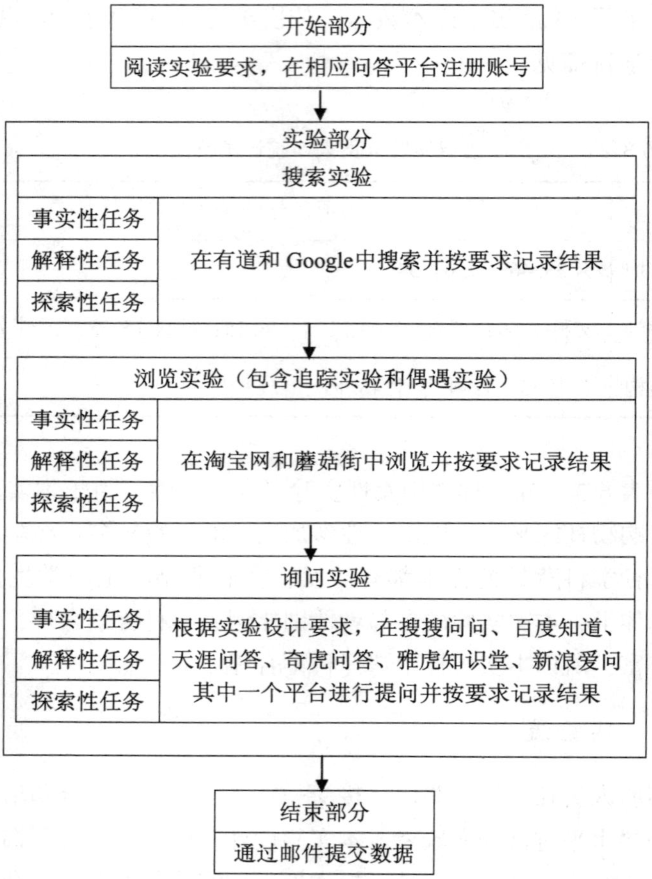

图 6-1　信息搜寻效率评价实验流程

6.3　不同任务情境下消费者信息搜寻效率

6.3.1　事实性搜寻任务

6.3.1.1　事实型搜寻任务运用搜索策略的实验结果

对实验者提交的前三页的搜索结果及其来源加以人工验证，分别计入传统网络信息来源和社会化媒体来源。例如：搜索结果来源于企业网站商品展示则计入传统网络信息来源，而搜索结果来源于美丽说分享则计入社会化媒体来源。对比传统搜索结果数量和社会化搜索结果数量来考察搜索策略的搜寻效率。该数据统计方法适用于运用搜索策略的所有搜寻任务类型。

事实型搜寻任务运用搜索策略的实验结果如表 6-4 所示：

表 6-4　　**事实性任务搜索结果比较**

实验人员 来源	A	B	C	D	E	F	G	H	I	J	K	L	M	总计	平均
传统搜索结果数量	12	14	7	8	6	17	10	10	6	10	10	10	17	137	10. 54
社会化搜索结果数量	0	1	1	3	0	4	1	0	0	2	3	0	2	17	1. 31

可以看出，事实性任务搜索结果大部分来自传统搜索来源，社会化搜索结果数量较少。在事实性搜寻任务方面，传统搜索对比社会化搜索具有明显优势，传统搜索的搜寻效率更高。

6. 3. 1. 2　事实性搜寻任务运用浏览策略的实验结果

根据实验者提供的淘宝网（或蘑菇街）的收藏夹（或喜欢）中商品的收藏（或喜欢）情况，统计淘宝网（或蘑菇街）的收藏（或喜欢）总数，将对应收藏（或喜欢）原因选择 a（符合实验任务要求）的商品数量统计为符合实验任务要求的收藏（或喜欢）数，将符合实验任务要求的收藏（或喜欢）的商品数量占该实验任务中收藏（或喜欢）的商品总数的比例计为总计收藏（或喜欢）与实验任务相关度，以此比较判断浏览策略的搜寻效率。该数据统计方法适用于运用浏览策略的所有搜寻任务类型。

事实性搜寻任务运用浏览策略的实验结果如表 6-5 所示。

淘宝网中浏览主要是通过选择所需类目，在该分类下浏览图片进行信息搜寻；而蘑菇街中浏览主要是浏览其他消费者分享的商品

表 6-5　　　　事实性任务浏览实验结果综合比较

实验人员	淘宝网			蘑菇街		
	符合实验任务要求收藏数	收藏总数	总计收藏与实验任务相关度	符合实验任务要求喜欢数	喜欢总数	总计喜欢与实验任务相关度
A	1	6		0	5	
B	1	3		0	3	
C	0	2		0	2	
D	3	8		0	6	
E	1	9		0	5	
F	1	3		0	4	
G	1	3		1	3	
H	1	3		1	3	
I	1	3		0	3	
J	2	4		2	5	
K	4	4		1	1	
L	1	3		1	5	
M	1	3		1	3	
合计	18	54	33. 33%	7	48	14. 58%

来进行信息搜寻。实验数据显示，针对事实性搜寻任务，消费者在淘宝网收藏的商品数量为 54，而在蘑菇街中喜欢的是商品数量为 48；消费者在淘宝网收藏的商品数量略大于消费者在蘑菇街喜欢的商品数量，在淘宝网收藏的商品中符合实验任务要求的商品数量为 18，大于在蘑菇街喜欢的商品数量 7，在淘宝网中收藏商品与实验任务相关度也大于在蘑菇街的相应数据。可见在事实性搜寻任务方面，传统浏览方式的信息搜寻效率比社会化浏览方式高。

6. 3. 1. 3　事实性搜寻任务运用询问策略的实验结果

询问策略搜寻实验涉及 6 个问答平台，根据实验者提供的所提问题网址人工统计各问题的答案总数，根据事实性问题答案是否正确、解释性和探索性问题答案是否与问题相关判断统计有效答案数量。答案总数和有效答案数反映了效率评价的数量和质量评价指标。该数据统计方法适用于运用询问策略的所有搜寻任务类型。

事实性任务询问实验原始数据初步整理见表 6-6：

表 6-6　　事实性任务询问实验原始数据初步整理表

实验平台	实验人员	答案总数	有效答案数
搜搜问问	A	2	1
	B	2	1
百度知道	C	2	1
	D	4	3
天涯问答	E	1	0
	F	1	1
奇虎问答	G	1	0
	H	1	1
	I	1	0
雅虎知识堂	J	0	0
	K	0	0
新浪爱问	L	2	2
	M	0	0
求和		17	10

由于询问、社会化浏览、社会化搜索都是有目的的搜寻行为，且都为社会化搜寻行为，因此询问策略的信息搜寻效率建立在与其他社会化搜寻策略对比的基础上，而不是同传统网络搜寻策略的比较。通过平均信息搜寻有效结果数和总计有效率两方面来比较询问与社会化搜索、社会化浏览的信息搜寻效率。将社会化搜索、社会化浏览中平均每人有效结果数、询问中平均每个问题有效答案数计为平均有效结果数，将各实验中每项任务有效结果总数占该项任务搜寻总结果数的比例计为总计有效率。平均有

效结果数反映了效率评价的数量评价指标，总计有效率反映了效率评价的质量指标。

事实性任务询问搜寻策略同其他主动社会化搜寻策略的效率比较见表6-7：

表6-7 **事实性任务运用不同社会化搜寻策略的效率比较**

项目	结果总数	有效结果总数	平均有效结果数	总计有效率
社会化搜索	17	6	0.46	35.29%
社会化浏览	48	7	0.54	14.58%
询问	17	10	0.77	58.82%

可以看出，事实性搜寻任务运用询问策略的平均有效结果数最高，为0.77，社会化浏览和社会化搜索的平均有效结果数相近。总计有效率最高的也是询问策略，其总计有效率为58.82%，而社会化搜索的总计有效率高于社会化浏览。因此，消费者运用询问策略解决事实性信息需求的效率最高，其次是社会化搜索，而社会化浏览的信息搜寻效率最低。

6.3.1.4 事实性搜寻任务中追踪现象的数据分析

本实验在浏览实验下研究追踪现象，要求实验者在浏览过程中搜寻实验任务规定的商品的同时记录追踪现象的发生。追踪得到的信息是与已有的信息需求相关的，在淘宝网中通过“猜你喜欢”等系统推送获得信息，或是消费者根据感兴趣的品牌或关注的明星达人进一步挖掘获得的信息都属于追踪现象。

实验组织者在浏览实验得到的实验结果中，对应收藏(或喜欢)原因为b(与实验任务相关的感兴趣的其他商品)的商品计为追踪商品数量，并且实验组织者对收藏的内容和实验任务之间的相关性加以甄别，以排除实验者主观认识上的误差。例如：实验者A在淘宝网搜寻实验任务要求的新百伦鞋时，收藏了一双其他款式的新百伦鞋，则将该鞋计入追踪商品中。实验从追踪商品数量和总追踪商品所占比例出发，来考察追踪策略的搜寻效率。该数据统计方法适用于运用追踪策略的所有搜寻任务类型。

事实性搜寻任务发生追踪现象的数据分析如表 6-8 所示：

表 6-8　　事实性任务追踪现象数据分析

实验人员	淘宝网			蘑菇街		
	追踪商品数量	收藏总数	追踪商品所占比例	追踪商品数量	喜欢总数	追踪商品所占比例
A	3	6		5	5	
B	1	3		2	3	
C	2	2		2	2	
D	5	8		6	6	
E	3	9		1	5	
F	2	3		3	4	
G	1	3		0	3	
H	1	3		1	3	
I	2	3		3	3	
J	1	4		2	5	
K	0	4		0	1	
L	1	3		2	5	
M	2	3		1	3	
合计	24	54	44. 44%	28	48	58. 33%

可以看出，社会化浏览中出现追踪现象数量合计为 28，而传统浏览中为 24，社会化浏览中出现追踪现象数量比传统浏览中多。社会化浏览策略追踪商品数量所占比例为 58. 33%，而传统浏览策略为 44. 44%，社会化浏览策略追踪商品数量所占比例大于传统浏览策略。由此说明，在事实性搜寻任务方面，社会化浏览策略比传统浏览策略发生追踪现象的概率更大。

6. 3. 1. 5　事实性任务中偶遇现象的数据分析

本实验在浏览实验下研究偶遇现象，要求实验者在浏览过程中搜寻实验任务规定的商品同时记录偶遇现象的发生。偶遇得到的信息是随机的，在浏览过程中无意间获得的与实验任务完全无关的商品就是偶遇现象。

实验组织者在浏览实验得到的实验结果中，将收藏(喜欢)原因为c(与实验任务无关的感兴趣的其他商品)计为偶遇商品数量，并且实验组织者对收藏的内容和实验任务之间的相关性加以甄别，以排除实验者主观认识上的误差。例如：实验者A在淘宝网搜寻实验任务要求找的新百伦鞋时，收藏了一件T恤，则将该T恤计入偶遇商品中。实验从偶遇商品数量和偶遇商品所占比例出发，来考察偶遇策略的搜寻效率。该数据统计方法适用于运用偶遇策略的所有搜寻任务类型。

事实性搜寻任务发生偶遇现象的数据分析如表6-9所示：

表6-9 事实性任务偶遇现象数据分析

实验人员	淘宝网			蘑菇街		
	偶遇商品数量	收藏总数	偶遇商品数量所占比例	偶遇商品数量	喜欢总数	偶遇商品数量所占比例
A	2	6		0	5	
B	1	3		1	3	
C	0	2		0	2	
D	0	8		0	6	
E	5	9		4	5	
F	0	3		1	4	
G	1	3		2	3	
H	1	3		1	3	
I	0	3		0	3	
J	1	4		1	5	
K	0	4		0	1	
L	1	3		2	5	
M	0	3		1	3	
合计	12	54	22.22%	13	48	27.08%

可以看出，社会化浏览中出现偶遇现象数量为 13，传统浏览中为 12，社会化浏览中出现偶遇现象数量比传统浏览中多。社会化浏览策略偶遇商品数量所占比例为 27.08%，传统浏览策略为 22.22%，社会化浏览策略偶遇商品数量所占比例大于传统浏览策略。由此说明，在事实性搜寻任务方面，社会化浏览策略比传统浏览策略发生偶遇现象的概率更大。

6.3.2　解释性搜寻任务

6.3.2.1　解释性搜寻任务运用搜索策略的实验结果

从表 6-10 可知，解释性搜寻任务的传统搜索结果数量和社会化搜索结果数量都明显高于事实性任务。但传统搜索结果数量约是社会化搜索结果数量的 10.4 倍。因此，在解释性搜寻任务方面，传统搜索比社会化搜索信息搜寻效率高。

表 6-10　**解释性任务搜索结果比较**

实验人员 / 来源	A	B	C	D	E	F	G	H	I	J	K	L	M	总计	平均
传统搜索结果数量	30	22	14	37	24	10	26	7	26	32	26	40	28	294	24.77
社会化搜索结果数量	3	3	0	4	1	2	2	1	7	2	2	2	2	31	2.38

6.3.2.2　解释性搜寻任务运用浏览策略实验结果

从表 6-11 可知，消费者在蘑菇街找到喜欢的商品数量略多于淘宝网，但消费者在淘宝网收藏符合实验任务要求的商品数量大于蘑菇街，在淘宝网中收藏商品与实验任务相关度大于蘑菇街。因此，在解释性搜寻任务方面，传统浏览策略的信息搜寻效率大于社会化浏览策略。

表 6-11　　解释性任务浏览实验结果综合比较

实验人员	淘宝网			蘑菇街		
	符合实验任务要求收藏数	收藏总数	总计收藏与实验任务相关度	符合实验任务要求喜欢数	喜欢总数	总计喜欢与实验任务相关度
A	1	6		1	6	
B	1	2		1	2	
C	1	2		2	2	
D	8	10		4	10	
E	3	11		1	9	
F	1	4		0	5	
G	1	2		1	6	
H	1	3		1	3	
I	1	3		0	3	
J	2	3		3	3	
K	4	4		2	4	
L	1	3		1	4	
M	1	3		0	2	
合计	26	56	46. 43%	17	59	28. 81%

6. 3. 2. 3　解释性任务运用询问策略的实验结果

解释性任务询问实验原始数据初步整理见表 6-12：

表 6-12　　解释性任务询问实验数据初步整理

实验平台	实验人员	答案总数	有效答案数
搜搜问问	A	2	2
	B	3	2
百度知道	C	1	1
	D	1	1

续表

实验平台	实验人员	答案总数	有效答案数
天涯问答	E	1	0
	F	0	0
奇虎问答	G	1	1
	H	3	2
	I	1	1
雅虎知识堂	J	1	1
	K	1	1
新浪爱问	L	1	1
	M	1	1
求和		17	14

解释性任务询问搜寻策略同其他主动社会化搜寻策略的效率比较见表 6-13：

表 6-13　**解释性任务运用不同社会化搜寻策略的效率比较**

项目	结果总数	有效结果总数	平均有效结果数	总计有效率
社会化搜索	31	31	2. 38	100%
社会化浏览	59	17	1. 31	28. 81%
询问	17	14	1. 08	82. 35%

可以看出，解释性搜寻任务运用社会化搜索策略的平均有效结果数最多，为 2. 38，其次是社会化浏览策略为 1. 31，最后是询问策略为 1. 08。结果总计有效率最高的是社会化搜索策略，其次是询问策略，最后是社会化浏览策略。可见，在解释性任务方面，社会化搜索的平均有效结果数和总计有效率都最高，因此在解释性搜寻任务方面，社会化搜索的消费者信息搜寻效率最高。社会化浏览的平均有效结果数

虽然比询问多，但相差不大，而询问的总计有效率为 82.35%，远高于社会化浏览的总计有效率 28.81%，由此判断，在解释性搜寻任务方面，询问的消费者信息搜寻效率高于社会化浏览。

6.3.2.4 解释性任务中追踪现象的数据分析

从表 6-14 可知，社会化浏览中出现追踪现象数量为 22，而传统浏览中为 20，社会化浏览中出现追踪现象数量比传统浏览中多。社会化浏览策略追踪商品数量所占比例为 37.29%，传统浏览策略为 35.71%，社会化浏览策略追踪商品数量所占比例大于传统浏览策略。由此说明，在解释性搜寻任务方面，社会化浏览策略比传统浏览策略发生追踪现象的概率更大。

表 6-14 **解释性任务追踪现象数据分析**

实验人员	淘宝网			蘑菇街		
	追踪商品数量	收藏总数	追踪商品所占比例	追踪商品数量	喜欢总数	追踪商品所占比例
A	4	6		3	6	
B	0	2		0	2	
C	1	2		0	2	
D	2	10		6	10	
E	2	11		3	9	
F	3	4		1	5	
G	1	2		1	6	
H	1	3		1	3	
I	2	3		3	3	
J	1	3		0	3	
K	0	4		2	4	
L	1	3		1	4	
M	2	3		1	2	
合计	20	56	35.71%	22	59	37.29%

6.3.2.5　解释性任务中偶遇现象的数据分析

从表 6-15 可知，社会化浏览中出现偶遇现象数量为 20，而传统浏览为 10，社会化浏览中出现偶遇现象数量比传统浏览中多。社会化浏览策略偶遇商品数量所占比例为 33.90%，传统浏览策略为 17.86%，社会化浏览策略偶遇商品数量所占比例大于传统浏览策略。由此说明，在解释性搜寻任务方面，社会化浏览策略比传统浏览策略发生偶遇现象的概率更大。

表 6-15　　　　解释性任务偶遇现象数据分析

实验人员	淘宝网			蘑菇街		
	偶遇商品数量	收藏总数	偶遇商品数量所占比例	偶遇商品数量	喜欢总数	偶遇商品数量所占比例
A	1	6		2	6	
B	1	2		1	2	
C	0	2		0	2	
D	0	10		0	10	
E	6	11		5	9	
F	0	4		4	5	
G	0	2		4	6	
H	1	3		1	3	
I	0	3		0	3	
J	0	3		0	3	
K	0	4		0	4	
L	1	3		2	4	
M	0	3		1	2	
合计	10	56	17.86%	20	59	33.90%

6.3.3 探索性搜寻任务

6.3.3.1 探索性任务运用搜索策略的实验结果

从表 6-16 可知，探索性任务的传统搜索结果数量和社会化搜索结果数量之间差距较小，传统搜索结果数量约为社会化搜索结果数量的 4.5 倍。与另两种类型的搜寻任务一样，在探索性搜寻任务方面，传统搜索的搜索效率依旧比社会化搜索高。

表 6-16　　探索性任务搜索结果比较

实验人员 / 来源	A	B	C	D	E	F	G	H	I	J	K	L	M	总计	平均
传统搜索结果数量	13	11	10	14	15	18	17	9	4	14	16	8	16	165	12.69
社会化搜索结果数量	3	2	6	1	0	3	2	0	14	0	2	0	4	37	2.85

6.3.3.2 探索性任务运用浏览策略的实验结果

从表 6-17 可知，探索性搜寻任务的信息搜寻结果数量多于前两种类型任务。消费者在蘑菇街找到喜欢的商品数量略多于淘宝网，但消费者在淘宝网收藏的商品中符合实验任务要求的商品数量大于在蘑菇街中喜欢的商品数量，在淘宝网中收藏商品与实验任务相关度大于在蘑菇街中喜欢的商品与实验任务相关度。因此，对探索性搜寻任务而言，虽然社会化浏览策略可以获得更多的搜寻结果，但其搜寻有效率低于传统浏览方式。

6.3.3.3 探索性任务运用询问策略的实验结果

探索性任务询问实验原始数据初步整理见表 6-18。

表 6-17　　　　探索性任务浏览实验结果综合比较

实验人员	淘宝网			蘑菇街		
	符合实验任务要求收藏数	收藏总数	总计收藏与实验任务相关度	符合实验任务要求喜欢数	喜欢总数	总计喜欢与实验任务相关度
A	3	7		2	6	
B	1	3		3	8	
C	3	3		2	6	
D	5	11		6	11	
E	2	8		2	8	
F	5	7		0	5	
G	5	5		1	4	
H	3	3		1	4	
I	3	3		2	3	
J	1	4		1	4	
K	3	4		0	3	
L	1	4		1	4	
M	3	3		3	5	
合计	38	65	58.46%	24	71	33.80%

表 6-18　　　　探索性任务询问实验数据初步整理

实验平台	实验人员	答案总数	有效答案总数
搜搜问问	A	2	2
	B	0	0
百度知道	C	3	3
	D	3	3
天涯问答	E	2	2
	F	1	1
奇虎问答	G	1	1
	H	13	11
	I	1	1

续表

实验平台	实验人员	答案总数	有效答案总数
雅虎知识堂	J	1	1
	K	0	0
新浪爱问	L	0	0
	M	1	1
求和		28	26

探索性任务询问搜寻策略同其他主动社会化搜寻策略的效率比较见表 6-19：

表 6-19　　**探索性任务询问实验结果比较**

项目	结果总数	有效结果总数	平均有效结果数	总计有效率
社会化搜索	37	37	2. 84	100%
社会化浏览	71	24	1. 62	33. 80%
询问	28	26	2	92. 86%

可以看出，探索性任务运用社会化搜索策略的平均有效结果数最多，其次是询问策略，最后是社会化浏览策略。结果总计有效率最高的是社会化搜索策略，其次是询问策略，最后是社会化浏览策略。可见，在探索性搜寻任务方面，消费者社会化搜索的信息搜寻效率最高，而社会化浏览的信息搜寻效率最低。

6. 3. 3. 4　探索性任务中追踪现象的数据分析

从表 6-20 可知，社会化浏览中出现追踪现象数量为 21，而传统浏览中为 16，社会化浏览中出现追踪现象数量比传统浏览中多，社会化浏览策略追踪商品数量所占比例为 29. 58%，传统浏览策略为 24.62%，社会化浏览策略追踪商品数量所占比例大于传统浏览策略。由此说明，在探索性搜寻任务方面，社会化浏览策略比传统浏览策略发生追踪现象的概率更大。

表 6-20　　探索性任务追踪现象数据分析

实验人员	淘宝网			蘑菇街		
	追踪商品数量	收藏总数	追踪商品所占比例	追踪商品数量	喜欢总数	追踪商品所占比例
A	3	7		3	6	
B	1	3		1	8	
C	0	3		0	6	
D	4	11		5	11	
E	2	8		2	8	
F	0	7		5	5	
G	0	5		0	4	
H	0	3		1	4	
I	0	3		1	3	
J	3	4		2	4	
K	1	4		0	3	
L	2	4		1	4	
M	0	3		0	5	
合计	16	65	24.62%	21	71	29.58%

6.3.3.5　探索性任务中偶遇现象的数据分析

从表 6-21 可知，社会化浏览中出现偶遇现象数量为 26，传统浏览中为 11，社会化浏览中出现偶遇现象数量比传统浏览中多。社会化浏览策略偶遇商品数量所占比例为 36.62，传统浏览策略为 16.92%，社会化浏览策略偶遇商品数量所占比例大于传统浏览策略。由此说明，在探索性搜寻任务方面，社会化浏览策略比传统浏览策略发生偶遇现象的概率更大。

表 6-21　　　　　**探索性任务偶遇现象数据分析**

实验人员	淘宝网			蘑菇街		
	偶遇商品数量	收藏总数	偶遇商品数量所占比例	偶遇商品数量	喜欢总数	偶遇商品数量所占比例
A	1	7		1	6	
B	1	3		4	8	
C	0	3		4	6	
D	2	11		0	11	
E	4	8		4	8	
F	2	7		0	5	
G	0	5		3	4	
H	0	3		2	4	
I	0	3		0	3	
J	0	4		1	4	
K	0	4		3	3	
L	1	4		2	4	
M	0	3		2	5	
合计	11	65	16. 92%	26	71	36. 62%

6. 4　研究结论与分析

6. 4. 1　基于搜索策略的传统网络搜寻和社会化搜寻效率比较

表 6-22 汇总了三种类型搜寻任务的传统搜索结果和社会化搜索的结果数据。

如表 6-22 所示，搜索结果平均值最高的是解释性任务中的传统搜索，最低的是事实性任务中的社会化搜索。传统搜索最善于解决解释性问题，其次是探索性问题，最后是事实性问题。社会化搜索结果数量伴随着搜寻任务开放性的提高而增加，社会化搜索比较善于解决主观性较强的问题。在事实性任务和解释性任务方面，传统搜索相对于社会化搜索具有绝对优势。从整体来看，消费者传统搜索的效率普遍高于社会化搜索。

表 6-22　　　　不同任务类型搜索实验结果比较

评价指标 \ 实验任务类型	事实性搜寻任务	解释性搜寻任务	探索性搜寻任务
传统搜索结果数量平均值	10. 54	24. 77	12. 69
社会化搜索结果数量平均值	1. 31	2. 38	2. 85

6. 4. 2　基于浏览策略的传统网络搜寻和社会化搜寻效率比较

表 6-23 汇总了三种类型搜寻任务的传统浏览结果和社会化浏览的结果数据。

表 6-23　　　　不同任务类型浏览实验结果比较

		事实性任务	解释性任务	探索性任务
总收藏(喜欢)数量求和	淘宝网	54	56	65
	蘑菇街	48	59	71
符合实验任务要求的收藏(喜欢)数量求和	淘宝网	18	26	38
	蘑菇街	7	17	24
总计相关度	淘宝网	33. 33%	46. 43%	58. 46%
	蘑菇街	14. 58%	28. 81%	33. 80%

如表 6-23 所示，在传统浏览平台(淘宝网)中，事实性任务、解释性任务、探索性任务的总收藏数量求和依次为 54、56、65，其总计相关度依次为 33. 33%、46. 43%、58. 46%；而在社会化浏览平台(蘑菇街)中，其总喜欢数量求和依次为 48、59、71，其总计相关度依次为 14. 58%、28. 81%、33. 80%，均呈现递增趋势。可见，消费者运用浏览策略的信息搜寻效率受搜寻任务开放性的影

响，搜寻任务越开放，浏览策略的信息搜寻结果数量越多，总计相关度越高。此外，事实性搜寻任务运用传统浏览策略的搜寻结果总数多于社会化浏览策略(54>48)，结果总计相关度也高于社会化浏览策略(33.33%>14.58%)，说明传统浏览策略比社会化浏览策略更善于解决客观问题。再者，解释性和探索性搜寻任务中的社会化浏览策略搜寻结果总数均高于传统浏览策略(59>56，71>65)，但解释性和探索性搜寻任务中社会化浏览策略搜寻结果中商品与实验任务相符合的商品数量和总体相关度却小于传统浏览方式(17<26，28.81%<46.43%；24<38，33.80%<58.46%)，这说明随着搜寻任务开放性的增强，社会化浏览策略比传统浏览策略获得更多的感兴趣的商品，但传统浏览策略的效率仍高于社会化浏览。

6.4.3 询问策略信息搜寻效率比较

汇总三种类型搜寻任务的询问策略搜寻结果，数据对比见表6-24：

表 6-24 不同任务类型询问实验结果比较

评价指标 \ 实验任务类型	事实性搜寻任务	解释性搜寻任务	探索性搜寻任务
答案总数	17	17	28
有效答案数	10	14	26
答案有效率	58.82%	82.35%	92.86%

如表6-24所示，从答案总数、有效答案数以及答案有效率三个方面来看，探索性搜寻任务中询问策略搜寻效率最高，其次是解释性任务、最后是事实性任务。

6.4.4 社会化搜寻策略效率比较

汇总三种不同类型搜寻任务的询问、社会化搜索和社会化浏览结果，数据对比见表6-25。

表 6-25　　社会化媒体环境下主动搜寻策略搜寻结果比较

	平均有效结果数			总计有效率		
	事实性任务	解释性任务	探索性任务	事实性任务	解释性任务	探索性任务
社会化搜索	0. 46	2. 38	2. 84	35. 29%	100%	100%
社会化浏览	0. 54	1. 31	1. 62	14. 58%	28. 81%	33. 80%
询问	0. 77	1. 08	2	58. 82%	82. 35%	92. 86%

如表 6-25 所示，随着搜寻任务开放度的递增，社会化搜索、社会化浏览和询问的有效结果和有效率呈现递增现象；此外，在事实性搜寻任务方面，询问的有效结果数和有效率最高，而社会化浏览最低。在解释性任务和探索性任务方面，社会化搜索的有效率最高，而社会化浏览最低。总的来说，对比三种主动的社会化搜寻方式，社会化搜索在客观问题方面搜寻效率较低，但在主观问题方面搜寻效率较高，并且问题开放度越大信息搜寻效率越高。询问在客观问题方面搜寻效率最高，但在主观问题方面其搜寻效率低于社会化搜索，高于社会化浏览，可以认为三种社会化搜寻方式中，社会化浏览策略效率最低。

6. 4. 5　基于追踪策略的传统网络搜寻和社会化搜寻效率比较

表 6-26 根据不同类型搜寻任务中出现追踪情况的实验数据加以汇总。

表 6-26　　追踪策略的实验结果比较

	追踪商品数量总和				追踪商品所占比例			
	事实性任务	解释性任务	探索性任务	平均	事实性任务	解释性任务	探索性任务	平均
淘宝网	24	20	16	20	44. 44%	35. 71%	24. 62%	34. 29%
蘑菇街	28	22	21	23. 67	58. 33%	37. 29%	29. 58%	41. 73%

通过数据比较可知，在社会化浏览策略中出现追踪的次数均多于传统浏览策略，且社会化浏览策略中追踪商品所占比例大于传统浏览策略。由此说明，社会化浏览策略发生追踪现象的概率更大。淘宝网和蘑菇街中追踪所占比例的平均值分别为 34.29% 和 41.73%，均占三四成，可见在浏览过程中出现追踪现象比较常见。

6.4.6 基于偶遇策略的传统网络搜寻和社会化搜寻效率比较

表 6-27 将根据不同类型搜寻任务中出现偶遇情况的实验数据加以汇总。

表 6-27 **偶遇策略的实验结果比较**

	单项任务偶遇商品数量总和				偶遇商品所占比例			
	事实性任务	解释性任务	探索性任务	平均	事实性任务	解释性任务	探索性任务	平均
淘宝网	12	10	11	11	22.22%	17.86%	16.92%	19.00%
蘑菇街	13	20	26	19.67	27.08%	33.90%	36.62%	32.53%

通过数据比较可知，在社会化浏览策略中出现偶遇的次数比传统浏览策略多，且社会化浏览策略中偶遇商品所占比例大于传统浏览策略。由此说明，社会化浏览策略给消费者创造了更多“意外收获”。淘宝网和蘑菇街中偶遇商品数量的平均值分别为 11 和 19.67，偶遇所占比例分别为 19.00%和 32.53%，而表 6-26 中淘宝网和蘑菇街中追踪商品数量平均值分别为 20 和 23.67，(平均)追踪所占比例分别为 34.92%和 41.73%，偶遇商品数量平均值和所占比例均小于追踪策略，可见浏览过程中出现偶遇的几率比出现追踪的几率小，可以认为，追踪的消费者信息搜寻效率高于偶遇。

6.4.7 结论分析

综合上述 6 个方面的数据分析，得出研究结论：

传统搜索的消费者信息搜寻效率高于社会化搜索；传统浏览策略的消费者信息搜寻效率高于社会化浏览；询问策略解决探索性搜寻任务效率最高，事实性任务最低；对于三种主动的社会化搜寻策略，询问在事实性搜寻任务上的搜寻效率高于社会化搜索和社会化浏览，但在解释性和探索性搜寻任务上，其搜寻效率低于社会化搜索，高于社会化浏览，三者中，社会化浏览搜寻效率最低；对于两种被动的信息搜寻策略，社会化媒体下追踪和偶遇策略的搜寻效率均高于传统网络媒体，追踪效率高于偶遇。具体分析如下：

①社会化搜索的搜寻效率普遍低于传统搜索，传统搜索引擎更适用于搜索这种目的性明确的信息搜寻方式。其原因在于：首先，从来源来看，传统搜索庞大的知识库相对于同样甚至更为庞大的用户创造内容在信息质量上具有绝对优势；其次，从技术上看，除无法用关键字表达的信息需求，基于关系和互动社会化搜索远没有传统搜索引擎的算法搜索精准和全面。

②社会化浏览的搜寻效率普遍低于传统浏览，传统的主题目录浏览更适用于浏览这种非定向，目的性不强的信息搜寻方式。其原因在于：传统浏览策略浏览的信息类目分类细致规范全面，体现了很高的可用性，而社会化浏览的对象是分类灵活开放的社会化标签(Social Tag)，虽说标签是社会化媒体中微内容组织的一种有效方式，但它在语义、表述精确度、组织有效性上存在着一些问题①。当标签难以起到有效的信息分类组织的作用的时候，社会化这一有效的信息传递及筛选机制的作用也就降低了。在这种情况下，消费者会面临着过剩的阅读信息、商品信息、图片信息，而难以找到最符合其信息需求的解决方案。

③社会化搜索、社会化浏览和询问三种主动的社会化搜寻策略效率的高下本质上由搜寻任务的难易程度和搜寻策略的社会化程度决定的。社会化搜索是计算机算法与用户参与的综合，目标性强，社会化程度高，消费者之间的关系和互动使得搜寻结果与用户需求

① Speller, E. Collaborative Tagging, Folksonomies, Distributed Classification or Ethnoclassification: A Literature Review[J]. *Library Student Journal*, 2007, 2.

更加匹配，在解释性和探索性开放性信息搜寻上效率最高；询问从本质上更易于针对特定的信息需求集思广益，群策群力，但其效率受限于关系和互动的程度，相对于社会化搜索和社会化浏览，询问的用户响应速度快，但互动范围和深度有限，因此询问策略解决简单事实性搜寻任务的信息搜寻效率最高，解决开放、复杂的搜寻问题的信息搜寻效率高于社会化浏览、低于社会化搜索。社会化浏览是非定向搜寻，尽管其社会化的特性有助于增强搜寻信息的个性化程度，但信息遍历的搜寻特征仍使其不及社会化搜索和询问的搜寻效率。

④社会化媒体中运用追踪和偶遇搜寻策略的几率大于传统网络媒体。因为社会化媒体中不仅是商品页面的“猜你也喜欢”、“购买该商品的人同时也购买了”等传统的个性化推荐，更是充分利用社交和兴趣关系，改变了传统网络媒体信息传递的渠道和方式，有利于重塑信息之间的联系，以及触发隐性的信息需求，用户可以更多地利用追踪和偶遇来获取信息。从追踪和偶遇策略的角度看，社会化媒体环境下的消费者信息搜寻效率高于传统网络环境。

⑤在社会化媒体环境下，随着问题的开放性程度增加，搜索、浏览、询问、偶遇搜寻策略的搜寻效率均有所提高，说明社会化搜寻更适于解决复杂性和开放性高的搜寻问题。

⑥就本章所涉及的不同搜寻策略而言，很难对社会化搜寻和传统网络搜寻的效率之争下一定论，但显然，社会化媒体所具有的高个性化、高互动性，能够更加方便快捷地满足消费者需求，社会化媒体环境下的消费者信息搜寻效率会越来越高是必然的发展趋势。

6.5 本章小结

信息搜寻效率评价是社会化媒体环境下消费者信息搜寻行为研究的一个重要课题，有助于从搜寻结果的角度更为深入地理解社会化媒体对消费者信息搜寻行为的影响，同时可以为消费者信息搜寻策略的选择提供策略指导。

但本章对不同网络环境下信息偶遇效率的研究存在着一些不

足。实际上，严格的实验条件(规定的实验任务和实验进程安排)无法成功地激发用户的信息偶遇。此外，为了保证实验操作的顺利进行，同时排除用户学习能力对实验结果的干扰，选择了熟悉度高的实验平台和搜寻内容，然而信息偶遇的研究更适合在低内容熟悉度和低环境熟悉度的情境下开展①，这一对矛盾在本研究中尚未得到有效的解决，后续将针对以上不足进一步研究社会化媒体环境下的消费者信息搜寻的效率。

① 潘曙光．不同情境下的信息偶遇研究[J]. 情报探索，2012(8)：15-18.

第 7 章　基于信息搜寻有效性的消费者社会化分享行为

随着社会化媒体与电子商务的紧密结合，消费者更多地通过社会化媒体获取信息，而榜样力量展示、真实口碑和评价等社会化来源的信息越来越多地影响消费者的信息搜寻行为。许多社会化商务网站开辟了专门的展示购物心得、产品体验的信息分享讨论平台，消费者利用分享平台搜寻更多的信息，认识更多的人，发现新的可能会喜欢的商品。《2012 年上半年社会化媒体行业分享报告》显示，自 2012 年 1 月起，社会化媒体分享呈现强劲的上涨态势，日均分享量在半年内增长了 60%，快于社会化媒体用户数量的增长①。根据《2012 年中国网民社交网站应用研究报告》，超四成用户的消费行为受到社交网站口碑的影响②。消费者分享的信息、商品评论等"被信任的信息"在消费者之间广泛传播，提高了消费者信息搜寻的效率，实现了消费者信息分享的价值。消费者越来越重视其他消费者的分享内容，无论是分享者还是搜寻者，都是他人信息行为的影响者，消费者信息搜寻的努力程度与其他消费者信息分享行为之间的关系也越来越密切。

本章对社会化分享及其与消费者信息搜寻有效性之间的关系进行理论研究，选择具体社会化媒体平台实证研究两者之间的联系，分析不同的分享者、不同分享内容对消费者信息搜寻行为产生的影响，本研究尝试从普遍联系的视角出发，探寻社会化媒体环境下消

---

① 2012 年上半年社会化媒体行业分享报告[R]. 百度在线网络技术有线公司，2012.

② 2012 年中国网民社交网站应用研究报告[R]. CNNIC，2012.

费者信息搜寻全过程中不同环节之间的相互作用机制。

7.1　社会化分享与信息搜寻有效性

7.1.1　社会化分享行为

7.1.1.1　社会化分享的概念

作为 AISSAS 模型的一个重要环节，社会化分享对消费者传播、利用信息有着很大的影响。社会化分享是一个较新的概念，虽已在实践领域广泛存在，但理论的研究却较为滞后，几乎找不到社会化分享较为正式的定义。Litvin 认为社会化分享行为是通过互联网进行传播的，其传播主要通过电子邮件、新闻组、BBS、网络游戏系统、聊天室等网络形式进行①。Arndt 认为社会化分享行为发生在一种特殊关系中，无论这种关系持久还是短暂，紧密还是脆弱。分享的传递者和受众均为主动的参与者，积极的分享会增加购买的可能性，而消极的则会减少这种可能性②。

综合以上定义，将社会化分享定义如下：社会化分享是利用社会化媒体，人们彼此之间便捷地分享信息、意见、见解、经验和观点，使信息在消费者之间实现快捷的传播。

7.1.1.2　社会化分享的主体

社会化分享的主体是消费者本身，是分享内容的创造者。分享主体既可以是社群地位很高的社区达人，也可以是普通的消费者；既可以是与其他消费者关系复杂、社交网络丰富的高级会员，也可以是社区中的一个陌生人。分享主体的社群地位以及和其他消费者建立的不同关系会影响到其他消费者信息搜寻的有效性。

7.1.1.3　社会化分享的动机

社会化分享的动机有：求知欲和好奇心的满足、情感交流的需

① Litvin, S. W., Goldsmith, R. E. Electronic World-of-mouth in Hospitality and Tourism Management[J]. *Tourism Management*, 2008, 29(3): 458-468.

② Arndt, J. Role of Product-related Conversations in the Diffusion of a New Product[J]. *Journal of Marketing Research*, 1967, 4 (August).

要、获得自我效能感、减少社交焦虑①。消费者具有强烈的求知欲和好奇心，分享是了解和探索周围事物和环境的一种方式。通过分享，让更多的消费者了解商品的同时了解自己，加强人际交往，产生心灵的共鸣，获得归属感，通过分享寻求自身形象、地位等的提升，减少自身的焦虑。

根据社会化分享的社会效应，分享的动机包括利他主义(内部动机)和团体动力(外部动机)②。消费者通过分享购物心得与商品评价，让更多的消费者参考评价内容做出正确的决策，通过帮助其他消费者而获得愉悦感，这体现了分享的利他主义。而对于属于共同团体的消费者，分享会产生消费者间的信任、身份的认同、互惠和组织奖励，团体动力使得团体内成员可以在最短时间内得到其他成员的分享。

7.1.1.4 社会化分享的渠道与方式

Murphy 等人③在研究消费者在线分享旅游经历的行为时发现，消费者大多会在完成消费的一周内在线分享他们的感受，包括文字描述和照片，他们更倾向于在自己的社会化媒体(比如 Facebook)上分享，而不是在一些商业性的公共平台上分享。实际上，消费者可以利用各式各样的社会化媒体进行信息分享，但通常是基于以下 3 种社会化电子商务分享系统④：①基于电子商务网站构建社区，通过社区关系促进电子商务。②第三方社会化电子商务平台，构建于现有电子商务服务，但是拥有一套自己的用户体系。③基于社区

① 赵越岷. 虚拟社区中消费者信息共享影响因素的实证研究[D]. 安徽：中国科学技术大学，2008：29-32.

② Wasko, M. L., Faraj S. Why should I Share? Examining Social Capital and Knowledge Contribution in Electronic Networks of Practice[J]. MIS *Quarterly*, 2005：35-57.

③ Murphy, H. C., Gil, E. A. C., Schegg, R. An Investigation of Motivation to Share Online Content by Young Travelers—Why and Where[J]. *Information and Communication Technologies in Tourism*, 2010, 12：467-478.

④ 浅谈社会化电子商务(Social Shopping)[EB/OL]. [2011-03-07]. http://www.web20share.com/2011/03/social-shopping.html.

的社会化电子商务，目前相当有影响力的社区平台包括 Facebook、Twitter、新浪微博等。

最主要的社会化分享方式由发现（Discover）、推荐（Recommend）和分享（Share）三个功能组成①。发现功能可以使消费者浏览其他消费者的推荐，点击商品以添加到购物清单。发现也可以对商品进行推荐或者找到购买商品的相关资讯。消费者创建主题清单或者点击网站按钮来推荐。从发现到推荐到最后的分享，消费者对信息的分享从简单了解信息内容，深入到推荐信息以及最后的分享，信息在消费者之间广泛传播，使分享的价值得到最大程度的实现。

7.1.1.5 社会化分享的内容

社会化分享的内容一般由分享者自己定义，用户可以分享自己的知识、情绪，可以分享网站的一个链接，或者分享一张图片再用文字加以说明等。如在百度知道、互动百科、豆丁文档、雅虎知识堂、新浪爱问、优酷、土豆中，千万数量级的文档、词条、图片、视频被分享。分享主体的不同，分享的信息也不同，社会化分享的内容一般具有独特性。

而消费者购物分享的内容不仅仅是通过社会化平台分享图片、视频，更多的是分享购物经验、使用心得、商品评论、日志、链接等，作为其他消费者的消费参考，让决策更加理智与明确。消费者社会化分享内容的形式、数量和信息内容本身都会影响到消费者信息搜寻的有效性。

7.1.2 信息搜寻有效性

消费者的认知容量以及搜寻信息的时间、动机、精力、能力都是有限的，因此有效的信息搜寻是消费者追求的目标。信息搜寻的有效性决定了消费者信息搜寻的努力程度与信息搜寻的满意度。

消费者信息搜寻的有效性通过消费者信息搜寻行为表现出来。

---

① 社会化电子商务系统[EB/OL]. [2012-04-25]. http://t.qq.com/chinadeyuan.

在信息搜寻有效性的衡量指标中，常用的就是信息搜寻的努力程度和信息搜寻的满意度。信息搜寻的努力程度是指消费者购买特定商品时，从外部环境中获取相关知识或者信息的努力程度，当搜寻达到目标，即结束搜寻，信息搜寻的有效性高，可以减少其努力程度。而信息搜寻的满意度是指消费者对信息或者知识进行信息搜寻时，所获得信息与实际信息利用比较之后的心理满意程度，同理，当消费者搜寻到目标，信息搜寻的有效性高，即满意度高。

7.1.3 社会化分享与信息搜寻有效性的相互作用

"S/S"—Search（搜索）和"S"—Share（分享）是 AISSAS 消费模式中两个具有社会化媒体特质的环节。消费者可以通过搜寻相关的信息并在消费后进行分享，同样也可以对其他消费者分享的信息进行搜寻，而不是传统的单向的接受信息。有学者指出，在 AISSAS 模型的信息活动中，消费者的角色是 4 个方面的结合体：信息传播活动的参与者、传播符号的译码者、信息产品的消费者和传播效果的反馈者，而能将这四种角色加以整合的是信息。整合的过程中信息循环运动，从信息的搜寻到信息分享，又从信息分享回到信息搜寻，如图 7-1 所示。全新进化之后的 Search-Share-Search 过程，使信息分享与信息搜寻得到进一步结合。

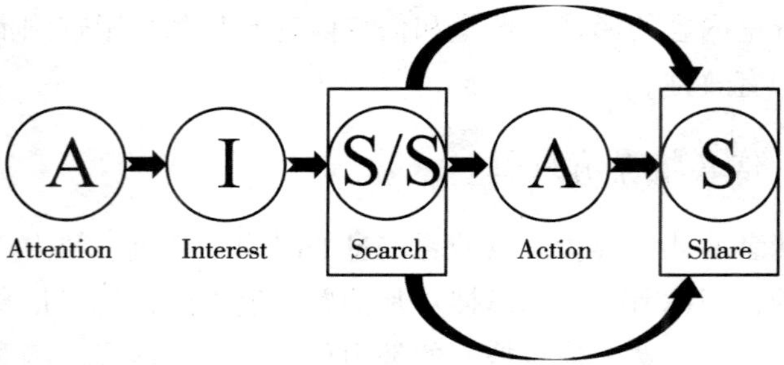

图 7-1　AISSAS 中的分享与搜寻

消费者的社会化分享和信息搜寻有效性之间存在着相互影响：

一方面，信息搜寻有效性的提高能够激励消费者进行社会化分享。在社会化分享平台中，消费者会根据自己的需求对相关信息进行搜寻，从单纯依靠过去使用商品经验的消极内部搜寻到点击商品信息、查看其他消费者的评价、搜寻相关媒体信息等积极的外部搜寻。消费者的搜寻态度、分享意识发生了改变，信息社会化分享的潜在价值实现了增值。有效的信息搜寻提供了消费者与他人分享信息的内在动力和物质基础。《2012 年上半年社会化媒体行业分享报告》显示，搜索服务占总分享量的 17%，也就是说，分享中 17%来自搜索行为。

更为重要的一方面是，社会化分享促进消费者对信息进行有效的搜寻。其一，从信息分享的利他主义和团体动力动机来说，信息分享都是基于“我为人人”的出发点的，分享者贡献信息的回报之一即是分享的信息通过信息利用体现出价值，而信息利用的前提是通过搜寻获得信息，所以说社会化媒体环境下的信息分享是消费者搜寻信息的重要信息来源；其二，从信息分享的方式来说，建立在社会化关系基础上的发现、推荐、分享的机制提高了信息传递的广泛性、互动性，提高了信息的可获得性，同时降低了信息搜寻的成本；其三，从信息分享的内容来说，分享内容的独特性、真实性与实时性增加了信息的使用价值，从而提升了消费者信息搜寻的满意度。总之，社会化分享增强了消费者信息搜寻的有效性，从而加快了消费者从信息搜寻到比较再到决策的一系列行动进程。

7.2　研究设计与数据准备

7.2.1　研究平台

本章在理论上将信息搜寻定义为消费者和分享信息之间的相互作用，前者包括消费者的社群地位和消费者之间的关系，后者包括分享信息的数量、内容和形式；而信息搜寻的有效性可以通过消费者在信息搜寻后采取的行动直接反映出来。因此，社会化分享对信息搜寻有效性影响的研究，可以分解为三个研究问题：消费者的社群地位对搜寻后行动的影响、分享者与搜寻者之间关系对搜寻后行动的影响以及分享信息对搜寻后行动的影响。

研究平台选择凡客达人(star. vancl. com)。“凡客达人”是凡客旗下为用户开辟的购物交流社区，体现了社会化平台的开放、体验、分享精神，让每个普通人都能真实展示、分享自己美丽的一面，在建立关系的同时获得收益。凡客达人的本质是社区化电子商务，将用户与产品结合起来，挖掘社会化媒体产生的社交和兴趣关系中蕴含的商业价值。仅仅2年多时间，达人用户已达到350万，覆盖全国近400座城市，社区化黏性不断强化。从凡客达人页面产生的销量超过凡客总销售额的5%。

凡客达人的分享行为主要是晒单。凡客的晒单模块在商品详细信息内容下面，在该模块醒目位置标注了“优先来晒单，有机会获得5元礼品卡”的奖励机制。

凡客的晒单模块采用缩略图加文字的摆放形式，相比其他平台的晒单只有简单的标题而言，凡客的这种形式要显得更加直观，更具备观赏性。对于服装这种对视觉效果要求比较高的商品而言，图片往往是信息传递的最好载体。

凡客的每一个晒单点击图片或文字链接后，将进入一个凡客达人空间，凡客为每一位在其网站上购物并且晒单的买家提供了一个达人空间，他们可以自由发布自己所购买的凡客及V+品牌商品，晒搭配，发表感想。消费者通过信息搜寻，从达人空间的商品链接成功购买商品，达人可获得销售分成，这一模式激励了达人旨在促成其他消费者有效搜寻的社会化分享行为。

不同于凡客以优势商品为主体的销售平台，达人空间是以优质信息为主体的综合信息平台，其交流对象不仅是潜在客户与客户，更是对某一主题有共鸣的粉丝，范围更广。所以达人空间不仅提供商品相关信息，更提供互动交流的环境。而这一互动交流不仅体现在达人和粉丝达人之间，同时体现在从其他社会化媒体平台导入的人群和达人之间。因为浏览者可以发表评论，并且将达人晒单信息分享发布到如新浪微博或者人人网，社会化媒体信息快速传播的优势带来大量的消费者加入到达人空间，新的关系建立，新的消费行为产生。

晒单分享和信息搜寻利用是凡客达人信息行为的重要环节，凡客达人平台的社会化、开放性、购物分享的属性符合本研究主题的需要。

7.2.2 研究框架

在图 7-2 所示的研究框架中，单线箭头表示理论基础，空心箭头表示研究思路，即将理论如何转化为研究问题。本章将依该研究框架对凡客达人的社群地位、达人与达人之间的关系、达人分享的晒单信息对其他消费者信息搜寻的影响进行研究。根据信息搜寻有效性的内涵并结合消费者在凡客达人的具体晒单行为，本研究将消费者在搜寻后对晒单表示喜欢、做出评价及发表有购买倾向的问询等作为衡量信息搜寻有效性的指标，其前提假设是视消费者的上述行为为其信息搜寻的有效结果。

7.2.3 研究假设

7.2.3.1 消费者的网络社群地位

网络社群中达人的社群地位既是其身份的象征，还是影响力的重要体现。拥有较高地位的个体，通常都有较为丰富的知识和体验，相关研究也表明拥有较高地位的人往往受关注度更高，也往往会成为某些信息的最先发布者，对其他消费者的信息搜寻或决策行为都有较高的影响力，进而提高其信息搜寻的有效性。所以提出如下假设：

H1：达人的社群地位(所拥有的粉丝数)正向影响其他消费者对商品信息搜寻的有效性。

H1a：达人的社群地位(所拥有的粉丝数)正向影响其晒单的喜欢人数。

H1b：达人的社群地位(所拥有的粉丝数)正向影响其晒单的评论人数。

H1c：达人的社群地位(所拥有的粉丝数)正向影响其晒单的评论条数。

H1d：达人的社群地位(所拥有的粉丝数)正向影响其晒单中

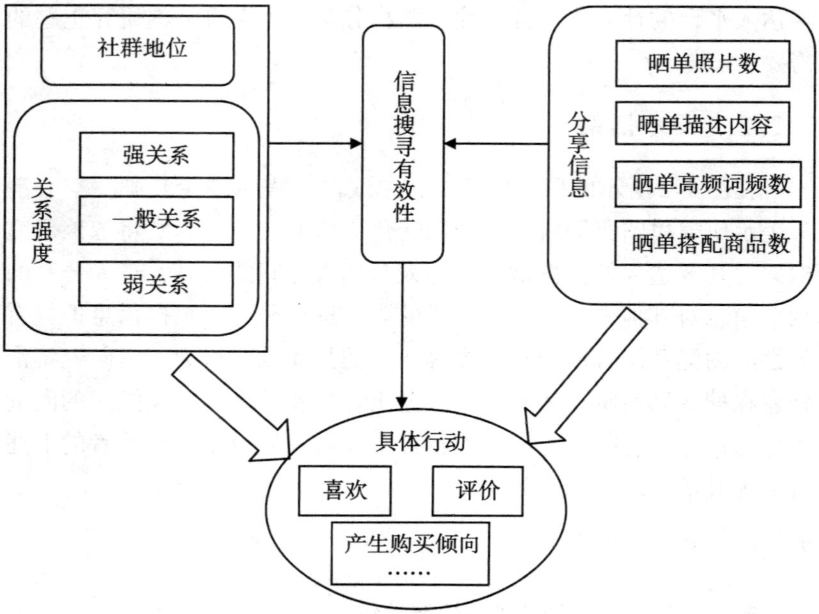

图 7-2　社会化分享对信息搜寻有效性影响的研究框架

有购买倾向的评论条数。

7.2.3.2　关系强度

在凡客达人平台中达人与消费者之间有多种关系，从简单的同是凡客达人到关注，再到相互关注，彼此成为对方的粉丝；又或是因拥有共同的兴趣爱好加入某一共同的兴趣圈，因同属于一个地方加入某个同城圈等。这些错综复杂的关系会对达人分享行为产生一定的影响，关系强度不同，关系复杂程度不一样，同样会影响到其他消费者对这些信息进行搜寻的有效性。根据凡客达人的用户结构，将消费者之间的强弱关系定义为：强关系，即同时属于一个兴趣圈又是对方粉丝；一般关系，属于同一个兴趣圈或者是对方粉丝；弱关系，既不属于同一兴趣圈又不是对方粉丝，如图 7-3 所示。

本章对强关系和弱关系的界定联系了凡客达人平台中用户关系

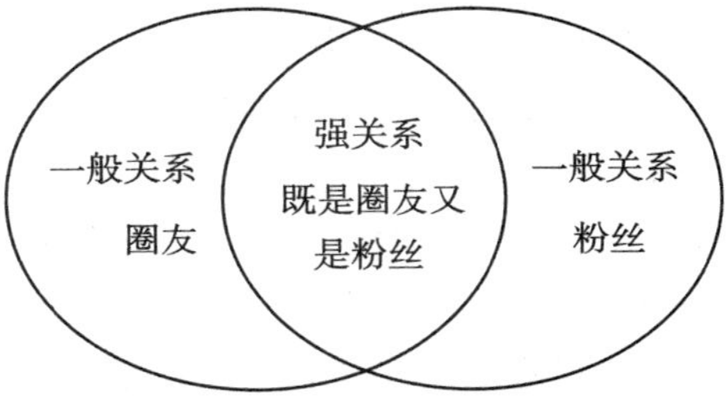

图 7-3　消费者之间关系强度示意图

的实际情况，与第 2 章社会化媒体要素分析中的强弱关系的内涵不完全一致，但相同的是，关系紧密的是强关系，关系松散的是弱关系。

此外，因为研究平台功能的局限性，达人晒单的关注者与达人之间的关系数据难以获取，但是这里分析的消费者与达人之间的关系强度是从参与评论的消费者与达人之间是否属同一个兴趣圈或相互关注为粉丝来确定的。所以这里不对晒单的关注人数和评价人数做出相应的假设。于是提出相关假设如下：

H2：达人之间的关系正向影响消费者信息搜寻的有效性。

H2a：达人之间的强关系正向影响其晒单的评论条数、有购买倾向的评论条数。

H2b：达人之间的一般关系正向影响其晒单的评论条数、有购买倾向的评论条数。

H2c：达人之间的弱关系正向影响其晒单的评论条数、有购买倾向的评论条数。

7.2.3.3　社会化分享的信息量

信息量是达人晒单内容的形式、数量和内容本身的总和。在凡客达人中，晒单信息一般可以分为两类：文字描述与搭配图片；晒单的数量指文字描述的字符数和文字所配图片数；深入到晒单的内容层次，会涉及晒单时使用的文字表达。达人晒单的信息量反映了其拥有的创造能力，能够生成含有较多信息量的晒单，说明达人对自己晒单所搭配的商品的感情强烈，这必然会对其他消费者信息搜寻的有效性产生影响。同时，信息交流研究也表明，组织或个体信息搜寻的目的是减少不确定性，不确定性与信息处理量正相关，大信息量的内容对信息搜寻者具有更高的价值，从而信息搜寻者对其产生兴趣并选择的可能性更大①。这充分说明，达人晒单信息量与其他消费者信息搜寻行为存在显著的关系。因此提出如下假设：

H3：达人分享的信息量正向影响其他消费者对商品信息搜寻的有效性

H3a：达人分享的晒单描述字符数正向影响其晒单的喜欢人数、评论人数、评论条数、有购买倾向的评论条数。

H3b：达人分享的晒单描述含 Top10 词频个数正向影响其晒单的喜欢人数、评论人数、评论条数、有购买倾向的评论条数。

H3c：达人分享的晒单图片量正向影响其晒单的喜欢人数、评论人数、评论条数、有购买倾向的评论条数。

7.2.4 数据收集与整理

为检验上述研究假设，选择了凡客达人平台社区中人气最高的兴趣圈——最爱单品(因对单件售卖的商品有共同兴趣爱好自发组织的一个兴趣圈，成立于 2013 年 2 月 25 日)。本研究收集的数据全部来自于“最爱单品”达人圈及达人的空间数据，包括：发布的晒单信息，晒单的反馈信息、粉丝信息、达人圈成员信息等。为了数据收集的连续性，从 2013 年 5 月 30 日开始，用一星期的时间，在“最爱单品”圈子 133 位达人中，剔除出观测数据为零或极少的无效样本，收集整理了有效的全部 32 位达人的基本信息及互动交流数据。由于晒单数据太大，考虑到时间限制，全面的数据收集不具可操作性，决定按照达人搭配晒单商品的销量，对前 10 名的晒单进行晒单描述字符数、图片量、晒单评价人数及条数和晒单喜欢

---

① 王平，陈启杰．消费者社群地位与生成内容有效性的关系研究[J]．财贸研究，2011(3)：111-120.

人数等信息进行统计。共收集数据记录 320 条(见附录 F)。

数据统计中相关说明如下：

①在对“有购买倾向的评论条数”进行统计时，以日常购物中常用的购买问询语句为参考，将包含某些特定问询意向的语句作为有购买倾向的评论，例如：“请问你卫衣穿什么尺码?”“你的裙子在哪买的吗? 有网址或品牌吗?”等。

②在对晒单描述中“描述字符数”进行统计时，利用 Word 字符统计工具，对每个晒单的描述信息进行量化。

③对图片信息量量化的时候，考虑到每个晒单中的照片数与搭配的商品数皆以单个图片的形式出现，晒单照片数与搭配商品数的乘积能有效表示晒单所展示的图片信息，于是利用公式：晒单商品图片量=晒单照片数 * 搭配商品数，对晒单中的图片信息量进行了量化处理。

④为了科学地表示晒单信息量的内容特性，可运用内容挖掘系统软件 ROSTCM6 对所有晒单的文字描述进行分词与词频分析，确定了达人晒单的词频 Top10，见表 7-1。该表对晒单文字描述信息包含词频 Top10 的个数进行了统计。

表 7-1　**晒单文字描述词频 Top 10**

Top10 排名	词语	频次
1	好	106
2	不错	49
3	舒服	49
4	颜色	48
5	喜欢	47
6	搭配	43
7	舒适	42

续表

Top10 排名	词语	频次
8	质量	40
9	适合	29
10	可爱	28

⑤将数据按照社群地位、关系强度以及晒单信息量分成了三个数据细分表，见表 7-2、表 7-3、表 7-4。在对社群地位与其他数据之间的关系分析时，对每个达人的 10 个晒单的数据进行了各项求和。在对关系强度、晒单信息量与其他各项的关系分析时，以每个晒单为研究单位，对 320 个晒单进行分析。

表 7-2　**社群地位对消费者信息搜寻有效性影响的细分数据表**

达人	粉丝数	喜欢总人数	评价总人数	评价总条数	有购买倾向的评论总条数
Miss_Puff_	44	616	21	28	9
康妮宝宝	60	462	8	16	9
viziyi	2	48	4	4	0
lili_love1314	230	947	59	91	16
乱蹦的肉丁	271	1141	79	108	24
宝贝的衣衣	283	299	24	52	12
Beutiful	68	176	8	12	0
夜晚的远足	176	424	41	47	0
王小宇 blog	212	1271	36	73	27
香菇白菜	301	524	20	30	9
进来坐坐	60	211	20	39	6

续表

达人	粉丝数	喜欢总人数	评价总人数	评价总条数	有购买倾向的评论总条数
悠悠 Life	1	86	10	12	3
可爱小祖宗	240	1175	31	40	14
宇宙无敌小坏蛋	221	814	14	18	5
符尕仙同学-	448	575	11	27	19
云昀	43	701	14	27	11
Viki 丹	758	1764	31	47	19
布扭	369	854	56	149	17
百衣百顺	10	134	3	14	2
郭童鞋	32	493	1	5	1
某 C	142	233	28	30	6
Janary	123	598	23	35	7
隐退江湖	295	812	8	26	12
凡人翻身	31	266	19	33	4
涂泓仪	2	465	4	9	1
范芝星	106	885	16	30	8
主播家	42	421	26	42	24
薇薇安 V	3125	3640	72	323	58
傻蚊蚊	332	366	23	77	6
张小荷	65	274	10	19	4
陈妞妞	148	278	10	18	4
骆小金	256	646	34	62	16

表 7-3　关系强度对消费者信息搜寻有效性影响的数据细分表(节选)

晒单序号	强关系人数	一般关系人数	弱关系人数	喜欢人数	评价条数	有购买倾向的评论条数
1	0	0	4	92	4	1
2	0	0	3	42	3	1
3	1	3	2	86	9	1
4	0	0	2	36	3	2
5	0	0	0	88	1	1
6	1	2	0	45	4	1
7	0	0	0	79	0	0
8	0	0	1	20	1	0
9	0	0	1	63	2	2
10	0	1	0	65	1	0

表 7-4　晒单信息量对消费者信息搜寻有效性影响的数据细分表(节选)

晒单序号	描述内容的字符数	含词频 Top10 的个数	晒单商品图片量	喜欢人数	评价人数	评价条数	有购买倾向的评论条数
1	94	3	3	92	4	4	1
2	68	1	5	42	3	3	1
3	81	2	2	86	6	9	1
4	63	1	5	36	2	3	2
5	109	1	4	88	0	1	1
6	70	1	3	45	3	4	1
7	28	0	4	79	0	0	0
8	27	1	1	20	1	1	0
9	105	3	1	63	1	2	2
10	10	0	4	65	1	1	0

7.3　数据分析

7.3.1　按社群地位的相关分析

选择相关分析中双变量分析方法,以粉丝数、喜欢总人数、评价总人数、评价总条数及有购买倾向的评价总条数作为数据变量,点选双侧检验进行分析,相关性分析表结果见表 7-5。

表 7-5　**达人社群地位(粉丝数)与各数据变量的关系**

项目	测量项	粉丝数	喜欢总人数	评价总人数	评价总条数	有购买倾向的评论总条数
粉丝数	Pearson 相关性	1	0.894**	0.541**	0.884**	0.824**
	显著性(双侧)		0.000	0.001	0.000	0.000
	N	32	32	32	32	32
喜欢总人数	Pearson 相关性	0.894**	1	0.642**	0.834**	0.877**
	显著性(双侧)	0.000		0.000	0.000	0.000
	N	32	32	32	32	32
评价总人数	Pearson 相关性	0.541**	0.642**	1	0.801**	0.705**
	显著性(双侧)	0.001	0.000		0.000	0.000
	N	32	32	32	32	32
评价总条数	Pearson 相关性	0.884**	0.834**	0.801**	1	0.856**
	显著性(双侧)	0.000	0.000	0.000		0.000
	N	32	32	32	32	32
有购买倾向的评论总条数	Pearson 相关性	0.824**	0.877**	0.705**	0.856**	1
	显著性(双侧)	0.000	0.000	0.000	0.000	
	N	32	32	32	32	32

**表示在 0.01 水平(双侧)上显著相关。

从表 7-5 可知,达人的粉丝数与晒单喜欢的总人数之间的相关系数为 0. 894,该相关系数的显著性水平 0. 000< 0. 05,说明两者之间有较强的相关关系。达人的社群地位(所拥有的粉丝数)越高,其晒单被关注人数就越多,即达人的社群地位(所拥有的粉丝数)正向影响其晒单的关注人数,假设 1a 获得支持。

达人的粉丝数与晒单的评价总人数、评价总条数、有购买倾向的评价条数之间的相关系数分别为 0. 541、0. 884、0824,相关系数的显著水平 0. 001、0. 000、0. 000 均小于 α 值 0. 05,达人的粉丝数与研究变量之间的相关性都足够显著,即达人的社群地位(拥有的粉丝数)越高,其晒单评价人数与评价条数就越多,相应的有购买倾向的评价条数也越多。达人的社群地位(所拥有的粉丝数)正向影响其晒单的评价人数、评价条数、有购买倾向的评价条数,假设 1b、1c、1d 均获得支持。

综合以上研究结论,假设 1 成立。

7. 3. 2　按关系强度的相关分析

7. 3. 2. 1　强关系对信息搜寻有效性的影响

选择关系细分表中的强关系人数、喜欢人数、评价条数、有购买倾向的评价条数为研究变量,相关分析结果见表 7-6。

表 7-6　　**达人之间强关系与各数据变量的关系**

项目	测量项	强关系人数	喜欢人数	评价条数	有购买倾向的评论条数
强关系人数	Pearson 相关性	1	0. 019	0. 203**	0. 033
	显著性(双侧)		0. 738	0. 000	0. 554
	N	320	320	320	320
喜欢人数	Pearson 相关性	0. 019	1	0. 511**	0. 518**
	显著性(双侧)	0. 738		0. 000	0. 000
	N	320	320	320	320

续表

项目	测量项	强关系人数	喜欢人数	评价条数	有购买倾向的评论条数
评价条数	Pearson 相关性	0.203**	0.511**	1	0.699**
	显著性(双侧)	0.000	0.000		0.000
	N	320	320	320	320
有购买倾向的评论条数	Pearson 相关性	0.033	0.518**	0.699**	1
	显著性(双侧)	0.554	0.000	0.000	
	N	320	320	320	320

**表示在 0.01 水平(双侧)上显著相关。

从表 7-6 可知,达人之间的强关系人数与评价条数之间的相关系数为 0.203,显著性水平 0.000< 0.05,说明两者之间存在弱相关。从达人之间的强关系与喜欢人数和有购买倾向的评价条数之间的相关系数分别为 0.019、0.033,双侧显著水平值为 0.738、0.554,说明达人之间的强关系人数对喜欢人数和有购买倾向的评价条数产生了极弱的正向影响或不相关,但未达显著性水平。故假设 2a 不成立。

7.3.2.2 一般关系对信息搜寻有效性的影响

选择关系细分表中的一般关系人数、喜欢人数、评价条数、有购买倾向的评价条数为研究变量,运用相关分析,得到表 7-7 的结果。

表 7-7 **达人之间一般关系与各数据变量的关系**

项目	测量项	一般关系人数	喜欢人数	评价条数	有购买倾向的评论条数
一般关系人数	Pearson 相关性	1	0.315**	0.542**	0.362**
	显著性(双侧)		0.000	0.000	0.000
	N	320	320	320	320

续表

项目	测量项	一般关系人数	喜欢人数	评价条数	有购买倾向的评论条数
喜欢人数	Pearson 相关性	0.315**	1	0.511**	0.518**
	显著性(双侧)	0.000		0.000	0.000
	N	320	320	320	320
评价条数	Pearson 相关性	0.542**	0.511**	1	0.699**
	显著性(双侧)	0.000	0.000		0.000
	N	320	320	320	320
有购买倾向的评论条数	Pearson 相关性	0.362**	0.518**	0.699**	1
	显著性(双侧)	0.000	0.000	0.000	
	N	320	320	320	320

**表示在 0.01 水平(双侧)上显著相关。

从表 7-7 可知,一般关系人数与喜欢人数、评价条数和有购买倾向的评价条数之间的相关系数分别为 0.315、0.524、0.362,相关系数的显著水平均为 0.000,达到显著性水平,说明达人之间一般关系人数与喜欢人数和有购买倾向的评价条数弱相关,与评价条数中等程度相关。故假设 2b 成立。

7.3.2.3 弱关系对信息搜寻有效性的影响

选择关系细分表中的弱关系人数、喜欢人数、评价条数、有购买倾向的评价条数为研究变量,运用相关分析,分析结果见表 7-8。

表 7-8　**达人之间弱关系与各数据变量的关系**

项目	测量项	弱关系人数	喜欢人数	评价条数	有购买倾向的评论条数
弱关系人数	Pearson 相关性	1	0.476**	0.502**	0.559**
	显著性(双侧)		0.000	0.000	0.000
	N	320	320	320	320

续表

项目	测量项	弱关系人数	喜欢人数	评价条数	有购买倾向的评论条数
喜欢人数	Pearson 相关性	0.476**	1	0.511**	0.518**
	显著性(双侧)	0.000		0.000	0.000
	N	320	320	320	320
评价条数	Pearson 相关性	0.502**	0.511**	1	0.699**
	显著性(双侧)	0.000	0.000		0.000
	N	320	320	320	320
有购买倾向的评论条数	Pearson 相关性	0.559**	0.518**	0.699**	1
	显著性(双侧)	0.000	0.000	0.000	
	N	320	320	320	320

**表示在 0.01 水平(双侧)上显著相关。

从表 7-8 可知,达人之间的弱关系人数与喜欢人数、评价条数和有购买倾向的评价条数之间 Pearson 相关系数分别为 0.476、0.502、0.559,且双侧显著性水平值均为 0.000,说明弱关系人数与其他研究变量之间存在着中等程度的相关性。故假设 2c 成立。

综合以上相关性分析结果,假设 2 部分成立。

7.3.3　按晒单信息量的相关分析

将含描述内容字符数、Top10 词频总数、晒单商品图片信息量、喜欢人数、评价人数、评价条数及有购买倾向的评价条数作为研究变量,相关分析结果见表 7-9。

表 7-9　**达人晒单的信息量与各数据变量的关系**

项目	测量项	描述内容字符数	含词频 Top10 的个数	晒单图片量	喜欢人数	评价人数	评价条数	有购买倾向的评论条数
描述内容的字符数	Pearson 相关性	1	0.500**	0.189**	0.318**	0.166**	0.180**	0.266**
	显著性(双侧)		0.000	0.001	0.000	0.003	0.001	0.000
	N	320	320	320	320	320	320	320

续表

项目	测量项	描述内容字符数	含词频Top10的个数	晒单图片量	喜欢人数	评价人数	评价条数	有购买倾向的评论条数
含词频Top10的个数	Pearson 相关性	0.500**	1	0.104	0.221**	0.116*	0.148**	0.346**
	显著性(双侧)	0.000		0.063	0.000	0.038	0.008	0.000
	N	320	320	320	320	320	320	320
晒单图片量	Pearson 相关性	0.189**	0.104	1	0.228**	0.114*	0.105	0.222**
	显著性(双侧)	0.001	0.063		0.000	0.041	0.061	0.000
	N	320	320	320	320	320	320	320
喜欢人数	Pearson 相关性	0.318**	0.221**	0.228**	1	0.464**	0.511**	0.518**
	显著性(双侧)	0.000	0.000	0.000		0.000	0.000	0.000
	N	320	320	320	320	320	320	320
评价人数	Pearson 相关性	0.166**	0.116*	0.114*	0.464**	1	0.659**	0.537**
	显著性(双侧)	0.003	0.038	0.041	0.000		0.000	0.000
	N	320	320	320	320	320	320	320
评价条数	Pearson 相关性	0.180**	0.148**	0.105	0.511**	0.659**	1	0.699**
	显著性(双侧)	0.001	0.008	0.061	0.000	0.000		0.000
	N	320	320	320	320	320	320	320
有购买倾向的评论条数	Pearson 相关性	0.266**	0.346**	0.222**	0.518**	0.537**	0.699**	1
	显著性(双侧)	0.000	0.000	0.000	0.000	0.000	0.000	
	N	320	320	320	320	320	320	320

**表示在 0.01 水平(双侧)上显著相关。

*表示在 0.05 水平(双侧)上显著相关。

从表 7-9 可以看出,晒单的描述内容字符数与喜欢人数、评价人数、评价条数、有购买倾向的评价条数之间的 Pearson 相关系数分别为 0.318、0.166、0.180、0.266,双侧显著性水平值 0.000、0.003、0.001、0.000,均小于 0.05,说明晒单的描述内容字符数与喜欢人数和有购买倾向的评价条数之间弱相关,晒单的描述内容字符数与评价人数、评价条数之间的相关系数均小于 0.2,呈现极弱的相关性或者不相关。故假设 3a 部分成立。

晒单含 Top 10 词频数与喜欢人数、评价人数、评价条数、有购买倾向的评价条数之间的 Pearson 相关系数分别为 0.221、0.116、0.148、0.346,双侧显著性水平值为 0.000、0.038、0.008、0.000,达到 0.05 的显著性水平,说明晒单中含 Top10 词频总数与喜欢人数和有购买倾向的评论条数较弱的相关关系。而含 Top10 词频总数对其他各项的相关性都很微弱,无相关性。故假设 3b 部分成立。

晒单图片信息量与喜欢人数、评价人数和有购买倾向的评价条数之间的 Pearson 相关系数分别为 0.228、0.114、0.222,双侧显著性水平值 0.000、0.041、0.000 均小于 0.05,说明晒单商品的图片信息量与喜欢人数和有购买倾向的评价条数弱相关,与评价人数极弱相关或不相关,另外,晒单商品的图片信息量与评价条数无明显相关性。故假设 3c 部分成立。

综上分析,假设 3 部分成立。

7.3.4 社会化分享对信息搜寻有效性的回归分析

在上面的相关分析中,喜欢人数、评价人数、评价条数和有购买倾向的评价条数被视为信息搜寻有效性的测量指标。通过相关分析,研究了社群地位、关系强度和晒单信息量对信息搜寻有效性的影响,那么这些因素的影响程度有何不同? 以下采用复回归分析法中的逐步回归分析解决这一问题。

首先,确定回归分析的因变量。在喜欢人数、评价人数、评价条数和有购买倾向的评价条数这些指标中,直接影响信息搜寻有效性的是有购买倾向的评价条数,其一它是最为严苛的有效性的衡量,其二在消费者的购物行为中,它往往直接导向结束搜寻产生购买行为,所以选择“有购买倾向的评论”作为衡量信息搜寻有效性的决定性指标,同时是回归分析中的因变量。将代表社群地位的“粉丝数”、代表关系强度的“强关系人数、一般关系人数、弱关系人数”和代表晒单信息量的“晒单的描述内容字符数、晒单含 Top10 词频数、晒单图片信息量”三个层面共 7 个变量作为回归分析的自变量，选择逐步进入，所得结果如表 7-10 所示。

表 7-10　　**回归模型摘要**

模型	R	R 方	调整 R 方	标准 估计的误差
1	0.560[a]	0.313	0.311	1.504
2	0.668[b]	0.446	0.443	1.353
3	0.713[c]	0.509	0.504	1.276
4	0.719[d]	0.516	0.510	1.268

a. 预测变量：(常量)，弱关系人数。

b. 预测变量：(常量)，弱关系人数，粉丝。

c. 预测变量：(常量)，弱关系人数，粉丝，含词频前 10 的个数。

d. 预测变量：(常量)，弱关系人数，粉丝，含词频前 10 的个数，中等关系人数。

从表 7-10 可知，被选入回归模型自变量的顺序依次为弱关系人数、粉丝数、含词频 Top10 的个数和中等关系人数，四个自变量对有购买倾向的评论条数的预测力分别为 31.3%、13.3%、6.3%、0.7%，联合解释量(R 方)51.6%。强关系人数、描述内容的字符数和晒单图片量被排除于回归模型之外。

表 7-11 为四个回归模型的整体显著性检验，方差分析中 F 分布的显著性水平 Sig 值为 0.000，达到显著水平，表示至少有一个回归系数不为零，回归模型有效。

表 7-11　　**方差 Anova[e] 分析**

模型		平方和	df	均方	F	Sig.
1	回归	327.226	1	327.226	144.643	0.000[a]
	残差	717.150	317	2.262		
	总计	1044.376	318			

续表

模型		平方和	df	均方	F	Sig.
2	回归	465.920	2	232.960	127.262	0.000[b]
	残差	578.456	316	1.831		
	总计	1044.376	318			
3	回归	531.627	3	177.209	108.866	0.000[c]
	残差	512.749	315	1.628		
	总计	1044.376	318			
4	回归	539.196	4	134.799	83.786	0.000[d]
	残差	505.180	314	1.609		
	总计	1044.376	318			

a. 预测变量：(常量)，弱关系人数。

b. 预测变量：(常量)，弱关系人数，粉丝数。

c. 预测变量：(常量)，弱关系人数，粉丝数，含词频 Top10 的个数。

d. 预测变量：(常量)，弱关系人数，粉丝数，含词频 Top10 的个数，中等关系人数。

e. 因变量：有购买倾向的评论条数。

表 7-12 中的标准化回归系数分别为 0.418、0.313、0.253、0.094，均为正数，表示它们对有购买倾向的评论条数的影响均为正向。

表 7-12　　**回归分析系数[a]**

模型		非标准化系数		标准系数	t	Sig.
		B	标准 误差	试用版		
1	(常量)	0.502	0.098		5.123	0.000
	弱关系人数	0.686	0.057	0.560	12.027	0.000
2	(常量)	0.287	0.092		3.136	0.002
	弱关系人数	0.549	0.054	0.448	10.231	0.000
	粉丝数	0.001	0.000	0.381	8.704	0.000

续表

模型		非标准化系数		标准系数	t	Sig.
		B	标准 误差	试用版		
3	（常量）	-0.083	0.104		-0.792	0.429
	弱关系人数	0.542	0.051	0.442	10.710	0.000
	粉丝数	0.001	0.000	0.337	8.060	0.000
	含词频 Top10 的个数	0.347	0.055	0.255	6.353	0.000
4	（常量）	-0.155	0.109		-1.425	0.155
	弱关系人数	0.512	0.052	0.418	9.812	0.000
	粉丝数	0.001	0.000	0.313	7.246	0.000
	含词频 Top10 的个数	0.345	0.054	0.253	6.344	0.000
	中等关系人数	0.101	0.046	0.094	2.169	0.031

a. 因变量：有购买倾向的评论条数。

标准化回归方程如下：

有购买倾向的评价条数 = 0.418×弱关系人数+0.313×粉丝数+0.253×含词频 Top10 的个数+0.094×中等关系人数

7.4 结论分析

通过对社群地位、关系强度、晒单信息量和有购买倾向的评价条数的相关分析，得到相关假设的验证结果如表 7-13 所示。

表 7-13 社会化分享研究假设检验结果汇总表

假设	研究假设	验证结果
假设 1	达人的社群地位（所拥有的粉丝数）正向影响其他消费者对商品信息搜寻的有效性	成立
假设 1a	达人的社群地位（所拥有的粉丝数）正向影响其晒单的喜欢人数	成立

续表

假设	研究假设	验证结果
假设 1b	达人的社群地位(所拥有的粉丝数)正向影响其晒单的评论人数	成立
假设 1c	达人的社群地位(所拥有的粉丝数)正向影响其晒单的评论条数	成立
假设 1d	达人的社群地位(所拥有的粉丝数)正向影响其晒单中有购买倾向的评论条数	成立
假设 2	达人之间的关系正向影响消费者信息搜寻的有效性	部分成立
假设 2a	达人之间的强关系正向影响其晒单的喜欢人数、评论条数、有购买倾向的评论条数	不成立
假设 2b	达人之间的一般关系正向影响其晒单的喜欢人数、评论条数、有购买倾向的评论条数	成立
假设 2c	达人之间的弱关系正向影响其晒单的喜欢人数、评论条数、有购买倾向的评论条数	成立
假设 3	达人分享的信息量正向影响其他消费者对商品信息搜寻的有效性	部分成立
假设 3a	达人分享的晒单描述字符数正向影响其晒单的喜欢人数、评论人数、评论条数、有购买倾向的评论条数	部分成立
假设 3b	达人分享的晒单描述含 Top10 词频个数正向影响其晒单的喜欢人数、评论人数、评论条数、有购买倾向的评论条数	部分成立
假设 3c	达人分享的晒单图片量正向影响其晒单的喜欢人数、评论人数、评论条数、有购买倾向的评论条数	部分成立

从假设检验的结果可知,消费者信息搜寻的有效性受内容分享者(创造者)的社群地位(所拥有的粉丝数)、弱关系和一般关系和晒单信息量的影响,在消费者社会化分享与信息搜寻有效性的回归分析中,这一结论得到了证实,并更为深入地揭示了各影响因素的贡献度。

7.4.1 社群地位与信息搜寻有效性

消费者的社群地位(所拥有的粉丝数)正向影响其晒单喜欢人数、评价人数、评价条数及有购买倾向的评价条数,他们的晒单信息很大程度上决定着消费者对相关信息的搜寻,影响着消费者信息搜寻的有效性。

社会化媒体平台中消费者的社群地位越高,拥有的粉丝数量越多,就会产生更大的影响力,好比"意见领袖",已经成为一种显性的网络力量。这种力量首先体现在信息的质量和专业性上。"意见领袖"的社会化分享的质量能够带来消费者的信任,促使其更有效的信息搜寻。Godes 和 Mayzlin ①认为"意见领袖"社会化分享的质量对于消费者的信任有重大影响,Negash, Ryan 和 Igbaria②认为意见领袖发布的信息质量高,包含内容广泛,消费者的满意度高。此外,"意见领袖"原创或转发的信息传播范围更广泛,消费者在看到感兴趣的商品时,会有目的性地搜寻社群地位高的消费者的分享,消费者据此了解商品,进行信息搜寻并做出购买决策,从而提高了消费者对商品信息搜寻的有效性。

7.4.2 关系强度与信息搜寻有效性

消费者之间的不同关系对信息搜寻有效性的影响不同,强关系的影响最弱,弱关系最强,一般关系居于两者之间。

从第 2 章中强弱关系特性的分析可知,弱关系数量多,强关系数量少;强关系成员间同质性强,难以提供有效的信息和知识,且传播受限,弱关系能够传递高质量、广泛、复杂的信息或隐性知识,促进新的知识和信息的产生。社会化媒体环境下信息在不同关系中的传播

---

① Godes, D., Mayzlin, D. Using Online Conversations to Study Word-of-mouth Communication[J]. *Marketing Science*, 2004, 23(4): 545-560.

② Negash, S., Ryan, T., Igbaria, M. Quality and Effectiveness in Web-based Customer Support Systems[J]. *Information & Management*, 2003, 40(8): 757-768.

范围和传播质量的不同,决定了信息搜寻有效性的差异。

消费者之间的强关系人数与评价条数之间弱相关,与喜欢人数和有购买倾向的评价条数不相关,所以强关系对消费者信息搜寻的有效性的影响极为有限。根据第 2 章的理论阐述可知,强关系在信息传播范围和有效知识的提供上都存在局限,因此消费者不一定能搜寻到强关系的消费者的社会化分享,即使能搜寻到,也不一定能为决策提供帮助,消费者将继续搜寻。所以说,强关系并不能促进消费者的信息搜寻,强关系之间会有很密切的交流和频繁的互动,研究表明,强关系会正向影响评价条数,这显然与社会化媒体平台的社区性有很大关系,若消费者之间有强关系存在,喜欢与评价更多是为了建立和维持彼此之间的联系而进行的互动,不一定因相互之间的关系而加快消费者搜寻和决策的进程。

消费者之间的弱关系人数与喜欢人数、评价条数和有购买倾向的评价条数之间显著正相关,所以弱关系显著地正向影响消费者信息搜寻的有效性。本章将弱关系界定为陌生人,既不是圈友也不是粉丝。本章分析结果显示,现实中的"不相信陌生人"的法则在社会化媒体环境中不再适用。社会化媒体平台上弱关系代表了数量极其庞大的一个群体,相应地,创造了更多的全面性、丰富性、实时性、个性化信息内容,而消费者的信息搜寻不仅仅通过圈友或者粉丝这样的密切关系,即使是陌生人关系或是临时关系,社会化媒体平台的广播或推送机制仍能实现基于庞大弱关系的有效信息搜寻。

一般关系人数与喜欢人数、评价条数和有购买倾向的评价条数之间显著正相关,所以一般关系显著地正向影响消费者信息搜寻的有效性。本研究将一般关系界定为强、弱关系之间的一种关系。从关系数量、基于该关系的信息传递范围和质量而言,也是居于两者之间,同样是对信息搜寻有效性产生正向影响,但影响程度要强于弱关系对信息搜寻有效性的影响,弱于强关系的影响。

7.4.3　晒单信息量与信息搜寻有效性

消费者晒单的描述内容字符数、晒单中含 Top10 词频数、晒单图片信息量与喜欢人数和有购买倾向的评价条数之间存在显著的弱相关,晒单信息量在一定程度上影响消费者信息搜寻的有效性。

字符数是晒单信息的外在形式,而含 Top10 词频数是晒单信息的具体内容,消费者分享信息字符数越多,含高频词数量越多,则信息分享信息量越大,信息价值越大,可读性更高,同时传达出分享互动的积极信号,消费者会通过赞、喜欢等表达认同或进行收藏,也可通过问询进一步获取信息;晒单图片信息量越大,意味着晒单商品多或单件商品的图片多,图片形式的社会化分享信息表达更为丰富,更容易吸引消费者的关注,消费者搜寻时停留在此页面的时间也就相对越长,从而做出购买趋势的评论或决策的可能性就越高,"有图有真相",消费者更容易从分享中得到更为全面和真实的商品信息,事实胜于雄辩,消费者更容易建立信任,同时也建立了互动交流的基础。晒单信息量越大,该商品被机器算法检索和社会化推荐的可能性越大,消费者搜寻的努力程度就越低。消费者的信息搜寻有效性就越高。

从信息交流的角度来说,消费者的社群地位、消费者之间的关系以及社会化分享的信息量对消费者信息搜寻有效性的影响是基于它们对信息的可见性、可达性和可用性的影响。社会化媒体环境中,信息内容与用户共生,消费者的社群地位高,其社会化分享的信息的可见性高;消费者之间的关系数量多,信息传递的途径多,信息的可达性高;消费者社会化分享的信息量大,信息的价值大,信息的可用性高。而信息的可见性、可达性和可用性分别作用于信息交流过程中的信源、信道和信宿,在消费者信息搜寻中起到至关重要的作用,通常情况下,可见、可达、可用的信息会减少消费者信息搜寻的努力程度,增加消费者信息搜寻的满意程度,正向影响消费者的信息搜寻。

7.4.4 三者影响的差异性

尽管消费者的社群地位、消费者之间的关系以及社会化分享的信息量对消费者信息搜寻均有显著的影响,但回归分析的结果显示,不同因素的影响程度不一。弱关系的影响最大,之后依次是粉丝数、含 Top10 词频数和一般关系。

影响的差异性体现了社会化媒体基本特征:对消费者的信息搜

寻影响最大的是社会化媒体中的关系，尤其是基于庞大用户基数的弱关系和一般关系，证明了社会化媒体环境中普通网民在信息活动中的绝对主导地位；其次是社会化分享的信息量，尤其是内容，充分体现了信息活动"内容为王"的原则；关系的影响大于内容，说明了社会化媒体中最基础的要素是关系。

影响的差异性同时为社会化媒体中的用户行为提供了一些有益的启示：对社会化媒体环境中的分享者，在提高自己的社群地位，让自己的分享获得更多的关注和参与的同时，应该充分利用关系，使分享的信息可以通过关系网络快捷地传递。分享信息时全面地描述商品，图片的搭配、高频词的设置，有利于消费者有效的信息搜寻，有利于分享信息价值的实现与增值。对社会化媒体环境中的搜寻者而言，要利用社会化搜寻手段，善用关系，从用户创造内容中掘金，提高有效性，此外，搜寻者不仅要成为信息利用者、信息反馈者，更要成为内容生产者、互动交流参与者，"我为人人，人人为我"的基本原则更是适用于社会化搜寻。对社会化电商平台，作为社会化媒体中消费者之间关系建立的基础，同时也作为用户生成内容的载体，可以定期开展一些新颖的促销活动，增设新的模块，让更多的新用户参与到活动中去，扩大用户基数，拓展和维护关系；着重地培养扶持意见领袖，让社群地位高的消费者乐于去分享自己平台的商品；实施激励政策，开展奖励人气晒单、优秀评论、推荐评论等活动，提高信息质量，从而提高消费者的搜寻体验和搜寻的有效性。

7.5 本章小结

本章对社会化媒体中信息搜寻行为 AISSAS 的两个重要环节——"分享"和"搜寻"进行研究，首先全面阐述了社会化分享的理论框架，进而分析了消费者的社会化分享在信息搜寻中的作用机制。研究认为，消费者的社群地位、消费者之间的关系以及社会化分享的信息量不同程度地影响消费者信息搜寻的有效性。

社会化分享是社会化媒体环境下的新兴事物，但已经融入用户在社会化媒体时代的互联网生活，作为用户信息行为研究的新热点，社会化分享的研究开展不够深入。本章从普遍联系的角度分析分享对搜寻的影响,一方面丰富了社会化分享的研究成果,另一方面完善了信息搜寻行为过程 AISSAS 研究的思路。

社会化媒体是建立在人和人关系基础上互助互动的网络环境,消费者信息搜寻行为必然与其他消费者行为相关,而社会化分享是社会化媒体环境中用户创造内容的一个重要来源,提供的不是传统意义上的二次信息,分享内容通过互动在关系通路传递的过程中,新的有用的内容会加入,无用的内容会自然过滤,这是一个信息再生产、信息组织加工、信息增值的过程,无疑分享的信息会成为消费者信息搜寻的重要信息资源,通过提高社会化分享的数量和质量,通过社会化媒体环境的优化,提高信息传递的深度和广度,可以促进消费者更具成效的信息搜寻。

第8章 社会化媒体环境下消费者信息搜寻行为模型

前面各章分别对社会化媒体环境中消费者的信息搜寻意愿、信息搜寻行为模式、信息搜寻效率和社会化分享行为进行了深入研究，为了挖掘各部分内容的内在联系和相互影响，从整体上把握新兴社会化媒体环境中的消费者信息搜寻行为的规律，本章拟在上述研究的基础上，建立社会化媒体环境下消费者信息搜寻行为模型。第5章进行了信息搜寻行为模式的研究，本章研究信息搜寻行为模型，两者都是消费者信息搜寻行为规律的抽象，不同的是第5章的模式研究重在找出消费者信息搜寻行为的不同，在于求异，本章的模型研究在于找出消费者信息搜寻行为的共同规律，在于求同。此外，前章是针对信息搜寻行为过程中搜寻这一个环节，即消费者在社会化媒体环境下进行决策前的一系列信息搜寻活动，而本章是以信息搜寻行为全过程为理论框架的，包括搜寻前的关注行为和搜寻后产生的决策以及分享行为。

本章将采用结构方程模型研究方法。首先是构建模型，参考已有的消费者社会化搜寻行为模型，对其进行分析和创新，给出本研究采用的模型和假设。其次是数据的收集，针对模型中的因素，设计可直接测量的题项，发放调查问卷。再是数据的分析，将收集到的数据进行信效度分析，使用 LIEREL8.70 进行假设的验证和模型拟合度的评价，形成最终的研究结论。

8.1 研究模型与假设

8.1.1 消费者信息搜寻行为三阶段模型

AISSAS 模型是消费者在社会化媒体中进行信息搜寻的流程，表示了完整的信息搜寻行为。在AISSAS模型中，消费者社会化搜寻行为分为搜寻前的关注与兴趣、搜寻中的进行搜寻以及搜寻后的购买与分享。为了简化模型，本研究从搜寻行为的前中后阶段各选择具有代表性的环节。

对于“搜寻前”阶段，AISSAS模型中有关注（Attention）和兴趣（Interest）两个环节，但因为关注和兴趣之间存在内在的转化性，关注可能产生兴趣、兴趣也有可能产生关注，所以这里只保留关注，同时在关注和搜寻行为之间增加搜寻意愿，搜寻意愿是搜寻行为的起点，没有搜寻的意愿，就没有搜寻行为的发生。搜寻前阶段关注和搜寻意愿的研究体现了消费者信息搜寻行为研究的认知视角。

“搜寻中”阶段包括搜寻模式和搜寻效率。搜寻模式是搜寻的方法，是从实际行动中概括出来的行为框架、行为标准和规律，不同的消费者会使用不同的搜寻模式，不同的搜寻模式将产生不同的搜寻结果。搜寻效率是对搜寻结果的评价，并且对搜寻后的行为有着重要影响。搜寻模式和搜寻效率是消费者信息搜寻行为的重要组成，分别体现了消费者信息搜寻行为研究的信息交流视角和信息经济分析视角。

对于“搜寻后”阶段，AISSAS模型中有购买（Action）和分享（Share）两个环节，虽然购买也是属于一种行动，但分享在社会化媒体中对消费者的搜寻行为能产生更大的影响，是社会化媒体所独有的，所以着重研究分享这一环节。

经修改后的消费者搜寻行为模型如图8-1所示。

8.1.2 消费者社会化搜寻行为研究模型

社会化媒体是大量网民自发贡献、提取、创造信息，然后传播的平台。这里大量网民表明社会化媒体首先是建立在很多用户的基础上，这些用户之间便是通过关系来维系的。这种关系可以是直接关系，也可以是间接关系；可以是强关系，也可以是弱关系；可以是单向关系，也可以是双向关系。在社会化媒体发展的早期，关系型社会化媒体上的人际关系是直接关系、是强关系，内容分享型社会化媒体上的关系是间接关系、是弱关系。随着社会化媒体的发展，关系型社会

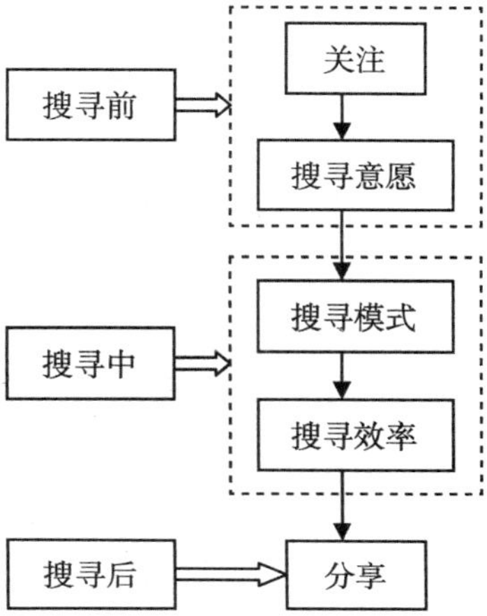

图 8-1　消费者搜寻行为三阶段模型

化媒体和内容分享型社会化媒体之间的界限已不再分明,关系型社会化媒体中也存在弱关系,内容分享型社会化媒体中也存在强关系。总之,关系在社会化媒体中无处不在。

消费者的信息搜寻过程同时也是信息交流过程,信息交流便是以互动的形式实现的,没有交互,信息便不能传递、再传递,不能有效地到达消费者,也不能有效地被消费者所利用。互动包括评论、私信、豆邮、转发、赞等各种各样的方式,不同的社会化媒体平台有不同的互动方式。互动是交流的关键。

社会化媒体的"社会化"属性,它强调互动,着重建立关系。因此,本章仍将关系和互动作为社会化媒体的两大特征,分别研究关系对消费者社会化搜寻行为的影响、互动对消费者社会化搜寻行为的影响、关系和互动之间的关系以及消费者社会化搜寻行为各阶段之间的影响。

本章的消费者社会化搜寻行为研究模型是在图 8-1 消费者信息搜寻行为三阶段模型的基础上,加入社会化媒体的两大特征:关系和互动而形成的,如图 8-2 所示。

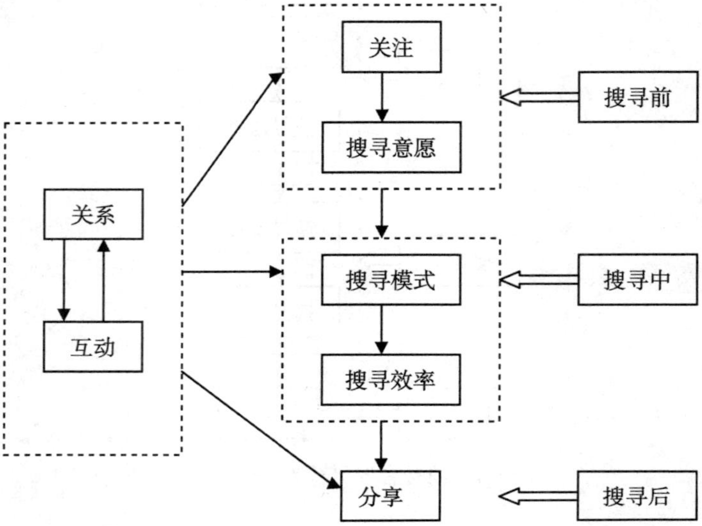

图 8-2　社会化媒体下消费者搜寻行为研究模型

8.1.3　研究假设

8.1.3.1　关系

在第 2 章社会化媒体要素分析中提到：关系增强互动，用户之间的关系越紧密，互动行为越活跃；互动发展关系，用户通过互动建立起社交关系和兴趣圈子。即关系和互动互为因果，相互促进。因此有如下假设：

H1：社会化媒体中的关系与互动显著正相关。

社会化媒体上的关系包括用户与朋友之间的好友关系、用户与明星红人之间的单向关注关系，也包括用户与陌生人之间的临时关系等。社会化信息建立在关系的基础上，信息在关系上流动，关系将对用户关注的方向产生影响。因此有如下假设：

H2：社会化媒体中的关系与关注显著正相关。

用户之间的关系越强，表明两者之间的关系越亲密、兴趣爱好越类似，信任度越高，搜寻意愿更为强烈。第 4 章社会化媒体环境中消费者信息搜寻影响因素的研究结论表明，关系和互动作为同一自变量，通过影响感知有用性和感知易用性，进而影响搜寻意愿。因此有如下假设：

H3：社会化媒体中的关系与搜寻意愿正相关。

搜寻模式是搜寻采用的方式，搜索模式是受主客体环境等多种因素的影响，本研究认为关系对搜索模式的影响在第 5 章的研究中尚未能证实，尽管策略选择型搜寻模式和快速扫描型搜寻模式在关系特征上呈现截然相反的特点，前者关系密切，关系较多，后者相反。但不能确定关系是引起搜寻模式差异的主成分因子，仍可先假设关系与搜寻模式正相关。因此有如下假设：

H4：社会化媒体中的关系与搜寻模式正相关。

第 6 章社会化媒体环境中消费者信息搜寻效率评价研究结果表明：在社会化媒体环境下，随着问题的开放性程度增加，搜索、浏览、询问、偶遇策略的搜寻效率均有所提高。社会化搜寻更适于解决复杂性和开放性高的搜寻问题，而关系是社会化搜寻的基础，可以认为关系对社会化搜寻的效率产生正向影响。因此有如下假设：

H5：社会化媒体中的关系与搜寻效率显著正相关。

分享是一种用户行为，这种行为可以是搜寻过程结束后将自己喜欢的内容直接分享给他人，也可以是在进行某项购买决策后分享自己的购物体验或购物方式。第 7 章基于信息搜寻有效性的社会化分享行为研究认为，关系影响消费者社会化分享信息传播的深度和广度，进而影响其他消费者信息搜寻的有效性。因此有如下假设：

H6：社会化媒体中的关系与分享正相关。

8.1.3.2　互动

在传播关系理论中关系被视为不断地进行交谈。传播学家邓肯有如下表达，“我们并不是先有关系然后交谈，而是在交谈中建立关系”，交谈指代互动。由此可见，互动可以促进关系的建立，互动的频率还能表明关系的强弱①。因此有如下假设：

---

① 社会化媒体之营销互动系列谈[N/OL]. [2013-05-28]. http://www.socialbeta.com/articles/social-media-marketing-conversation-1.html.

H7：社会化媒体中的互动与关系显著正相关。

有学者从人际互动频率、程度、成员的感情力量、互惠互换、互动环境和互动形态 6 个方面详细描述了互动对虚拟社区网络消费的影响，从互动频率角度的分析明确提出，“当虚拟社区成员的互动次数增多时，表明成员对该产品产生了兴趣，关注度提高，在社区内咨询和网上搜寻的行为会相应增加”①。因此有如下假设：

H8：社会化媒体中的互动与关注显著正相关。

用户的互动性越强，表明其对社会化媒体平台的使用程度越高，用户黏性越高。第 4 章的研究结论表明，关系和互动通过影响感知有用性和感知易用性，进而影响搜寻意愿。因此有如下假设：

H9：社会化媒体中的互动与搜寻意愿显著正相关。

在第 5 章中，以互动为分类变量，划分了社会化媒体环境中消费者信息搜寻行为模式，结果显示，互动程度的不同，消费者信息搜寻行为特征呈现明显的差异。因此有如下假设：

H10：社会化媒体中的互动与搜寻模式显著正相关。

第 4 章提到，信息搜寻的效率是信息搜寻活动的成本收益比，而互动能实现用户之间的即时交流，创造和快速传递海量信息，能够更加便捷地满足消费者的信息需求，降低成本，提升收益。因此可以假设：

H11：社会化媒体中的互动与搜寻效率显著正相关。

当社会化媒体用户互动频率提高、信息搜寻行为增加时，网络购买行为发生的概率增大，其在社区内发表购买后感想，对产品做出评价行为的次数也会增加，目的是为了给其他购买者提供参考。因此有如下假设：

H12：社会化媒体中的互动与分享显著正相关。

8.1.3.3 消费者社会化搜寻行为

(1)关注

第 4 章的研究结论显示，社会化媒体环境中消费者搜寻动机、

---

① 孔繁世，王慧萍．虚拟社区人际互动与网络消费行为关系的研究[J]．中国集体经济，2008(7)：38.

感知有用、感知易用直接影响消费者的信息搜寻，这些因素均属于心理认知层面，其前提是关注。可以认为，关注是消费者注意到某事物的行为状态，它来源于自己的兴趣爱好、关注人的转发，广告/活动及好友推荐等。关注很可能会激发消费者潜在的兴趣以及购买欲望。为获取更多的相关信息，避免决策的盲目性，会进行信息搜寻。关注的程度越高，搜寻的意愿也越大。因此有如下假设：

H13：关注与消费者的搜寻意愿正相关。

(2)搜寻意愿

搜寻意愿是指消费者进行信息搜寻的主观概率或可能性。搜寻意愿越强，信息需求的阐释越充分，搜寻目的就越明确。消费者会围绕这一明确的需求，采用相应的搜寻方式、方法和工具，付出搜寻努力，当然搜寻模式的选择受到消费者自身能力、认知等因素的限制，但不能忽视搜寻意愿与搜寻模式之间的相关性。因此有如下假设：

H14：消费者搜寻意愿与搜寻模式显著相关。

(3)搜寻模式

消费者的搜寻模式与搜寻效率是密不可分的，前者是过程，后者是结果。搜寻模式不同，搜寻效率自有高下。如搜寻过程中，互动越频繁、社会化搜寻策略使用越多，搜寻能力越强，信息搜寻活动就越活跃，信息搜寻的效果越好。因此有如下假设：

H15：消费者社会化搜寻模式与搜寻效率显著相关。

(4)搜寻效率

近年来，国内外一些研究者已由早期的从系统和技术角度评价搜寻效率，借鉴国外"人性化"和"用户体验"的理念，关注用户体验，转向到以用户的主观感受来评价搜寻引擎①。所以用户的满意度是搜寻效率评价的一项重要指标。搜寻效率越高，消费者的满意

---

① Maria Laura Mele, Stefano Federici, Simone Borsci, Giuseppe Liotta. User Experience Evaluation of Whats On Web: A Sonificated Visual Web Search Clustering Engine[J]. *International Journal of Computer Information Systems and Industrial Management Applications*, 2012(4): 352-357.

度越高。满意度越高，消费者越乐意与他人进行分享。对于搜寻效率不高的搜寻，消费者处于低落状态，不太容易继续花时间去分享。可以认为，搜寻效率与分享行为显著相关。因此有如下假设：

H16：消费者搜寻效率与分享显著相关。

(5)分享

分享即口碑的传播。这正是社会化媒体具有强大影响力的关键所在。理论上来说，分享对消费者的关注会产生很大的影响，因为分享越多的产品或内容，会受到越多人的关注，从而形成消费者社会化搜寻行为的循环流程。但由于本章使用的软件 LISREL 实践的可行性，添加了循环就增加了许多路径，路径越多模型越复杂对产生结果的影响越大，所以这里暂不考虑分享对关注的影响。

8.2 调查过程

8.2.1 研究平台

由于社会化媒体是一个宽泛的概念，类型多样且有差异性，要开展基于所有类型社会化媒体的消费者信息搜寻行为的研究，难度较大，同时受限于研究时间和精力，同前面的研究一样，这里选择了一个社会化媒体平台——“豆瓣网”的豆瓣读书来进行研究。

豆瓣网是典型的以兴趣关系为基础的社会化内容分享平台，但同时也体现了用户之间的社交关系，此外豆瓣一直在推动自身的商业化。豆瓣网围绕图书、影视、音乐等产品，提供给客户自由交流的空间，客户可根据自己的兴趣参与某种或某类主题的讨论中，网站根据受关注的程度及时将相关产品推荐给消费者，并链接到相关的网站，如亚马逊、当当、卓越等。随着电子书的普及，豆瓣提供了一些基于书、影、音的在线下载收费服务。作为一个功能全面的社会化媒体平台，豆瓣适用于社会化媒体环境下消费者信息搜寻行为为主题范畴的研究。

“豆瓣读书”是豆瓣的一个书友交流平台，它改变了消费者获取图书信息的模式。传统网络模式下，消费者一般先通过谷歌、百度等搜索引擎搜寻某图书信息，然后通过各种价格服务的比较后选择某网上书店进行在线购买，在商品购买过程完成后，一般只能直接与该网上书店沟通，用户呈现分散的状态，相互之间缺乏交流。而通过豆瓣读书这一社会化媒体平台，用户可以通过查看其他用户的图书收藏了解其爱好，当发现阅读兴趣相似的用户时可以将其加入为友邻，豆瓣网还会自动根据用户的图书收藏列出兴趣相似的其他用户，通过关注的人物、好友、小组来进行图书推荐。同时用户可以根据某个主题建立和参加小组，用户之间还可以通过站内邮件“豆邮”来进行直接交流，形成具有相同兴趣爱好的、稳定的消费群体。豆瓣读书不单纯是商业化的，它更加注重的是用户与用户之间的关系、互动和分享，这也正好体现了社会化媒体的特性。

8.2.2　问卷设计

问卷分为两大部分。第一部分是基本信息，基本信息又分三小块。第一小块包括性别、年龄、职业、月收入和地理位置，用于样本的人口统计分析；第二小块是用户社会化媒体的使用情况调查，用来了解社会化媒体使用的基本信息，同时具有过滤无效样本的功能，将不经常使用社会化媒体进行信息搜寻的样本标记为无效；第三小块是了解被调查者豆瓣网的使用情况，用以过渡到主体部分的调查题项。第二部分是消费者的社会化搜寻行为，是问卷的主体部分，包括关系、互动、关注、搜寻意愿、搜寻模式、搜寻效率和分享七个量表。问卷主体部分采用李克特五点量表。具体量表设计介绍如下：

①关系。关系在本研究中主要指社交关系和兴趣关系。豆瓣网的社交关系主要体现在用户之间的关注上，包括单向关注(如关注豆瓣网上的红人和著名的书评家等)、双向关注(比如和自己的好友互相关注对方)以及临时关注(关注陌生人的个人主页和阅读动态)，豆瓣网的兴趣关系是以人和人的共同兴趣为线索的，以分享共同的兴趣为基础，体现在用户之间的圈子上(比如具有同一兴趣爱好的人聚集在同一小组中相互交流)。针对关系变量设计了表8-1中的 4 个题项。

表 8-1　　关系的测量量表

变量名	编号	题　项
关系	RE_1	您的友邻中有许多互相关注的好友
	RE_2	您会去关注豆瓣红人、明星、知名作家和书评人
	RE_3	对于您未关注的豆瓣成员您也会去了解其读书动态以及主页信息
	RE_4	您在豆瓣中加入了许多与读书有关的小组

②互动。豆瓣读书平台上的互动形式是多样化。在“书评专区”可以查看和评论别人发表的书评，也可以自己发表对某本书的评价；在图书的“论坛”中可以回复他人的帖子或发新帖进行交流；对共同喜欢某本书的陌生用户可以发送“豆邮”私下进行交流；可以通过“广播”的形式来发表自己的看法并@ 自己的好友；可以加入豆瓣读书小组与更多的用户进行互动；或者积极参加豆瓣的一些线上线下活动。互动变量的测量见表 8-2。

表 8-2　　互动的测量量表

变量名	编号	题　项
互动	IA_1	您会在某本书的论坛中积极发帖
	IA_2	某篇引起您共鸣的书评您会点击“推荐”按钮
	IA_3	您会在某本书的论坛中积极回复他人的帖子
	IA_4	他人写的书评您会去评价
	IA_5	您会通过发送豆邮和回复豆邮的方式与他人交流
	IA_6	您会在广播里@ 好友发表观点和回复好友的@ 来进行沟通
	IA_7	您会在相关的读书小组中积极进行交流
	IA_8	您会主动积极地参加豆瓣的线上线下活动

③关注。关注的产生是出于用户自身的兴趣或者需求，也可能受他人的推荐或分享的影响产生关注。自身对图书的兴趣或需求会

促使用户直接去打开豆瓣读书平台进行浏览；当然，用户也可能在浏览其他的社会化媒体网站时看到好友分享的某本图书的豆瓣链接而打开豆瓣读书平台；豆瓣网上友邻的读书动态也会影响用户的关注。关注的测量见表 8-3。

表 8-3　　关注的测量量表

变量名	编号	题　项
关注	AT_1	您通常都是直接进入豆瓣首页浏览图书
	AT_2	您通常会受微博及其他社会化媒体好友分享的影响进入豆瓣读书平台
	AT_3	您的友邻中单向关注的人对您的阅读影响很大
	AT_4	您的友邻中双向关注的好友对您的阅读影响很大
	AT_5	有时陌生友邻也能在很大程度上影响您的选择

④搜寻意愿。是否愿意通过豆瓣来搜寻图书，当搜寻内容过多、搜寻时间过长时是否愿意继续搜寻，购书后是否愿意继续搜寻，这些都是豆瓣读书平台上搜寻意愿的体现。该变量测量量表见表 8-4。

表 8-4　　搜寻意愿的测量量表

变量名	编号	题　项
搜寻意愿	WI_1	您愿意通过豆瓣读书平台来搜寻图书以及自己感兴趣的内容
	WI_2	当搜寻的内容量过于丰富时您愿意继续搜寻
	WI_3	当搜寻时间超过搜寻的平均时间您愿意继续搜寻
	WI_4	在亚马逊等网站购书后您仍愿意通过豆瓣读书平台继续搜寻

⑤搜寻模式。第 6 章归纳了社会化媒体环境下两种基本的信息搜寻行为模式：策略选择型搜寻模式和快速扫描型搜寻模式，进而以互动为分类变量，对策略选择型搜寻模式进行深入分析，归纳出封闭劳而无获型、开放机巧获利型和活跃勤勉高效型三种模式，以

社会化搜寻策略为分类变量，归纳出足智多谋型、纸上谈兵型和不劳无获型三种为模式。将上述八种信息搜寻行为模式与豆瓣网信息内容和系统功能相结合，提出了如表8-5所示的测量量表。

表8-5　　搜寻模式的测量量表

变量名	编号	题　项
搜寻模式	MO_1	您能通过书评、推荐、热门标签、搜索引擎等多种手段搜寻到所需要的信息
	MO_2	您只通过搜索引擎或浏览来搜寻作品、作者和出版社信息
	MO_3	你在搜寻过程中较少与其他用户进行互动交流，虽然花费了时间和精力，经常搜寻不到感兴趣的图书
	MO_4	您在搜寻时会和其他用户有一些互动，会进行持续搜寻，能找到想要的图书
	MO_5	您比较注重互动及社会化策略的使用，搜寻能力突出，搜寻效率高
	MO_6	您会坚持使用一种搜寻策略，搜寻过程短暂，搜寻结果较少
	MO_7	无论怎么调整搜寻策略，您在查找图书时总是困难重重
	MO_8	您能灵活使用搜寻策略，搜寻过程自由，善于互动，结果令您满意

⑥搜寻效率。从是否能搜寻到、搜寻所耗费的时间、搜寻过程中遇到的障碍以及对整个搜寻过程是否满意四个方面来测量搜寻效率，题项如表8-6所示。

表8-6　　搜寻效率的测量量表

变量名	编号	题　项
搜寻效率	EF_1	您通常能在豆瓣读书平台中找到自己喜欢的内容
	EF_2	您觉得每次消耗在豆瓣读书的时间太长
	EF_3	在搜寻过程中您会遇到许多障碍
	EF_4	通常情况下对于搜寻过程您感到满意

⑦分享。豆瓣网致力于给用户提供一个交流的平台，因此豆瓣的分享方式是多样化的。对同一本图书，可以点击“推荐”分享给豆瓣网上的友邻，可以点击“分享到”选择其他社交媒体网站，可以写下自己的书评分享自己的读后感，也可以贴上自己的购买方式和购物体验。对于书评，同样也有多种分享的方式。分享的测量题项如表 8-7 所示。

表 8-7　**分享的测量量表**

变量名	编号	题　项
分享	SH_1	对于喜欢的图书您会分享给其他社交媒体的好友
	SH_2	对于喜欢的图书您会点击“推荐”按钮
	SH_3	对于喜欢的书评您会分享给其他社交媒体的好友
	SH_4	您会点击“有用”或“无用”按钮来评价某篇书评
	SH_5	读完某本图书您会上传自己的书评
	SH_6	您会分享自己购买某本书的购物方式和购物体验

8.2.3　问卷前测

初始调查问卷确定后，于 2013 年 6 月中旬在豆瓣小组“买书如山倒 读书如抽丝”中发放，该小组是豆瓣上最具人气的以“买书”为主题的兴趣小组。前测共获得问卷 57 份，有效问卷 50 份，有效率为 87.7%。

使用 SPSS17.0 检验量表的信度，结果如表 8-8 所示。总量表信度系数 α 为 0.945，说明问卷有较高的一致性，分量表中除搜寻效率的 α 值略低于 0.7，在可接受范围，其余变量的 α 值都大于 0.7，表明问卷的一致性良好。

表 8-8　　搜寻行为模型研究变量数目及 Cronbach α 值

变量	项目数	Cronbach's α 值	总量表 Cronbach's α 值
关系	4	0. 754	0. 945
互动	8	0. 848	
关注	5	0. 783	
搜索意愿	4	0. 871	
搜索模式	8	0. 881	
搜索效率	4	0. 696	
分享	6	0. 840	

8. 2. 4　正式调查

正式调查于 2013 年 6 月 22 日开始，通过网络问卷的形式在问卷星平台上进行发放。因为选取平台的特殊性，所以问卷发放的对象仅限于豆瓣读书的使用者。问卷的收集通过以下三种方式：①对在豆瓣读书平台上出现的用户随机发送豆邮；②在豆瓣“买书如山倒 读书如抽丝”、“每天提前上床 N 小时，我们一起读书”和“生活 · 读书 · 新知”三个小组中发帖；③在人人网、新浪微博上贴上链接，让使用豆瓣读书平台的用户填写。最终收集到电子问卷 278 份。排除未填写目前所在城市的 18 份、不经常利用社会化媒体进行信息搜寻的 25 份和矩阵量表题答案分数几乎全部相同的 24 份，得到有效问卷 211 份，有效率为 75. 9%。

问卷效度分析的 KMO 值和 Bartlett 球形检验值见表 8-9。

表 8-9　　KMO 值和 Barelett 的球形度检验

变量	KMO 值	Bartlett 球形度检验	P 值
关系	0. 717	131. 934	0. 000
互动	0. 850	763. 816	0. 000
关注	0. 773	326. 130	0. 000
搜寻意愿	0. 780	347. 998	0. 000

续表

变量	KMO 值	Bartlett 球形度检验	P 值
搜寻模式	0.829	395.480	0.000
搜寻效率	0.665	368.789	0.000
分享	0.804	417.666	0.000

①关系。从表 8-9 中可知关系因素的 KMO 值等于 0.717，其值越接近于 1 效果越好，$P=0.000<0.01$，意味着变量间存在着相关性，适合进行因子分析和主成分分析。该因素下包含四个题项，成分矩阵中只有一个成分且数值均大于 0.6，所以符合要求。

②互动。对互动因素的所有题项进行分析，其 KMO 值为 0.850，P 值为 0.000。从表 8-10 中可以看出，互动变量中包含了两个成分。其中明显可以看出 IA_7 既属于成分 1 又属于成分 2，应予以删除。剩余的 7 个题项从属于两个成分，如果考虑将互动变量进一步划分为两个变量，那么结构方程模型中便会出现二阶因素，模型更加复杂，所以这里考虑题项的合理性，将 IA_5、IA_6 和 IA_8 直接删除。

表 8-10　　**互动的旋转成分矩阵表**

旋转成分矩阵 a		
项目	成分	
	1	2
IA_1	0.401	0.731
IA_2	-0.175	0.756
IA_3	0.374	0.828
IA_4	0.490	0.683
IA_5	0.701	0.222
IA_6	0.806	0.104
IA_7	0.527	0.537
IA_8	0.824	0.142

提取方法：主成分分析法。

旋转法：具有 Kaiser 标准化的正交旋转法。

a. 旋转在 3 次迭代后收敛。

③关注。对关注因素的所有指标进行分析，KMO 值为 0.773，适合进行因子分析和主成分分析。关注因素只抽取出一个成分，且成分矩阵中的数值均大于 0.6，符合要求。

④搜寻意愿。对搜寻意愿因素的所有指标进行分析，KMO 值为 0.780，故适合进行因子分析和主成分分析。包含一个成分，成分矩阵中的数字均大于 0.6，符合要求。

⑤搜寻模式。对搜寻模式因素的所有指标进行分析，其中 KMO 值为 0.829，Bartlett 球体检验结果显著水平为 0.000，故适合进行因子分析和主成分分析。搜寻模式因素包含一个成分，如图 8-11 所示。成分矩阵中 MO_1 和 MO_6 两个题项的值小于 0.6，应予以删除。

表 8-11　**搜寻模式成分矩阵表**

成分矩阵 a	
项　目	成分
	1
MO_1	0.531
MO_2	0.733
MO_3	0.608
MO_4	0.691
MO_5	0.602
MO_6	0.514
MO_7	0.744
MO_8	0.685

提取方法 :主成分分析法。

a. 已提取了 1 个成分。

⑥搜寻效率。对搜寻效率因素的所有指标进行分析，其中 KMO 值为 0.665，Bartlett 球体检验结果显著水平为 0.000，故适合进行因子分析和主成分分析。搜寻效率因素中包含两个成分，如图 8-12 所示，旋转成分矩阵中 EF_3 属于成分 2，而成分 2 只有一题，

题项在三题以下的成分都考虑予以删除，故删除 EF_3。

表 8-12　　搜寻效率旋转成分矩阵表

旋转成分矩阵 a		
项　目	成分	
	1	2
EF_1	0.879	-0.072
EF_2	0.914	0.205
EF_3	0.039	0.995
EF_4	0.895	0.013

提取方法 :主成分分析法。

旋转法 :具有 Kaiser 标准化的正交旋转法。

⑦分享。对分享因素的所有指标进行分析，其 KMO 值为 0.804，Bartlett 球体检验结果显著水平为 0.000，故适合进行因子分析和主成分分析。分享因素如表 8-13 中所示包含两个成分，其中 SH_4 既属于成分 1，又属于成分 2，应予以删除。SH_5 和 SH_6 属于第二个成分，通常每个变量的指标都至少为三个才有研究的意义，所以这里不足以继续划分指标，应予以删除。

表 8-13　　分享的旋转成分矩阵

旋转成分矩阵 a		
项　目	成分	
	1	2
SH_1	0.810	0.174
SH_2	0.865	0.047
SH_3	0.830	0.257
SH_4	0.548	0.504
SH_5	0.187	0.827
SH_6	0.100	0.854

提取方法 :主成分分析法。

旋转法 :具有 Kaiser 标准化的正交旋转法。

a. 旋转在 3 次迭代后收敛。

经效度分析确定删除的题项见表8-14，题项重新编号，最终确认的调查问卷见附录G。

表8-14　　搜寻行为模型研究量表删除题项汇总

变量	编号	题　项
互动(IA)	IA_5	您会在某本书的论坛中积极发帖
	IA_6	您会在某本书的论坛中积极回复他人的帖子
	IA_7	某篇引起您共鸣的书评您会点击"推荐按钮"
	IA_8	他人写的书评您会去评价
搜索模式(MO)	MO_1	在没有明确搜索目的时您会先点击自己感兴趣的"热门标签"
	MO_6	您经常会遇到搜索不到满意结果的搜寻过程
效率(EF)	EF_3	在搜索过程中您会遇到许多障碍
分享(SH)	SH_4	对于喜欢的图书您会点击"推荐"
	SH_5	读完某本图书您会上传自己的书评
	SH_6	您会分享自己购买某本书的购物方式和购物体验

8.2.5　样本分析

8.2.5.1　样本人口统计学特征

样本中性别结构上男性占45.5%，女性占54.5%，女性人数略高于男性。年龄结构中18~25岁的占65.88%，学生和刚步入社会的年轻人仍是调查的主体，其次26~39岁的占27.1%，18岁以下和40岁以上的人群所占的比例极少。由此可见豆瓣上的年轻群体比较庞大。年轻人精通网络，爱生活，爱分享(见表8-15)。

表8-15　　搜寻行为模型研究样本基本信息

项目	项目分类(%)
性别结构	男45.5；　女54.5

续表

项目	项目分类(%)
年龄结构	18 岁以下 4.27；　18~25 岁 65.88；　26~39 岁 27.01； 40~49 岁 2.37；　50 岁及以上 0.47
职业结构	事业单位职员及公务员 8.53；　教师 6.16； 企业技术人员及高层管理者 18.48；　学生 49.76； 家庭主妇 0；　自由职业者 5.21；　其他 11.85
月收入	1000 元及以下 37.91；　1001~2000 元 15.64； 2001~3000 元 10.43；　3001~5000 元 15.17； 5001~8000 元 9.95；　8001 元及以上 10.9

职业结构主要集中在学生，其次是企业技术人员以及高层管理者。豆瓣本身面向的是有共同兴趣爱好的文艺青年，这决定了它的用户群体定位应该是有知识有个性的青年。职业结构也决定着月收入的情况，学生占多数所以月收入 1000 元及以下的最多占 37.91%，其他几个月收入区间所占的比重都在 10%左右。

总体上，调查对象的性别比例基本均衡，年龄趋于年轻化，职业结构学生比例较大。实际上，现有的信息搜寻行为模型中不少以学生为研究对象，比如 Kuhlthau 就曾以学生为研究对象，围绕"开始→选择→探查→形成→收集→结束"六阶段信息搜寻行为模型，开展了多年的实证研究。

8.2.5.2　样本地域分布

调查样本地域分布如图 8-3 所示，样本分布在北京、上海、江苏、浙江、广州、内蒙古、港澳台以及国外等，共 30 个地区，其中样本分布人数最多的是江苏，其次是北京、上海、湖北、山东等地。

根据百度统计流量研究院针对覆盖 150 万站点的网民地域分布数据显示，最近 3 个月(2013.05.01~2013.07.31)的网民地域分布最广前五名分别为广东、江苏、山东、浙江和河南。前五名中都包括江苏和山东，考虑到问卷统计的可变性和不完全性，认为问卷的样本地域分布具有代表性。

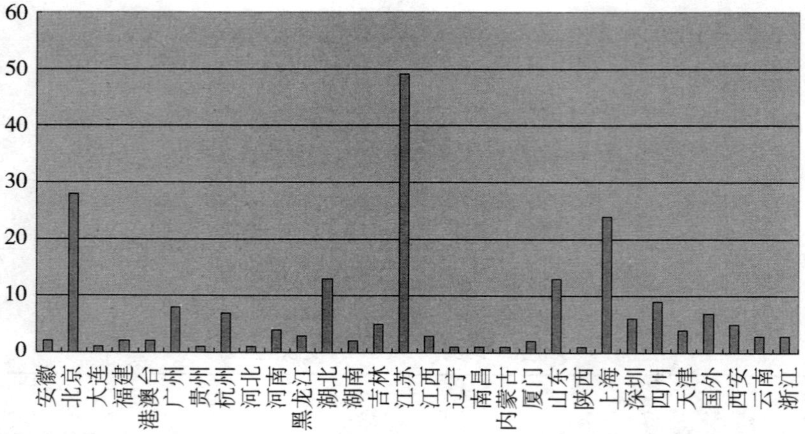

图 8-3 搜寻行为模型研究样本地域分布

8.2.5.3 社会化媒体使用状况

问卷调查数据显示，经常参与社会化媒体进行信息搜寻的用户占 82.94%，由此可见社会化媒体影响之巨大。这一题项的设计主要是用于剔除不经常使用社会化媒体进行信息搜寻的无效问卷。

经常通过社会化媒体进行购物的用户所占的比例为 65.4%，比经常通过社会化媒体进行信息搜寻的用户少近 20%。使用社会化媒体进行购物是信息搜寻行为产生的结果即行动，意味着有部分消费者因搜寻不到满意结果而结束搜寻。

平均每天花费在社会化媒体上的时间为 3 小时的占 54.5%，1 小时以下的占 18.48%，3～5 小时的占 21.33%，5 小时以上的占 5.59%。花费在社会化媒体上的时间与搜寻效率有着很大的联系。

社会化媒体上的不同类型的信息，对用户吸引程度的排名依次为图片、文字、视频、活动、音频、其他。可以了解到，图片和文字信息最吸引消费者的关注，从而激发信息搜寻行为。

8.3 结构方程模型分析

结构方程模型(Structural Equation Modeling，SEM)是 20 世纪 70 年代由 Karl Joreskog 和 Dag Sorbom 等学者提出的基于变量的协方差矩阵来分析变量之间关系的一种多元统计方法，用以处理复杂的多变量研究数据的探索与分析。结构方程模型是一种非常重要的新型研究方法，探索和检验因果关系是它的重要目标，已被广泛应用于各个学科领域问题的分析和研究①。

结构方程模型的基本原理是利用一定的统计方法对复杂的模型进行处理，根据模型与数据关系的一致性程度，对理论模型做出适当评价，从而证实或证伪假设的理论模型。结构方程模型能够同时处理多个因变量、同时估计因子结构和因子关系、估计整个模型的拟合度、容许更大弹性的测量模型。为了全面、系统、准确、客观地研究消费者的社会化搜寻行为，将使用结构方程模型法对消费者社会化搜寻行为的假设进行验证，观察模型对数据的拟合程度。具体采用 LISREL 8.70 进行假设验证和模型拟合判断。重点研究 t 值的检验和模型的拟合度指标。

8.3.1 显著性 t 值检验

打开 LISREL，选择需要打开的数据并保存为 .psf 文件格式，定义变量，完成后点击“保存”按钮。然后进行数据的输出选择，选择 Path Diagram，保存为 .pth 文件格式。在 Setup 中选择 Title and Comments 进行数据和变量的录入，区别出外生变量，将潜变量都拖动到相应的区域，画出它们之间的相关关系。点击 Setup 选择 Build Lisrel Syntax 得到模型的语句，点击 Run LISREL 得到全模型的参数估计值。选择 T-values，则得到如图 8-4 的 t 值模型图。t 值的检验是用来验证路径存在的合理性，显示的是 t 值<1.96 的路

① 邱皓政，林碧芳．结构方程模型的原理与应用[M]．北京：中国轻工业出版社，2009.

径，表明该路径之间的关系不显著。

图 8-4 模型中有 5 条路径之间的关系不显著。

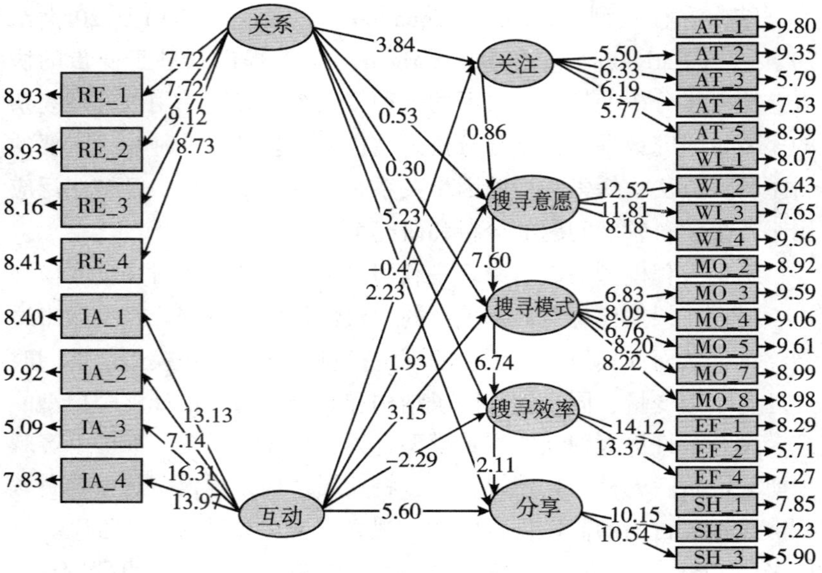

图 8-4 消费者社会化搜寻行为初始模型的 T-values 图

根据模型修正的方法，从 t 值绝对值最小的路径开始删除，所以第一步删除关系→搜寻模式这条路径。搜寻模式是在搜寻过程中提炼出来的搜寻方法、工具等的组合，关系不直接对搜寻产生影响，删除关系→搜寻模式路径后的消费者社会化搜寻行为模型 T-values 图见图 8-5。

图 8-5 的模型中仍存在 4 条不显著路径，继续修正。关系→搜寻意愿和关系→分享两条路径的 t 值绝对值相近。分享是搜寻后的行为，受搜寻过程的影响比较大，关系对分享的影响小，于是先删除路径关系→分享。删除该路径后的模型见图 8-6。

继续修正，删除关系→搜寻意愿。搜寻意愿是消费者进行搜寻行为的概率，是其主观意愿，受主观因素的影响比较大，关系不影响或不直接影响搜寻意愿。删除关系→搜寻意愿后的模型图，如图 8-7 所示。

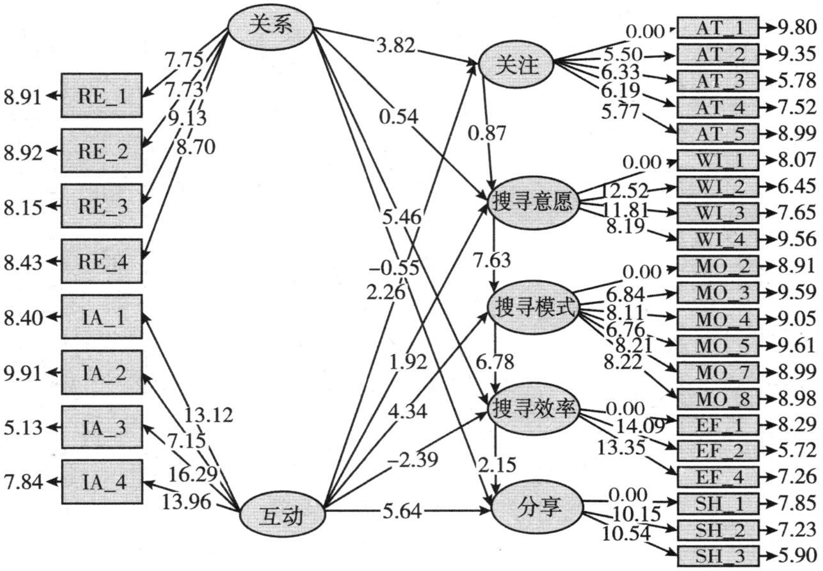

图 8-5　删除关系→搜寻模式后的消费者社会化搜寻行为模型 T-values 图

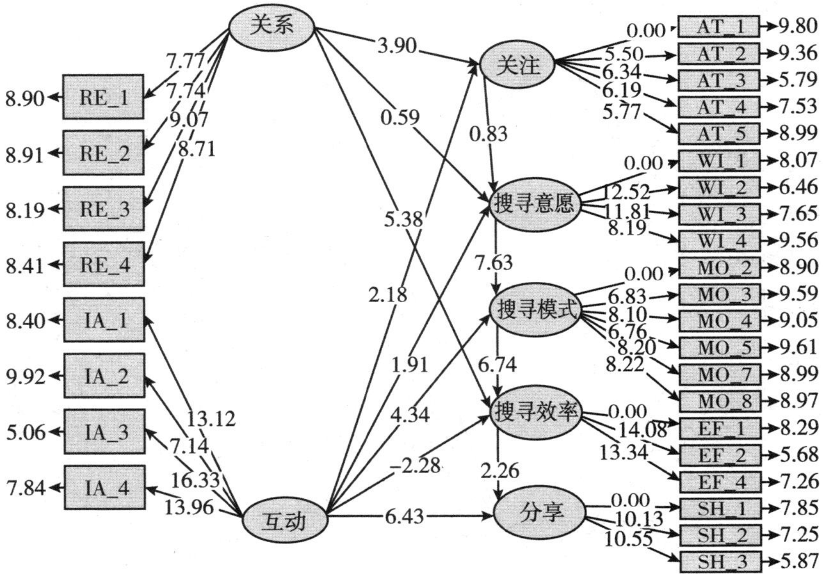

图 8-6　删除关系→分享后的消费者社会化搜寻行为模型 T-values 图

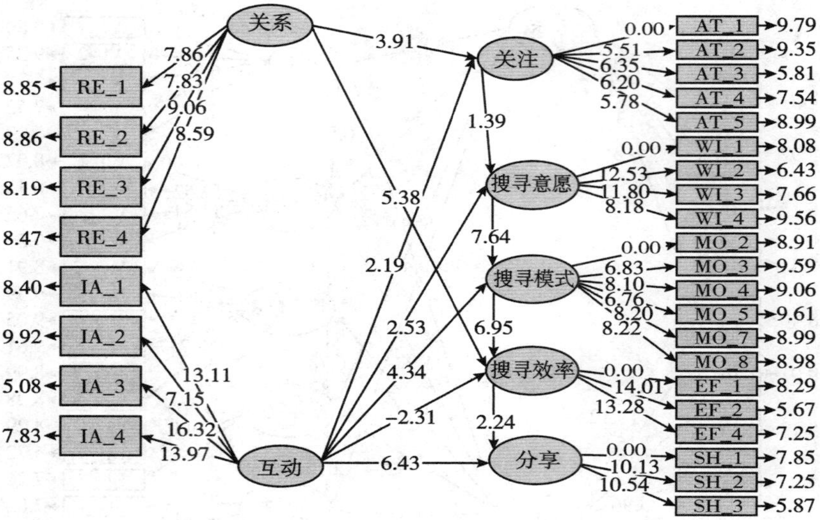

图 8-7 删除关系→搜寻意愿后的消费者社会化搜寻行为模型 T-values 图

继续修正，删除关注→搜寻意愿。删除后得到最终的消费者社会化搜寻行为模型的 T-values 图，如图 8-8 所示。

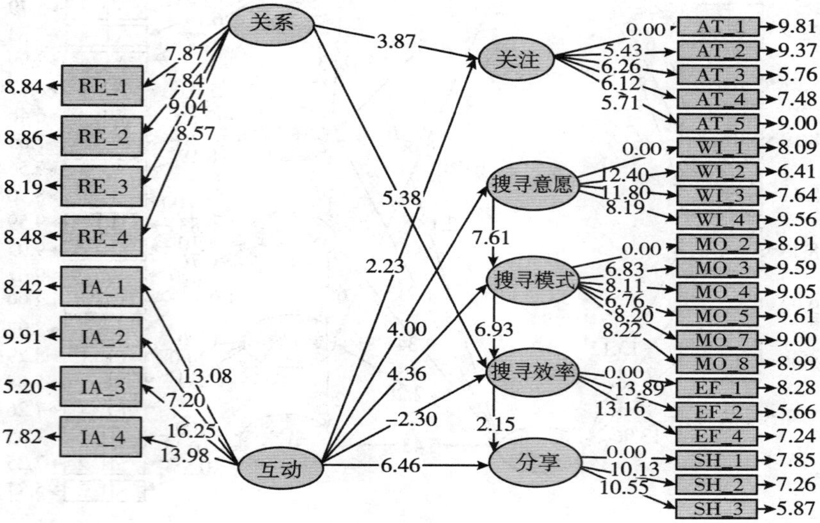

图 8-8 最终的消费者社会化搜寻行为模型 T-values 图

同时，最终模型中关系和互动的 T-values 图，如图 8-9 所示。

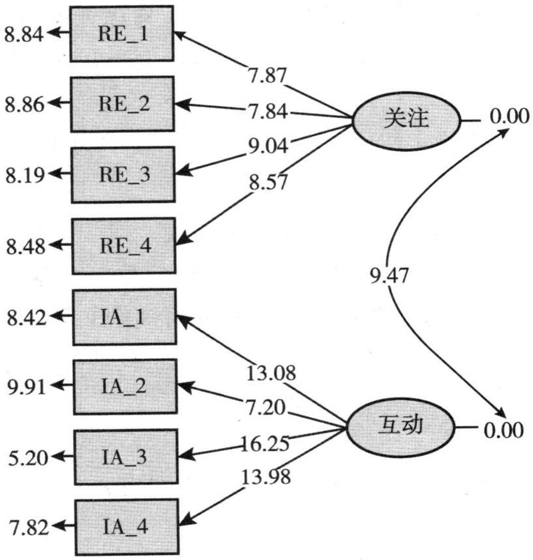

图 8-9　最终模型中关系与互动的 T-values 图

8.3.2　模型整体拟合评价

常用的拟合指标有以下几种：

8.3.2.1　绝对拟合度指数：用来确定模型可以预测协方差阵和相关矩阵的程度

拟合优度的卡方检验(χ^2)：卡方统计量与自由度的比值，美国社会统计学家卡米尼斯和马克伊维尔认为该值在 2∶1 到 3∶1 之间是可以接受的。

比较拟合优度指数(GFI)：大于 0.9，表明模型与数据的拟合程度好。

修正的拟合优度指数(AGFI)：大于 0.9，表明模型与数据拟合程度好。

残差均方根(RMR)：至少小于 0.1 表示拟合度好。

近似误差平方根(RMSEA)：其值越小也好，一般认为 RMSEA 低于 0.1 表明拟合程度好，低于 0.05 表示拟合程度非常好。

8.3.2.2 增值拟合度指数：理论模型与虚无模型的比较

本特勒-波内特规范拟合指数(NFI)：大于 0.9，表明模型与数据的拟合程度好。

不规范拟合指数(NNFI)：大于 0.9，表明模型与数据的拟合程度好。

相对拟合指数(CFI)：取值在 0~1，越接近 1，模型拟合越好。

增量拟合指数(IFI)：大于 0.9，表明模型与数据拟合程度好。

8.3.2.3 简约拟合度指数：用来评价模型的简约程度

简约拟合指数(PGFI)：大于 0.5，表明模型可接受。

简约调整后的标准拟合指数(PNFI)：大于 0.5，表明模型可接受。

修正后最终模型的各项拟合指标整理如表 8-16 所示。

表 8-16 **最终模型拟合指标**

绝对拟合度指标				增加拟合度指标				简约拟合度指标	
GFI	AGFI	RMR	RMSEA	NFI	NNFI	CFI	IFI	PGFI	PNFI
0.80	0.76	0.093	0.073	0.91	0.94	0.95	0.95	0.67	0.82

最终模型的卡方值为 779.96/366≈2.13，介于 1 和 3 之间，属合理区间，RMSEA 值为 0.073，除 GFI 和 AGFI 值偏低，其他指标都大于 0.9。同时，最终模型的卡方值小于初始模型的卡方值 778/362，RMSEA 值也有降低，修正后的模型比初始模型的拟合度好。对于较为复杂的模型，同时满足所有指标难度太大。最终模型的拟合度在可接受范围之内。

根据结构方程模型分析结果，社会化媒体下消费者信息搜寻行为模型如图 8-10 所示：

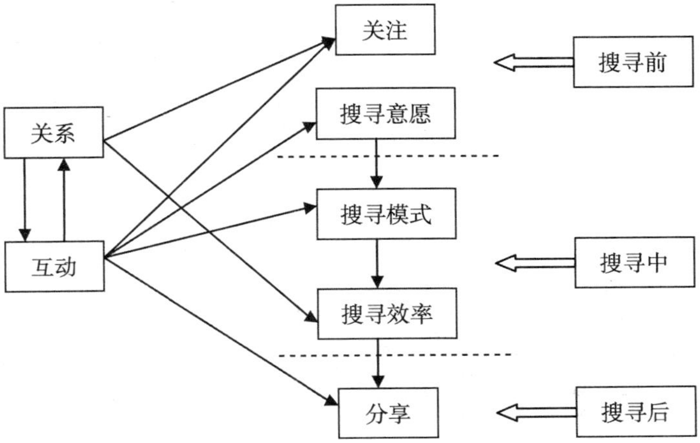

图 8-10　社会化媒体环境中消费者信息搜寻行为模型

8.4　结论分析

根据消费者社会化搜寻行为模型进行假设检验，结果如表 8-17 所示。

表 8-17　　　　搜寻行为模型研究假设检验结果

序号	假设	标准化路径系数	显著性水平 t	结论
H1	RE→IA(关系→互动)	0.61	9.47* 显著	成立
H2	RE→AT(关系→关注)	0.48	3.87* 显著	成立
H3	RE→WI(关系→搜寻意愿)	0.07	路径删除	不成立
H4	RE→MO(关系→搜寻模式)	0.03	路径删除	不成立
H5	RE→EF(关系→搜寻效率)	0.51	5.38* 显著	成立
H6	RE→SH(关系→分享)	-0.06	路径删除	不成立
H7	IA→RE(互动→关系)	0.61	9.47* 显著	成立
H8	IA→AT(互动→关注)	0.23	2.23* 显著	成立
H9	IA→WI(互动→搜寻意愿)	0.21	4.00* 显著	成立

续表

序号	假设	标准化路径系数	显著性水平 t	结论
H10	IA→MO(互动→搜寻模式)	0.28	4.36* 显著	成立
H11	IA→EF(互动→搜寻效率)	0.22	2.30* 显著	成立
H12	IA→SH(互动→分享)	0.58	6.46* 显著	成立
H13	AT→WI(关注→搜寻意愿)	0.10	路径删除	不成立
H14	WI→MO(搜寻意愿→搜寻模式)	0.69	7.61* 显著	成立
H15	MO→EF(搜寻模式→搜寻效率)	0.64	6.93* 显著	成立
H16	EF→SH(搜寻效率→分享)	0.20	2.15* 显著	成立

8.4.1 关系和互动

在图 8-10 所示的社会化媒体环境下消费者信息搜寻行为模型中，社会化媒体的两大特征“关系”与“互动”之间相互影响，互为因果，这与第 2 章中的理论阐述是吻合的。此外，关系与互动对消费者信息搜寻行为的影响是不同的，互动影响消费者社会化搜寻的所有阶段，互动是消费者社会化搜寻行为的核心，关系是社会化媒体构建的基础，同时关系通过互动影响消费者社会化搜寻行为。

①搜寻意愿与互动显著相关，而受关系的直接影响不显著，关系通过互动影响搜寻意愿。这似乎与第 4 章中得出的关系和互动影响感知有用和感知易用，进而影响搜寻意愿相矛盾，但第 4 章是将关系和互动作为一个变量，而本章将它们一分为二，所形成的结论表面上是仅支持了互动对搜寻意愿的影响，但实际上两处结论并不矛盾。因为本章探析了关系和互动之间的相互作用以及各自对搜寻意愿的影响机制，是对第 4 章研究结论深化。Bhattacherjee① 指出当消费者认为从事某种行为能得到好处或实用性的帮助时则会持续

① Bhattacherjee, A. Individual Trust in Online Firms: Seale Development and Initial Test[J]. *Journal of Management Information Systems*, 2002, 19(1): 211-242.

该行为，而不受该事件影响。从搜寻意愿的角度理解为：只有在消费者认为搜寻有实际意义的前提下，消费者才会具有搜寻意愿，产生搜寻行动。因此，我们有理由认为消费者的搜寻意愿主要是消费者主观意愿的体现，同时也受其他外在因素的影响。互动越强烈，表明消费者乐意参与到互动中，是一种强烈的意愿的体现，而关系属于外在因素，需通过互动的中介作用，对搜寻意愿产生影响。

②搜寻模式受互动的影响显著，而受关系的直接影响不显著，关系通过互动对搜寻模式产生影响。互动是指消费者之间的交流和沟通，搜寻模式是搜寻的方式、方法和工具的集合，信息搜寻离不开多个层面的互动，如"人机"以及"人人"。信息搜寻是动态的过程，会因为互动的形式和结果来调整信息搜寻行为，因此互动直接影响信息搜寻模式。如在搜寻的过程中遇到障碍时，与他人的互动能够及时给消费者提供搜寻的思路。因此，互动显著影响消费者的搜寻模式。而关系是将兴趣爱好相同的消费者维系在一起的纽带，消费者仅建立庞大的关系网络是不够的，还必须调动这些关系去积极参加互动，关系是通过互动来影响搜寻模式的。

③关系和互动对搜寻效率的影响都显著。关系越强，搜寻结果就越接近消费者的需求，付出的搜寻努力越少，搜寻有效性越高，消费者满意度越高。搜寻结果、搜寻有效性、信息搜寻努力和消费者的满意度都是衡量搜寻效率的重要指标。所以，关系促进搜寻效率，与第 7 章的研究结论保持一致。而互动对搜寻效率的正向影响在本研究中得以揭示。

8.4.2　社会化媒体环境下消费者信息搜寻行为

在图 8-10 所示的社会化媒体环境下消费者信息搜寻行为模型中，"搜寻前"阶段关注对搜寻意愿的影响不显著，所以"搜寻前"阶段的主要行为是基于消费者之间关系的互动交流行为和建立在互动基础之上的搜寻意愿。也就是说，消费者信息搜寻始于搜寻意愿，而非关注，关系和互动取代了关注。社会化媒体环境下搜寻意愿的产生不是来自于主动关注，而是来自于关系和互动，这也体现了社会化媒体的社会性。

模型中“搜寻中”阶段的搜寻模式和搜寻效率细化了 AISSAS 中 SS 的研究，反映了信息搜寻行为从进行到结果的自然过程。

模型中“搜寻后”的分享行为受消费者的互动性以及信息搜寻效率的影响，但主要受到搜寻后的消费行为的影响，但这一影响没有直接体现在模型中。

由于社会化媒体环境下的搜寻前阶段行为较之传统网络环境下有较大变化，用 IISSAS (Interaction → Intention → Social Search → Action→Share)模型代替 AISSAS 模型来概括或许更能体现搜寻环境发生的变化。

8.5 本章小结

本章以第 4 章至第 7 章的研究结论作为研究假设提出的基础理论，以描述消费者社会化媒体环境下信息搜寻过程的 AISSAS 模型为蓝本，引入社会化媒体关系和互动的影响，通过问卷调查和结构方程模型分析建立了社会化媒体环境下消费者信息搜寻行为模型。该模型对前章的研究结论基本予以了支持，同时延伸和总结了全文的研究内容。

略显不足的是，本章建立的社会化媒体环境下信息搜寻行为模型有两个拟合度指标偏低，模型并非最佳拟合。原因可能在于本章采用的初始模型是简化后的 AISSAS 模型，模型中去除了兴趣和行动两个环节，环节脱节影响了模型本身的科学性，此外，结构方程模型分析要求模型越简单越好，本章模型稍复杂，模型拟合困难。尽管如此，本章建立的信息搜寻行为模型仍属可以接受的范围，具有一定的参与价值。

第 9 章　结论与展望

9.1　研究结论

9.1.1　对社会化搜寻的理解

消费者的社会化搜寻行为是指社会化媒体环境下消费者的信息搜寻行为，它强调信息搜寻过程中的社会化交互，而不仅仅是搜索引擎的社会化这一狭义解读。社会化电子商务的发展促进了消费者的社会化搜寻。社会化搜寻利用消费者之间复杂的关系，通过互动，从而实现更加即时、个性化、本地化、情境化、真实性的信息搜寻。

社会化搜寻行为包括 4 个要素：社会化媒体环境、搜寻主体即消费者、搜寻客体即信息，以及信息搜寻。

9.1.2　社会化媒体环境

9.1.2.1　关系、互动、内容之间的相互作用机制

社会化媒体具有参与性、开放性、交流互动、连通融合、普及性和社区化的特点。关系和互动以及内容是社会化媒体的要素。社会关系和互动的需求促进了社会化媒体平台上的内容生产，反过来，社会化媒体平台上的内容也成为联结人们关系的纽带。

社会化媒体最基础的要素是关系，因为内容依附于关系。第 7 章研究表明，关系对信息搜寻有效性的影响大于内容。而社会化媒体最核心的要素是互动，没有互动，就没有信息的运动。第 8 章的研究结论表明，互动影响消费者社会化搜寻的所有阶段。第 5 章实

证检验了关系和互动两者之间的作用机制，在不同的信息搜寻行为模式中，关系和互动均表现同样的变化趋势，如关系高于均值，则互动更大程度地高于均值，反之亦然。这有力证实了互动以关系为基础，关系影响互动，进而影响消费者社会化搜寻行为的结论。

9.1.2.2 关系型、内容分享型、关系和内容分享型社会化媒体的划分

从社会化媒体的功能入手，结合关系(互动)和内容两个要素来构建社会化媒体的基本分类体系，将社会化媒体分为关系型、内容分享型与关系和内容分享型三种。关系型社会化媒体建立在用户之间强关系的基础上，用户参与动机以维系情感为主，其次是倾诉表达，对信息本身进行讨论和参与性的评价和分析，创造的高质量的内容较少；内容分享型社会化媒体以用户之间的弱关系为基础，用户参与以表达自我、展示自我为主，为了提高内容的影响力，必须创造更多的高质量内容；关系和内容分享型社会化媒体建立在用户之间兴趣关系和社交关系的基础上，用户结成圈子、小组、部落，相互关注，发布多种形式的信息、发起或参加活动，创造高质量的信息内容。关系和内容分享型是社会化媒体的发展趋势。

9.1.3 社会化媒体环境下的消费者及其搜寻策略

9.1.3.1 消费者特征和分类

消费者是信息搜寻行为意义建构和问题解决的主体。社会化媒体环境中，消费者具有移动性、交互性、个性化、去中心、位置信息需求、信任倾向的特点，更具有智能性、主动性和适应性，从而形成与其他消费者之间、与社会化媒体平台之间的交互。第5章研究发现，消费者的搜寻能力和搜寻内容呈现一致变化，说明无论是在传统网络环境下，还是新兴的社会化媒体环境下，消费者的信息搜寻能力在其信息搜寻行为中都起着至关重要的作用。

另外，根据信息搜寻行为的特点，可以将消费者划分为策略选择型和快速扫描型。策略选择型消费者搜寻策略的运用多、搜寻努力程度大、相互之间关系紧密、关系的数量多。快速扫描型消费者关系松散或关系数量少、搜寻内容少、搜寻策略的运用也少。按信息搜寻中互动的程度，可以将消费者划分为封闭劳而无获型、开放机巧获利型和活跃勤勉高效型。按照社会化搜寻策略的运用程度，可以将消费者划分为足智多谋型、纸上谈兵型和不劳无获型。

9.1.3.2　信息搜寻策略

社会化媒体环境下消费者信息搜寻策略的运用具有多样性、搜寻路径的跳跃性，以外部策略为主，社会化的圈策略的运用是发展趋势。

按具体的搜寻方式，传统网络环境下的信息搜寻策略包括搜索、浏览、追踪、偶遇四种。随着网络交互环境的发展，这四种策略的作用形式发生了变化，同时产生了新的信息搜寻方式。具体而言，社会化媒体环境下的消费者运用搜索、浏览、追踪、偶遇、询问五种信息搜寻策略中的一种或几种来查找资源。基于社会化交互的社会化搜寻策略的出现，使得社会化媒体中“用户信息搜寻将被简化，信息会不找自来”①，这也能解释为什么社会化媒体被冠以 lazyWeb 之名。

第 5 章实证研究表明，社会化媒体环境中，消费者传统搜寻策略和社会化搜寻策略的运用呈同向变化，传统搜寻策略运用得多，社会化搜寻策略也多，反之亦然。尽管如此，在大多数的行为模式中，传统搜寻策略的使用仍多于社会化搜寻策略，这与消费者的搜寻偏好相关。

9.1.4　社会化媒体环境中的信息

社会化媒体环境中的信息具有自发性、非结构化、非限制性、信息过载性的特点，除了传统网络环境中的超文本、主题树、搜索引擎等组织方式外，社会化媒体环境下的信息通过人与人之间的关系和兴趣圈子加以组织。

第 7 章研究结论表明，可见、可达、可用的信息会减少消费者信息搜寻的努力程度，增加消费者信息搜寻的满意程度，正向影响

---

① Erik Qualmans. *Socialnomics: How Social Media Transforms the Way We Live and Do Business*[M]. Wiley, 2010.

消费者的信息搜寻。

9.1.5　社会化媒体环境中的信息搜寻行为模型

9.1.5.1　搜寻过程

社会化媒体环境中的信息搜寻由兴趣和需求引发，关系推动，信息搜寻居于中心环节，同时参与和分享是信息搜寻的发展趋势。

理论研究表明，社会化搜寻过程的 AISSAS 模型强调了社会化媒体在信息搜寻中的重要性以及社会化分享的重要性，该模型将信息搜寻行为分成了搜寻前、中、后三个阶段。

第 8 章实证研究表明，消费者信息搜寻始于搜寻意愿，而非关注，关系和互动取代了关注。社会化媒体环境下消费者搜寻意愿的产生不是来自于主动关注，而是来自于关系和互动。

社会化媒体环境下，Social(社会化)的渠道和方法在 Search(搜寻)中的重要性突显，所以在既有的 AISAS 结构上多加了一个 S，S/S 表示搜寻中。本书“搜寻中”阶段的研究分搜寻模式和搜寻效率两个部分，研究深入探讨了 AISSAS 中 SS 的内涵，反映了信息搜寻行为从进行到结果的自然过程。

“搜寻后”的分享行为受消费者的互动性以及信息搜寻效率的影响。

关系与互动对消费者信息搜寻行为的影响是不同的，互动影响消费者社会化搜寻的所有阶段，互动是消费者社会化搜寻行为的核心，互动产生信息流动。关系是社会化媒体构建的基础，关系是信息的载体。同时，关系通过互动影响消费者的社会化搜寻行为。

综上，本研究以 AISSAS 为基础，概括了社会化媒体环境下消费者信息搜寻过程的 IISSAS（Interation→Intention→Social Search→Action→Share）模型。

9.1.5.2　搜寻前阶段的搜寻意愿

第 4 章研究结论表明，性别和月收入对于消费者的社会化信息搜寻愿意并没有显著影响，但上网时间较多的人有更强烈的购前信息搜寻意愿。

消费者对社会化媒体的感知有用和感知易用以及消费者的搜寻

动机直接正向影响消费者的搜寻意愿。社会化媒体内容的自发性和全面性、社会化媒体的社区性以及交互性对感知有用和感知易用影响显著，进而正向影响消费者的搜寻意愿。

社会化媒体内容的非结构化、用户的参与性对消费者的搜寻意愿没有影响；感知风险通过感知有用正向影响搜寻意愿。

消费者的购前搜寻意愿与购后搜寻意愿意之间相互影响。购前搜寻意愿受功能性动机的影响，购后搜寻意愿受功能性动机和享乐性动机的影响。购前信息搜寻意愿更多地受到感知易用的影响，购后搜寻意愿受感知有用的影响更大。

第 5 章研究显示，消费者更注意购前信息搜寻，但消费者的购后搜寻与搜寻障碍相关，在搜寻障碍较多的情况下，消费者会更多地从事购后搜寻。

9.1.5.3 搜寻中阶段的搜寻模式

第 5 章实证研究表明，影响社会化媒体环境下消费者信息搜寻行为模式的最主要的因素是关系的层次、互动的程度、采用的搜寻策略以及具备的搜寻能力，其次是搜寻内容、搜寻努力程度和搜寻障碍，是否进行进阶搜寻在不同的信息搜寻行为模式中没有表现出显著的差异。

9.1.5.4 搜寻中阶段的搜寻效率

第 5 章研究表明，互动和社会化搜寻策略运用的程度直接影响了搜寻过程和搜寻效果。互动越频繁，社会化搜寻策略使用越多，信息搜寻活动就越活跃，信息搜寻的效果越好。这一结论在第 6 章研究中受到了挑战，同时得以深入到不同的策略开展效率评价，研究结论表明，并不是所有社会化搜寻的效率均高于传统搜寻。

第 6 章比较了传统网络环境和社会化媒体环境中的搜索、浏览、追踪和偶遇的搜寻效率。研究发现：

① 社会化搜索的搜寻效率普遍低于传统搜索，传统搜索引擎更适用于搜索这种目的性明确的信息搜寻方式。基于关系和互动的社会化搜索远没有传统搜索引擎的算法搜索精准和全面。

② 社会化浏览的搜寻效率普遍低于传统浏览，传统的主题目录浏览更适用于浏览这种非定向，目的性不强的信息搜寻方式。当

标签难以起到有效的信息分类组织的作用的时候，社会化这一有效的信息传递及筛选机制的作用也就降低了，从而影响搜寻效率。

③ 社会化媒体环境下追踪和偶遇策略的信息搜寻效率高于传统网络环境。

第6章比较了社会化搜索、社会化浏览和询问这三种主动的社会化搜寻策略的搜寻效率。研究表明，社会化搜索在解释性和探索性这些开放性信息搜寻任务上效率最高；询问策略解决简单事实性搜寻任务的信息搜寻效率最高；社会化浏览的搜寻效率较低。

因此，如果全面考虑不同的信息搜寻策略，很难对社会化搜寻和传统网络搜寻的效率之争下一定论。

9.1.5.5 搜寻后阶段的社会化分享

第7章研究结论表明，消费者信息搜寻的有效性受内容分享者(创造者)的社群地位(所拥有的粉丝数)、弱关系和一般关系与晒单信息量的影响，从信息交流的角度来说，三者对消费者信息搜寻有效性的影响是基于它们对信息的可见性、可达性和可用性的影响。其中，对消费者的信息搜寻影响最大的是社会化媒体中的关系，尤其是基于庞大用户基数的弱关系和一般关系，这证明了社会化媒体环境中普通网民在信息活动中的绝对主导地位；其次是社会化分享的信息量，尤其是内容，充分体现了信息活动“内容为王”的原则。

本书实证研究各部分的研究结论实现了相互验证和补充。总之，社会化媒体影响到消费者信息搜寻的任何一个要素和任何一个阶段。信息搜寻行为是社会化媒体影响的过程，也是社会化媒体影响的结果。

9.2 研究贡献

9.2.1 理论贡献

情报学总是在新的环境、新的技术和新的问题中伴随着研究对象的发展和深化而“与进俱进”。新兴的社会化媒体环境下知识交流过程、特点及其规律等方面的研究，已经成为目前情报学新的关注点。

本书的研究内容不是停留在社会化搜寻的概念及方式、社会网络的关系和结构特征等基本理论的研究，而是从不同视角，运用理论研究、实验和实证的多种方法，对社会化媒体环境与用户、用户与用户、用户与信息、社会化媒体与信息搜寻之间相互作用的规律进行了深入的探讨。主要包括：

① 从特点、要素和类型三个方面构建了社会化媒体研究的理论框架。

② 探讨了社会化媒体影响信息搜寻行为的作用机制，即深入研究社会化媒体下消费者信息搜寻行为的环境、主体、客体及信息搜寻所发生的变化，呈现的特质，及相互作用的规律。

③ 从搜寻前、搜寻中和搜寻后三个阶段构建了信息搜寻行为研究的理论框架。

④ 建立了社会化媒体环境中消费者信息搜寻行为研究的概念模型，即从社会化媒体的要素入手，研究关系和互动对于消费者信息搜寻各阶段的代表性行为的影响。

此外，针对目前研究的不足，本书对以下三个研究主题开展了有益的研究探索，它们是：社会化搜寻意愿的影响因素及其对搜寻行为的影响研究、动态持续的消费者社会化信息搜寻行为研究、社会化媒体环境下消费者信息搜寻效率的比较研究。这些创新性的研究工作弥补了现有研究的不足，丰富了本领域的研究成果，体现了以用户为中心的信息行为研究的发展方向。

同时，本书以信息搜寻行为为研究对象所形成的研究思路和技术实现可以拓展到社会化媒体环境中其他信息行为的研究，有助于更为深入地认识新兴社会化媒体环境中知识信息分布、组织的特点和用户信息行为的规律。

9.2.2　实践启示

本书的研究成果能够为社会化媒体环境中消费者的信息搜寻以及社会化媒体平台的建设实践提供参考模型和依据。

首先，社会化媒体和信息搜寻效率的研究成果可以引导社会化媒体中消费者的信息交流、获取和利用趋向便捷高效。指导消费者从自身信息需求出发，深刻认识社会化媒体环境的规律，顺势而为，建立和维持关系，参与互动和分享，有序地创造内容，善用强大的网络知识库，借力于社会化的力量，科学地选择和综合运用传统网络和社会化的信息搜寻工具和和方法，为正确的决策提供信息支持，以解决目前消费者面对的个性化信息需求与日益复杂的信息空间难以有效匹配的搜寻困境。

其次，社会化媒体环境下消费者信息搜寻意愿、搜寻行为模式、搜寻效率的研究成果揭示了用户信息搜寻行为的特征与规律。从搜寻效果的角度，了解成功和失败的信息搜寻行为的特征，从搜寻过程的角度，了解用户在搜寻中的策略选择、努力程度、障碍感知以及进阶搜寻的特点和相互关系，从搜寻主体的角度，了解搜寻能力在信息搜寻中的作用，从关系和互动的角度，了解信息搜寻与社会化的结合。这些规律和特征是社会化媒体平台系统建设的基础。

研究发现，搜索引擎、主题目录等传统网络环境的信息获取渠道在社会化媒体中仍发挥着无可替代的作用，因此社会化媒体平台加强搜索引擎，目录分类体系的建设仍是长期的任务。此外，社会化搜寻的途径和方法在复杂开放任务的信息搜寻，以及实时、本地、个性化的信息搜寻方面显示出无可比拟的优势，所以，社会化媒体平台系统同时要完善其社会化功能。从本书的研究中提炼出如下 3 条指导原则：

① 关系为先。社会化媒体平台的建设以用户之间的关系为基础。小世界原理说明理论上没有到达不了的关系，即意味着社会化媒体中没有到达不了的信息，因为社会化媒体中信息沿着关系的通道传递。但实际上，这种通道并非畅通无阻，可能通道会断裂，可能通道路径过长，给用户的信息搜寻带来困难。本书研究发现，关系对信息搜寻的影响机制是复杂的。社会化媒体平台可以通过用户之间关系的扩展和便捷的系统推送功能来实现关系的通道通畅和快捷，满足用户的信息需求。

② 互动至上。社会化媒体的核心要素是互动，社会化搜寻的本质是互动，所以要提升用户的信息搜寻体验，社会化媒体平台必须通过其功能完善、激励机制建立、活动开展增加用户的分享、评论、转发、关注等多形式的互动。内容带来互动、互动创造内容；关系产生互动、互动建立关系，在社会化媒体要素相互作用的过程中，信息需求被激活，信息被整序，信息交流加速，有效地推动了信息搜寻的进程。

③ 内容为王。社会化媒体中用户内容创造的自发性和全面性为信息搜寻提供了有利的信息环境，社会化媒体平台要最大限度地致力于信息的可见、可达、可用，才能减少用户信息搜寻的努力，提高其满意度。如果说信息的可见和可达主要由社会化媒体中的关系和互动来实现，那么信息的可用需通过内容建设来完成。从信息量的角度来说，拥有最大用户基数的弱关系之间的信息内容创造和传递对用户信息搜寻的影响胜过强关系，因此社会化媒体平台需加强用户渗透，不可忽视弱关系的作用；从信息的类型来说，搜寻行为不同阶段用户的信息需求不同，如购前以产品的功能性信息需求为主，购后享乐性信息需求为主，因此社会化媒体平台可以根据不同的搜寻阶段为用户定制信息内容，帮助其持续有效的信息搜寻。

总之，只有让用户更了解自身和环境，只有社会化媒体平台更有用更易用，社会化媒体才能成为用户的知识获取平台，不可或缺的学习生活的工具。

9.3 不足与展望

社会化媒体环境下用户搜寻行为研究尚处在摸索阶段，本书所做的研究也只是初步的尝试性工作，由于涉及的研究内容较多，且受到个人研究水平和客观条件的制约，本研究还存在着较多的不足之处，主要表现在以下几个方面：

9.3.1 研究平台选择

社会化媒体的类型千差万别，不同类型的社会化媒体具有不同的特性，虽然本书研究的目标是探究社会化媒体中消费者信息搜寻行为所受影响的共同性和差异性，但出发点仍是将社会化媒体抽象为一种具有共同特性的网络环境。然而在问卷调查和系统数据获取时为了降低问卷设计、受访者选择的难度，保证系统数据收集的可获得性，针对不同的研究问题仍只选择了某一种社会化媒体作为研究平台。既然在目前研究能力下，要找到一个代表性的社会化媒体平台，它类型多样，功能全面，内容丰富，满足所有研究问题的需要且数据方便获取是极其困难的，为了更全面地体现社会化媒体的特质，本书中针对不同的研究问题选择了不同的平台(一般平台除外)。虽然各自通过实证研究得出了结论，且从理论上阐述了研究问题之间的逻辑关系，并从结论分析上探讨了各章结论之间的相互印证和补充，但是运用针对某一特定研究平台的结论来概括所有的社会化媒体，其科学性仍受到了质疑。因此，在今后的研究中，笔者将致力于寻找一个普遍适用的研究平台，或是在现有研究基础上充分考虑平台之间的差异，从中抽取出一个普遍适用的逻辑关系。

9.3.2 研究内容的梳理与完善

本书先从总体上就社会化媒体对消费者信息搜寻的影响进行了实证研究，继而分别研究了社会化媒体环境下消费者的搜寻意愿、搜寻行为模式、搜寻效率和社会化分享，最后将上述研究主题用信息搜寻的全过程加以串联，同时将社会化媒体的关系和互动纳入研究视野，运用结构方程模型得出了一个简洁的社会化媒体环境下消费者信息搜寻行为模型。尽管在形式上各部分内容之间的逻辑关系清晰，但在内容上各部分之间的联系揭示得不够充分，使得本书的各章节内容有一种“画地为牢”的桎梏感，实际上这些研究主题之间存在着更为深入的相互作用，不应是浅层次的形式上的联系，未来需要对相关内容进行进一步的梳理和融合。

9.3.3 研究数据的采集

本书实证研究中用到的问卷大多是在借鉴相关量表的基础上形成的，但仍然难以避免认识不足和主观性带来的偏差。此外，样本的质量也有待提高。研究中尽管考虑了样本选择的代表性，希望能覆盖不同类型的消费者群体，并采用了问卷星调查网站、站内信、QQ 群以及面对面访谈多种方式来收集数据，但最终有效样本仍以学生群体、高学历群体为主。原因来自两个方面，一是学生、高学历人群对网络调查的认可和参与度高，二是学生和高学历人群也是使用社会化媒体和网络购物的主力人群。除了样本代表性的局限，所有的问卷调查的有效样本都在 200~300，相对于问卷中较多的题项来说，样本容量偏小。未来的研究将进一步锤炼问卷的科学性并广泛获取研究样本，提高数据采集的数量和质量。

9.3.4 研究模型的优化

本书涉及的几个模型，尤其是社会化媒体环境下的消费者信息搜寻行为模型都过于简单，一方面是对研究问题的抽象概括不够准确深入；另一方面是没有考虑用户个体差异对信息搜寻行为的影响，这会在某种程度上影响模型的解释力。未来的研究将细化研究模型，引入调节变量，调整模型结构。

9.3.5 研究结论的分析

文中有些研究结论与现有研究成果并不一致，甚至在书中对同一研究问题也会存在前后不完全一致的情况，对此，需要更进一步的验证、解释和完善。

参 考 文 献

[1] 2013 Edelman Trust Barometer [EB/OL]. 2013-01-02. http://trust.edelman.com/slides/2013-edelman-trust-barometer.

[2] Antony Mayfield. *What is Social Media*[M/OL]. iCrossing, 2008, http://www.icrossing.co.uk/fileadmin/uploads/eBooks/What_is_Social_Media_iCrossing_ebook.pdf.

[3] Arndt, J. Role of Product-related Conversations in the Diffusion of a New Product [J]. *Journal of Marketing Research*, 1967(4).

[4] Ardichvili, A., Cardozo, R., Ray, S. A Theory of Entrepreneurial Opportunity Identification and Development [J]. *Journal of Business Venturing*, 2003, 18: 105-123.

[5] Baker, J. *The Role of Environment in Marketing Services: The Consumer Perspective* [M]//Czpeil, J. A., Congram, C., Shanaham, J., eds. The Services Marketing Challenge: Integrated for Competitive Advantage, American Marketing Association, Chicago, 1986:79-84.

[6] Bansal, H. S., Voyer, P. A. Word-of-mouth Proeesses within a Services Purehase Decision Context [J]. *Journal of Service Research*, 2000, 3(2): 166-167.

[7] Bates, M. J. Toward an Integrated Model of Information Seeking and Searching [J]. *New Review of Information Behaviour Research*, 2002, Vol. 3:1-15.

[8] Bauer, R. A."Consumer Behavior as Risk Raking" in Hancock, R. S., Ed. Dynamic Marketing for a Changing World [C]. Proceedings of the 43rd Conference of the American Marketing Association,

1960: 389-398.

[9] Belkin, N. J., Oddy, R. N., Brooks, H. M. ASK for Information Retrieval: Part I. Background and Theory [J]. *Journal of Documentation*, 1982, 38(2): 61-71.

[10] Berners-Lee, T. Hall. W., et al. A Framework for Web Science [J]. *Foundations and Trends in Web Science*, 2006, 1(1): 3.

[11] Bettman, J. R., Park, C. W., Effects of Prior Knowledge and Experience and Phase of the Choice Process on Consumer Decision Processes: A Protocol Analysis [J]. *Journal of Consumer Research*, 1980(7): 234-248.

[12] Bhattacherjee, A. Individual Trust in Online Firms: Seale Development and Initial Test [J]. *Journal of Management Information Systems*, 2002, 19(1): 211-242.

[13] Brandtzæg, P.B. Towards an Unified Media-user Typology(MUT): A Meta-analysis and Review of the Research Literature on Media-user Typologies [J]. *Computers in Human Behavior*, 2010, 26 (5): 940-956.

[14] Brynn, M. Evans, E. H. Chi. Elaborated Model of Social Search [J]. *Information Processing and Management*. 2010 (46): 656-678.

[15] Brynn, M. Evans, Sanjay Kairam, Peter Pirolli. Do Your Friends Make You Smarter? An Analysis of Social Strategies in Online Information Seeking [J]. *Information Processing & Management*, 2010, 46(6): 679-692.

[16] Bystrom, K. Information and Information Sources in Tasks of Varying Complexity [J]. *Journal of the American Society for Information Science and Technology*, 2002, 53(7): 581-591.

[17] Chen Yubo, Qi Wang, Jinhong Xie, Online Social Interactions: A Natural Experiment on World of Mouth Versus Observational Learning [J]. *Journal of Marketing Research*, 2011 (April): 238-254.

[18] Chen Yubo, Scott Fay, Qi Wang, The Role of Marketing in Social Media: How Online Consumer Reviews Evolve [J]. *Journal of Interactive Marketing*, 2011, 25(2):85-94.

[19] Chen Yubo, Yong Liu, Jurui Zhang, When Do Third-party Product Reviews Affect Firm Value and What Can Firms Do? The Case of Media Critics and Professional Movie Reviews [J]. *Journal of Marketing*, 2012, 76 (2), 116-134.

[20] Childers, T. L., Carr, C. L., Peck, J., et al. Hedonic and Utilitarian Motivations for Online Retail Shopping Behavior [J]. *Journal of Retailing*, 2002, 77(4): 511-535.

[21] Choi, Y., Rasmussen, E. M. Users Relevance Criteria in Image Retrieval in American History [J]. *Information Processing and Management*, 2002, 38(5): 695-726.

[22] Choo, C. W., Detlor, B., Turnbull, D. Information Seeking on the Web: An Integrated Model of Browsing and Searching [J]. *First Monday*, 2000, 5(2).

[23] Godes, D., Mayzlin, D. Using Online Conversations to Study World-of-mouth Communication [J]. *Marketing Science*, 2004, 23 (4): 545-560.

[24] Cohen, W. M, Levinthal, D. A. Absorptive Capacity: A New Perspective on Learning and Novation [J]. *Administrative Science Quarterly*, 1990, 35: 128-152.

[25] Cole, C., Spink A. *New Directions in Human Information Behavior* [M]. 2006(Springer): 247.

[26] Cool, C., Spink, A. Issues of Context in Information Retrieval (IR): An Introduction to the Special Issue [J]. *Information Processing and Management*, 2002, 38(5): 605-611.

[27] Cross, R., Rice, R. E., Parker, A. Information Seeking in Social Context: Structural Influences and Receipt of Information Benefits [J]. *Systems, Man, and Cybernetics*, Part C: Applications and Reviews, IEEE Transactions on, 2001, 31(4): 438-448.

[28] Daniel D. Wiegmann, Steven M. Seubert, Gordon, A. Wade, Mate Choice and Optimal Search Behavior: Fitness Returns under the Fixed Sample and Sequential Search Strategies [J]. *Journal of Theoretical Biology*, 2010(262): 596-600.

[29] David Gefen, Elena Karahanna, Detmar W.Straub.Trust and TAM in Online Shopping: An Integrated Model [J]. MIS *Quarterly*, 2003, 27(1): 51-90.

[30] Dervin, B. Strategies for Dealing with Human Information Needs: Information or Communication? [J]. *Journal of Broadcasting & Electronic Media*, 1976, 20(3): 323-333.

[31] Doug Sherrets. Google's Marissa Mayer: Social Search is the Future [EB/OL]. 2008-01-31. 2012-01-05. http://venturebeat.com/2008/01/31/googles-marissa-mayer-social-search-is-the-future.

[32] Chi, E. H. Information Seeking can be Social [J]. *Computer*, 2009,42(3):42-46.

[33] Ellis, D. A. Behavioral Model for Information Retrieval System Design [J]. *Journal of Information Science*, 1989, 15(4/5), 237-247.

[34] Engel, J. F., Blackwell, R. D., Miniard, P. W. *Consumer Behavior* [M]. 6th Edition. New York: the Dryden Press, 1990.

[35] Erdelez, S. Information Encountering: An Exploration Beyond Information Seeking [D]. Unpublished Doctoral Dissertation, Syracuse University, Syracuse, New York, 1995.

[36] Erik Qualmans. *Socialnomics: How Social Media Transforms the Way We Live and Do Business* [M]. Wiley, 2010.

[37] Ferrara, J. Patterns of Behavior [EB/OL]. [2008-01-30]. http://www.boxesandarrows.com/view/search-behavior.

[38] Fidel, R. , Davies, R, K. A Visit to the Information Mall: Web Searching Behavior of High School Student [J]. *Journal of the American Society for Information Science*, 1999(50): 24-37.

[39] Fischer, E., Reuber, A. R. Social Interaction Via New Social Media: How can Interactions on Twitter Affect Effectual Thinking and Behavior? [J]. *Journal of Business Venturing*, 2011, 26(1): 1-18.

[40] Freund, L., Toms, E. G., Clarke, C. L. A. Modeling Task-Genre Relationships for IR in the Workplace [C]. ACM SIGIR. Proceedings of SIGIR'05 New York, NJ: ACM Press, 2005.

[41] Greene, J. A., Choudhry, N. K., Kilabuk, E., etal. Online Social Networking by Patients with Diabetes: A Qualitative Evaluation of Communication with Facebook [J]. *Journal of General Internal Medicine*, 2011, 26(3): 287-292.

[42] Hagerty, M. R., Aaker, D. A. A Normative Model of Consumer Information Processing[J]. *Marketing Science*, 1984(3): 227-246.

[43] Heung, V. C. S. Internet Usage by International Travelers: Reasons and Barriers [J]. *International Journal of Contemporary Hospitality Management*, 2003, 15(7): 370-378.

[44] Hodkinson, C., Kiel, G., McColl-Kennedy, J. R. Consumer Web Search Behavior: Diagrammatic Illustration of Way Finding on the Web [J]. *International Journal of Human-Computer Studies*, 2000 (52): 805-830.

[45] Heung-Nam Kim, Majdi Rawashdeh, Abdullah Alghamdi, Abdulmotaleb El Saddik. Folksonomy-based Personalized Search and Ranking in Social Media Services [J]. *Information Systems*, 2012(37): 61-76.

[46] Ingwersen, P., Järvelin, K. The Turn: Integration of Information Seeking and Retrieval in Context [J]. *The Information Retrieval Series*, W.B. Croft. 2005, Dordrecht: Springer.

[47] Barnes, J. A. Class and Committees in a Norwegian Island Parish [J]. *Human Relations*, 1954(7): 39-58.

[48] Jacoby Jacob, Leon B. Kaplan. The Components of Perceived Risk [J]. *Advances in Consumer Research*, 1972, 3(3): 382-383.

[49] Jansen, B. J., Liu, Z., Weaver, C., et al. Real Time Search on the Web: Queries, Topics, and Economic Value [J]. *Information Processing & Management*, 2011, 47(4): 491-506.

[50] Jiandong Cao, Yang Tang, Binbin Lou. Social Search Engine Research [C]. Computer Science and Information Technology (ICCSIT), 2010 3rd IEEE International Conference. ChengDu, 9-11 July, 2010: 308-309.

[51] Johnson, G. M., Kulpa, A. Dimensions of Online Behavior: Toward a User Typology [J]. *Cyber Psychology & Behavior*, 2007, 10(6): 773-780.

[52] Tripodi J. Coca-Cola Marketing Shifts from Impressions to Expressions [J]. *Harvard Business Review*, 2011(4).

[53] Kaplan, A. M., Haenlein, M. Users of the World, Unite! The Challenges and Opportunities of Social Media [J]. *Business Horizons*, 2010, 53(1): 59-68.

[54] Kevin Glasier. An Introduction to Social Media [EB/OL]. 2011-07-03. http://www.slideshare.net/tactica_inc/the-conversation-an-introduction-to-social-media-presentation.

[55] Kim, J. Describing and Predicting Information-Seeking Behavior on the Web [J]. *Journal of American Society for Information Science and Technology*, 2009, 60(4): 679-693.

[56] Kirtiş, A. K., Karahan, F. To Be or not to Be in Social Media Arena as the Most Cost-efficient Marketing Strategy after the Global Recession [J]. *Procedia-Social and Behavioral Sciences*, 2011, 24: 260-268.

[57] Krikeias, J. Information-seeking Behavior: Patterns and Concepts [J]. *Drexei Library Ouarterly*, 1983, 19(2): 5-20.

[58] Kuhlthau, C. C. Inside the Search Process: Information Seeking from the User's Perspective [J]. JASIS, 1991, 42 (5), 361-371.

[59] Lazonder, A. W., Biemans, H. J. A., Wopereis, I. G. Differences between Novice and Experienced Users in Searching Information

on the World Wide Web [J]. *Journal of the American Society for Information Science*, 2000, 51(6): 576-581.

[60] Levin, M. M. An Essay on Browsing [J]. RQ, 1969(9): 35-36.

[61] Licklider, J. C. R. *Proposed Experiment in Browsing* [M]. Cambridge, MA: M.I.T. Press, 1965: 86-88.

[62] Lin, Q.C., Lee, J. Consumer Information Search when Making Investment Decisions [J]. *Financial Services Review*, 2004(13): 319-332.

[63] Lin, S., Belkin, N. Validation of a Model of Information Seeking over Multiple Search Sessions [J]. *Journal of the American Society for Information Science and Technology*, 2005, 56(4): 393-415.

[64] Lin, Y. R., Sundaram, H., Kelliher, A. Summaration of Large Scale Social Network Activity [A]. IEEE. Proceedings of the 2009 IEEE International Conference on Acoustics, Speech and Signal Processing. Washington, DC, USA: IEEE, 2009: 3481-3484.

[65] Lippman, S. A., McCall J. J. The Economics of Job Search: A Survey [J]. *Economic Inquiry*, 1976, 14(2): 155-190.

[66] Litvin, S. W. Goldsmith Electronic World-of-mouth in Hospitality and Tourism Management [J]. *Tourism Management*, 2008, 29(3): 458-468.

[67] Marchionini, G. *Information Seeking in Electronic Environments* [M]. New York: Cambridge University Press, 1995.

[68] Marchionini, G. Information-seeking Strategies of Novices Using a Full-text Electronic Encyclopedia [J]. *Journal of the American Society for Information Science*, 1989, 40(1): 54-66.

[69] Marcussen, C. H. The Effects of Internet Distribution on Travel and Tourism Services on the Marketing Mix: No Frills, Fair Fares, and Fare Wars in the Air [J]. *Information Technology*, 1999, 7(3/4): 197-212.

[70] Markdy, K., Atheron, P. C. *Online Training and Practice Manual for ERIC Database Searchers* [M]. Syracuse, NY: ERIC Clearing

House on Information Resources, 1978.

[71] Mark S.Granovetter. The Strength of Weak Ties [J]. *The American Journal of Sociology*, 1973, 78(6): 1360-1380.

[72] Maria Laura Mele, Stefano Federici, Simone Borsci, Giuseppe Liotta. User Experience Evaluation of Whats On Web: A Sonificated Visual Web Search Clustering Engine [J]. *International Journal of Computer Information Systems and Industrial Management Applications*, 2012(4): 352-357.

[73] McCall, J. J. Economics of Information and Job Search [J]. *Quarterly Journal of Economics*, 1970 (184): 113-126.

[74] McIntosh, R. W., Goeldner, C. R., Ritchie, J. B. *Tourism: Principles, Practices, Philosophies* [M]. John Wiley and Sons, 1995: 102-135.

[75] Meyer, R.J. A Descriptive Model of Consumer Information Search Behavior[J]. *Marketing Science*,1982:93-121.

[76] Mitchell, Vincent-Wayne. Consumer Perceived Risk: Conceptualizations and Models [J]. *European Journal of Marketing*, 1999(33) : 163-195.

[77] Moe, W. W. Buying, Searching, or Browsing: Differentiating between Online Shoppers Using In-store Navigational Click Stream [J]. *Journal of Consumer Psychology*, 2003, 13(1):29-39.

[78] Moore, R., Moore, M. L., Capella, M. The Impact of Customer-to-customer Interactions in a High Personal Contact Service Setting [J]. *Journal of Services Marketing*, 2005, 19(7): 482-491.

[79] Morris, M. R. A Survey of Collaborative Web Search Practices [C].Proceedings of the SIGCHI Conference on Human Factors in Computing Systems. ACM, 2008: 1657-1660.

[80] Henson, M. T. The Search Transfer Problem: The Role of Weak Ties in Sharing Knowledge Across Organization Subunits [J]. *Administrative Science Quarterly*, 1999(44): 82-111.

[81] Murphy, H. C., Gil, E. A. C., Schegg, R. An Investigation of

Motivation to share Online Content by Young Travelers-Why and Where [J]. *Information and Communication Technologies in Tourism*, 2010(12): 467-478.

[82] Nachmias, R., Gilad, A. Needle in a Hyper Stack: Searching for Information on the World Wide Web [J]. *Journal of Research Technology in Education*, 2002, 34(4):475-486.

[83] Negash, S., Ryan, T., Igbaria, M. Quality and Effectiveness in Web-based Customer Support Systems [J]. *Information & Management*, 2003, 40(8): 757-768.

[84] Ng, K. B. Toward a Theoretical Framework for Understanding the Relationship between Situated Action and Planned Action Models of Behavior in Information Retrieval Contexts: Contributions from Phenomenology [J]. *Information Processing and Management*, 2002, 38(5): 613-626.

[85] Ozgen, E., Baron, R. A. Social Sources of Information in Opportunity Recognition: Effects of Mentors, Industry Networks, and Professional Forums [J]. *Journal of Business Venturing*, 2007, 22(2): 174-192.

[86] Pan B. Travel Information Search on the Internet: An Exploratory Study [D]. Urbana: University of Illinois at Urbana-Champaign, 2003.

[87] Pan B., Li X. R., Zhang L. G., et al. An Exploratory Study on the Satisfaction and Barriers of Online Trip Planning to China: American College Students' Experience[J]. *Journal of Hospitality & Leisure Marketing*, 2008, 16(1-2): 203-226.

[88] Paris, C.M., Lee W.J., Seery, P. The Role of Social Media in Promoting Special Events: Acceptance of Facebook "Events"[J]. *Information and Communication Technologies in Tourism*, 2010 (14): 531-541.

[89] Pineda, R., Lemer, L., Miller, C. An Investigation of Factors Affecting the Information-search Activities of Small Business

Managers[J]. *Journal of Small Business Management*, 1998, 36(1): 60-71.

[90] Punj, G.N., Staelin, R. A Model of Consumer Information Search Behavior for New Automobiles [J]. *Journal of Consumer Research*, 1983(3): 366-380.

[91] Ratchford, B.T. The Value of Information for Selected Appliances [J]. *Journal of Marketing Research*, 1980(17): 14-25.

[92] Ramirez, A., Walther, J.B., Burgoon, J.K., Sunnafrank, M. Information-Seeking Strategies, Uncertainty, and Computer-Mediated Communication-toward a Conceptual Model [J]. *Human Communication Research*, 2002(5): 213-228.

[93] Ray, S., Cardozo, R. Sensitivity and Creativity in Entrepreneurial Opportunity Recognition: A Framework for Empirical Investigation [C]. Sixth Global Entrepreneurship Research Conference, London: Imperial College, 1996.

[94] Rheingold, H. *Virtual Community: Homesteading on the Electronic Frontier* [M]. Reading MA: Addisons-wesley Inc. 1993: 105-111.

[95] Roper, S. *Survey Highlights New "Web Rage" Phenomenon* [M]. New York: Author, 2000.

[96] Saracevic, T. Modeling Interaction in Information Retrieval (IR): A Review and Proposal [C]. Proceedings of the ASIS Annual Meeting. 1996, 33: 3-9.

[97] Schmidt, J. B., Spreng, R. A. A Proposed Model of External Consumer Information Search [J]. *Journal of the Academy of Marketing Science*, 1996, 24(3): 246-256.

[98] Sean Sands, Elly Harper, Carla Ferraro, Customer-to-noncustomer Interactions: Extending the "social" Dimension of the Store Environment [J]. *Journal of Retailing and Consumer Services*, 2011(18): 438-447.

[99] Shane, S. Prior Knowledge and the Discovery of Entrepreneurial Opportunities [J]. *Organization Science*, 2000, 11(4): 448-469.

[100] Shayne Bowman, Chris Willis. *We Media: How Audiences are Shaping the Future of News and Information* [M].The American Press Institute, 2003.

[101] Sherman Chris. What's the Big Deal With Social Search? [EB/OL]. 2006-08-15. http://searchenginewatch.com/3623153.

[102] Sherry Turkle. *Alone together: Why We Expect More from Technology and Less from Each Other* [M]. Basic Books, 2013.

[103] Snepenger, D., Snepenger, M. Information Search by Pleasure Travelers [C] //Kahn, M. A., Olsen, M. D., Var, T. Encyclopedia of Hospitality and Tourism. New York: Wiley, 1993: 830-835.

[104] Social Media Map 2013: A Snapshot of the Evolving Landscape [EB/OL]. [2013-03-14]. http://www. ovrdrv. com/social-media-map/.

[105] Social Software Building Blocks [EB/OL]. [2012-10-20]. http://nform.com/publications/social-software-building-block.

[106] Solomon, P. Information Mosaics: Patterns of Action that Structure [C] //Wilson, T. D., Allen, D. K. Exploring the Contexts of Information Behavior: Proceedings of the Second International Conference on Research in Information Needs, Seeking and Use in Different Contexts. London: Taylor Graham, 1999.

[107] Soyeon Shim, Mary Ann Eastlick, Sherry L. Lotz, Patricia Warrington. An Online Prepurchase Intentions Model: The Role of Intention to Search [J]. *Journal of Retailing*, 2001 (71): 397-416.

[108] Speller, E. Collaborative Tagging, Folksonomics, Distributed Classification or Ethnolassification: A Literature Review [J]. *Library Student Journal*, 2007, 2.

[109] Spreng, R. A., Olshavsky, R.W. A Desires Congruency Model of Consumer Satisfaction [J]. *Journal of the Academy of*

Marketing Science, 1993, 21(3): 169-177.

[110] Spink Amanda, Park Minsoo, Koshman Sherry .Factors Affecting Assigned Information Problem Ordering during Web Search: An Exploratory Study [J]. *Information Processing and Management*, 2006, (42): 1366-1378.

[111] Steve Krug. *Don't Make Me Think: A Common Sense Approach to Web Usability* [M]. New Riders Press, 2005.

[112] Stone, R. N., Gronhaug, K. Perceived Risk: Further Considerations for the Marketing Discipline [J]. *European Journal of Marketing*, 1993, 27(3): 372-394.

[113] Sujay Dutta, Abhijit Biswas. Effects of Low Price Guarantees on Consumer Post-purchase Search Intention: The Moderating Roles of Value Consciousness and Penalty Level [J]. *Journal of Retailing*, 2005(81): 283-291.

[114] Su L. T., Chen Hsin-liang, Dong Xiaoying. Evaluation of Web-based Search Engines from the End-user's Perspective: A Pilot Study [C]. Pittsburgh: Proceedings of the 61st Annual Meeting of the American Society for Information Science, 1998: 348-361.

[115] Teljas, C., Jonsson, A., Enlund, N. Consumer Expectations as Drivers of Media Change [J]. *Advances in Printing and Media Technology*, 2007, (34): 345-354.

[116] Taylor, R. S. *Information Use Environments* [M]//Dervin, B., Voigt, M. J. Progress in Communication Sciences. Norwood, NJ: Ablex Publishing, 1991: 217-255.

[117] Taylor, R. S. Question-Negotiation and Information-Seeking in Libraries [R]. Lehigh University Bethlehem, PA Center for Information Science, 1967.

[118] Taylor, R. S. *Information Use Environments* [M]//Dervin, B., Voigt, M. J. Progress in Communication Sciences. Norwood, NJ: Ablex Publishing, 1991: 217-255.

[119] Wilson T. D. Models in Information Behavior Research [J].

Journal of Documentation, 1999, 55(3): 249-270.

[120] Vickery, J. E. A Note in Defense of Browsing [J]. BLL *Review*, 1977(5): 110.

[121] Wasko, M. L., Faraj, S. Why should I Share? Examining Social Capital and Knowledge Contribution in Electronic Networks of Practice [J]. MIS *Quarterly*, 2005: 35-57.

[122] Wayne S. DeSarbo, Jungwhan Choi. A Latent Structure Double Hurdle Regression Model for Exploring Heterogeneity in Consumer Search Patterns [J]. *Journal of Econometrics*, 1999 (89): 423-455.

[123] W. Bruce Croft, Donald Metzler, Trevor Strohman. *Search Engines: Information Retrieval in Practice* [M]. Addison Wesley, 2009: 401-483.

[124] Wikipedia. Social Networking Service [EB/OL]. 2010-05-20. http://en.wikipedia.org/wiki/Social_network_service.

[125] Williamson, K. Discovered by Chance: The Role of Incidental Information Acquisition in an Ecological Model of Information Use [J]. *Library & Information Science Research*, 1998, 20(1): 23-40.

[126] Wilson, T. Exploring Models of Information Behavior: The "Uncertainty" Project [C]//Wilson, T. D., Allen, D. K. Exploring the Contexts of Information Behaviour: Proceedings of the Second International Conference on Research in Information Needs, Seeking and Use in Different Contexts, London: Taylor Graham, 1999.

[127] Wilson, T. D. Human Information Behavior [J]. *Informing Science*, 2000, 3(2): 49-56.

[128] Wilson, T. D. Models in Information Behavior Research [J]. *Journal of Documentation*, 1999, 55(3): 249-270.

[129] Wolfram D., Xie H. Traditional IR for Web Users: A Context for General Audience Digital Libraries [J]. *Information Processing*

and Management, 2002, 38(5): 627-648.

[130] 2012 年上半年社会化媒体行业分享报告[R]. 百度在线网络技术有限公司,2012.

[131] 2012 年中国网民社交网站应用研究报告[R]. CNNIC,2012.

[132] 第 31 次中国互联网络发展状况统计报告[R]. CNNIC,2013.

[133] 第 32 次中国互联网络发展状况统计报告[R]. CNNIC,2013.

[134] 2013 年中国网民搜索行为研究报告[R]. CNNIC,2013.

[135] [美]巴拉巴西著. 链接:网络新科学[M]. 徐彬,译.长沙:湖南科学技术出版社, 2007.

[136] 常亚平, 刘兴菊, 阎俊, 等. 虚拟社区知识共享之于消费者购买意向的研究[J]. 管理科学学报, 2011, 14(4): 86-96.

[137] 常亚平, 朱东红. 社交网络用户参与动机的测量[J]. 图书情报工作, 2011, 55(14): 32-35.

[138] 傅丰玲, 周逸衡, 游圣瑾. 网络购物动机类型对资讯搜寻决策之影响[J]. 管理评论, 2006(6): 73-96.

[139] 甘利人,等. 基于三阶段过程的信息搜索影响因素分析[J]. 图书情报工作, 2007(2): 59-62.

[140] 高海霞. 消费者感知风险及行为模式透视.[M].北京:科学出版社.2009:47-49.

[141] [美]高汀著. 部落: 一呼百应的力量[M]. 门雷雷,译.北京: 中信出版社, 2009.

[142] 顾立平. 创建与使用在 Web2. 0 搜索信息的型人——从问卷调查, 深度访谈与追踪观察的心理与社会分析推导创新服务[C]. 2010.

[143] 洪道诚. 社会网络对隐性知识整合影响及其作用过程研究[D]. 上海:复旦大学, 2011.

[144] 胡兴报. 国内旅游者网络旅游信息搜寻动机与行为研究[D]. 合肥:安徽师范大学.2011.

[145] 黄静. 消费型虚拟社区的用户行为特征及其应用研究[J].图书情报工作, 2011(3): 97-100, 51.

[146] 柯青, 王秀峰. 认知风格与信息搜寻行为整合研究[J]. 情报

理论与实践, 2011, 34(4): 35-39,34.
[147] 柯青, 王秀峰, 孙建军. 以用户为中心的研究范式——理论起源[J]. 情报资料工作, 2008, 4: 51-55.
[148] 孔栋. 逆向选择对网络消费者搜寻信息的影响[J]. 周口师范学院学报, 2010, 27(3): 128-130.
[149] 孔繁世, 王慧萍. 虚拟社区人际互动与网络消费行为关系的研究[J]. 中国集体经济, 2008, 7: 38.
[150] 李东进. 消费者搜寻信息努力与影响因素的实证研究——以广告媒体为中心[J]. 南开管理评论, 2000(4): 52-59.
[151] 李枫林, 刘昌平, 胡媛. 网络消费者在线评论搜寻行为研究[J]. 情报科学, 2012(5): 17.
[152] 李冠文. 基于任务情境的信息搜寻行为及其影响因素研究综述[J]. 现代商业, 2009:21.
[153] 李国志. 消费者网路资讯搜寻行为之研究[D]. 高雄: "国立"中山大学, 2004.
[154] 李鹏. Web2.0 环境中用户生成内容的自组织[J]. 图书情报工作, 2012, 56(16): 119-126.
[155] 李晓娥. 社会化媒体中关系强度对信息扩散的影响[D]. 武汉:华中科技大学, 2012.
[156] 李月琳, 胡玲玲. 基于环境与情境的信息搜寻与搜索[J]. 情报科学, 2012, 30(1): 110-114.
[157] 李月琳, 张向民. 用户个体差异对数字图书馆可用性评价的影响[J]. 情报学报, 2011, 30(9): 980-989.
[158] 廖鹏,方云安.商品价格与信息搜寻成本关系研究[J].情报杂志, 2005,24(7): 62-66.
[159] 廖则竣. 网路资讯搜寻行为之整合模式: 以心理动机、资讯处理及资讯经济理论为基础之研究[J]. 资讯管理学报, 2007, 12(3): 223-245.
[160] 刘兴菊. SNS 环境中消费者交互行为对购买意向的影响机制研究[D].武汉:华中科技大学,2010.
[161] [美]诺曼 · 邓津, 伊冯娜 · 林肯. 定性研究:经验资料收集与

分析的方法[M].凤笑天,等译.重庆:重庆大学出版社,2007:837.
[162] 林孟慧.因特网形态旅游信息搜寻行为之初探[D].台中:逢甲大学,2005.
[163] 马翠嫦.Ellis信息查寻模型的发展、应用和评价[J].图书与情报,2012(1):97-100.
[164] 马费成.论情报学的基本原理及理论体系构建[J].情报学报,2007,26(1):1-8.
[165] 马费成.情报学的进展与深化[J].情报学报,1996,15(5):338-344.
[166] 马费成.信息资源开发与管理[M].北京:电子工业出版社,2009.
[167] 马费成,赖茂生.信息资源管理[M].北京:高等教育出版社,2006.
[168] 马志杰.国外搜索引擎评价研究综述[J].图书馆学研究,2013,2:2.
[169] 赖胜强,唐雪梅.搜寻者对用户生成信息的信任度研究[J].情报杂志,2013,32(2):152-155.
[170] [美]尼葛洛庞帝著.数字化生存[M].胡泳,范海燕,译.海口:海南出版社,1997.
[171] 潘曙光.不同情境下的信息偶遇研究[J].情报探索,2012(8):15-18.
[172] 彭兰.社会化媒体、移动终端、大数据:影响新闻生产的新技术因素[J].新闻界,2012(8):3-8.
[173] 彭兰.碎片化社会背景下的碎片化传播及其传播价值实现[J].传媒大讲坛,2011(10):9-11.
[174] 彭兰.为什么电子商务需要"社会化媒体化"?[J].中国传媒科技,2012(3):16.
[175] 彭延喜、陶圣屏.彩妆部落格信息搜寻者生活形态与购买行为之研究[J].广告学研究,2009(32):1-29.
[176] 邱蕾.社会化媒体对消费者购买意愿的影响研究[D].南昌:

江西财经大学,2009：19-20.
[177] 邱皓政，林碧芳. 结构方程模型的原理与应用[M]. 北京：中国轻工业出版社，2009.
[178] 邵兵家,高志欣,师蕾. 消费者社交网站购物态度影响因素的实证研究[J]. 情报杂志，2010(8)：203-207，135.
[179] 沈洪洲，宗乾进，袁勤俭. 国外社会化媒体研究主题演化分析[J]. 情报科学，2013，31(1)：99-105.
[180] 孙曙迎，徐青. 消费者网上信息搜寻努力影响因素的实证研究[J]. 重庆大学学报(社会科学版)，2007，13(2)：32-37.
[181] 孙晓娥. 深度访谈研究方法的实证论析[J]. 西安交通大学学报（社会科学版)，2012，32(3).
[182] 孙晓娥. 扎根理论在深度访谈研究中的实例探析[J]. 西安交通大学学报，2011，31(6)：87.
[183] 唐亮. 消费者网络信息搜寻行为建模与调查研究[D]. 合肥：合肥工业大学，2008.
[184] [加]唐・泰普斯科特，安东尼・威廉姆斯著.维基经济学[M].何帆，林季红,译. 北京：中国青年出版社，2012.
[185] 唐兴通. 社会化媒体营销大趋势：策略与方法[M]. 北京：清华大学出版社，2010.
[186] 田鹏. Web2.0 环境下组织知识共享机制研究[D]. 武汉：华中师范大学，2011.
[187] 田旭. 用 Web3.0 引爆网上零售[J]. 电子商务世界,2007(4)：50-53.
[188] 王崇. 网络消费者购买意愿影响因素模型研究[D]. 哈尔滨：哈尔滨工业大学，2007.10.
[189] 王刚. 基于互联网社区的结伴自助旅游者信息搜寻行为研究[D]. 济南：山东大学，2012.
[190] 王莉. 基于 UTAUT 模型的 3G 业务用户接受影响因素研究[D]. 北京：北京邮电大学，2009.
[191] 王明会,丁焰,白良. 社会化媒体发展现状及其趋势分析[J]. 信息通信技术，2011(5)：5-10.

[192] 王平，陈启杰. 消费者社群地位与生成内容有效性的关系研究[J]. 财贸研究，2011(3)：111-120.
[193] 汪涛，李燕萍. 虚拟社区中推荐者特征对推荐效果的影响[J]. 商业经济与管理，2007，193(11)：50-56.
[194] 王晓光，郭淑娟. 社会性媒体初论[C]. 2008 年中国新媒体传播学年会论文集，北京，2008-11.
[195] 王知津，韩正彪，周鹏. 电子商务网站顾客信息搜寻行为形成机制研究[J]. 图书与情报，2011(3)：5.
[196] 王知津，韩正彪. 信息行为集成化研究框架初探[J]. 中国图书馆学报，2012(1)：13.
[197] 王新海，王志宏. Web 客户购买决策的情境因素分析[J]. 辽宁工程技术大学学报(社会科学版)，2008，10(2)：153-156.
[198] 吴丹，刘媛，王少成. 中英文网络问答社区比较研究与评价实验[J]. 现代图书情报技术，2011(1)：17.
[199] 向春香.陶红.微博的碎片化信息传播对“中心”的消解及其问题探究[J].西南农业大学学报(社会科学版)，2011(5)：80-83.
[200] 薛可，等. 基于信息平衡的网络论坛传播模式研究[J]. 上海交通大学学报(哲学社会科学版)，2008，16(4)：48-55.
[201] 薛强，朱远. 影响消费者购前信息搜寻因素的主成分分析[J]. 大连海事大学学报(社会科学版)，2003，2(2)：45-48.
[202] 叶小梁，李东旻. 搜寻理论模型与网络搜寻行为探析[J]. 情报科学，2006，24(11)：1691-1695.
[203] 游恒振. 社会化媒体的演进研究[D]. 北京：北京邮电大学，2012.
[204] 俞碧飏. 信息偶遇概念与特点的实证辨析：以科研人员为例[J]. 情报学报，2012，31(7)：759-769.
[205] 袁红. 社会化媒体环境下的消费者信息搜寻行为研究述评[J]. 情报杂志，2013 (4).
[206] [美]约翰·哈格尔三世，阿瑟·阿姆斯特朗著. 网络利益——通过虚拟社会扩大市场[M].王国瑞，译. 北京：新华出

版社, 1998.
[207] 张海游. 信息行为研究的理论演进[J]. 情报资料工作, 2012(5).
[208] 张结魁. 消费者网络信息搜寻行为研究[D]. 合肥:合肥工业大学, 2010.
[209] 张星, 市场机遇信息搜索的社会网络模式及其系统的研究[D]. 武汉:华中科技大学, 2009.
[210] 张夷君. 虚拟社群信任对消费者网络团购意愿影响之研究[D]. 上海:复旦大学, 2010.
[211] 张逸婷. 引导式关键字行销——影响消费者搜寻意愿之研究[D]. 台北:"国立"政治大学, 2010.
[212] 赵冬梅. 电子商务市场价格离散问题研究[M]. 北京: 经济科学出版社, 2006.
[213] 赵星等. 风险、知识与记忆对在线搜索进入路径选择的影响研究[J]. 科技管理研究, 2013(5): 206-208, 217.
[214] 赵越岷. 虚拟社区中消费者信息共享影响因素的实证研究[D]. 安徽: 中国科学技术大学, 2008: 29-32.
[215] 赵宇翔, 张苹, 朱庆华. 社会化媒体中用户体验设计的理论视角: 动因支撑模型及其设计原则[J]. 中国图书馆学报, 2011, 37(195): 36-45.
[216] 赵中宁. 社会化搜索模式的理论与实践研究[D].北京:清华大学, 2006.
[217] 朱东红, 网络社区交互对消费者购买意愿的影响[D]. 武汉: 华中科技大学, 2012.
[218] 朱婕, 靖继鹏. 基于"意义建构"之上的"信息差"理论及模型[J]. 图书情报知识, 2006(1): 57-61.
[219] 2011 年 Trendstream 全球社交网络用户行为地图[EB/OL]. 2012-08-02. http://www.socialbeta.com/articles/global-social-networks.html.
[220] 2013CIC 中国社会化媒体格局图[EB/OL].[2013-04-02]. http://www.ciccorporate.com/index.php?option=com_

content&view = article&id = 1079&catid = 84: archives-2013&Itemid=194&lang=zh.

[221] SICAS 模型[EB/OL].[2011-08-29].http://www.dcci.com.cn/report/view/cid/2/id/425.html.

[222] 从社会化媒体迈向社会化商业主题一:中国社会化媒体的蓬勃发展与变革[EB/OL].[2011-03-15].http://vdisk.weibo.com/s/CKKluag44u.

[223] 关于“双向关系”与“单向关系”的一些解读[EB/OL].[2010-05-10].http://www.douban.com/note/70882488.

[224] 尼尔森报告:社会化媒体热潮不减[EB/OL].[2012-12-07].http://www.chinaz.com/news/2012/1207/284945.shtml.

[225] 浅谈社会化电子商务(Social Shopping)[EB/OL].[2011-03-07].http://www.web20share.com/2011/03/social-shopping.html.

[226] 社会化电子商务系统[EB/OL].[2012-04-25].http://t.qq.com/china-deyuan.

[227] 社会化搜索的创新与回归[EB/OL].[2010-06-01].http://news.xinhuanet.com/eworld/2010-06/01/c_12167899.htm.

[228] 社会化媒体之营销互动系列谈[N/OL].[2013-05-28].http://www.socialbeta.com/articles/social-media-marketing-conversation-1.html.

[229] 深访:关键就是会提出好问题(1)[EB/OL].[2013-02-07].http://xianguo.com/book/reader/1yUS.

[230] 信息过载[EB/OL].[2013-04-22].http://baike.baidu.com/view/1150171.htm.

附录 A　社会化媒体对消费者信息搜寻影响研究的过滤式问卷

尊敬的先生/女士：

您好，随着社会化媒体的迅猛发展，它对消费者的信息搜寻行为产生了一定的影响，目前我正在对这一课题进行学术论文的撰写，本问卷意在了解您对社会化媒体的了解及应用程度，非最终问卷，故题量不多，作答时间无需太久，请您抽空帮忙填写一下。您所填写的资料将作为本研究使用，绝不对外公开，请安心作答，十分感谢您的协助与配合！谢谢！

在此说明：社会化媒体是指允许人们撰写、分享、评价、讨论、相互沟通的网站和技术，主要包括博客(如新浪、搜狐博客)、微客(如百度贴吧)、播客(如优酷、土豆)、论坛、维基、社交网络以及内容社区。

Part1：个人基本资料

1. 性别：(　　)

   A. 男　　B. 女

2. 年龄：(　　)

   A. 15~25 岁　　B. 26~35 岁　　C. 36~45 岁

   d. >45

3. 您的学历是什么？(　　)

   A. 高中　　B. 专科　　C. 本科

   D. 本科以上

4. 您的职业是？(　　)

A. 公务员　B. 事业单位　C. 企业/公司
D. 学生　E. 其他从业者

Part2：对社会化媒体的了解及应用

5. 您所了解的社会化媒体有哪些？(可多选)(　　)
A. 微博　B. 优酷、土豆等视频网站
C. 贴吧　D. 人人网
E. QQ 空间　F. 网易相册
G. 豆瓣　H. 猫扑　I. 天涯社区
J. 其他

6. 您使用过哪些社会化媒体？(可多选)(　　)
A. 微博　B. 优酷、土豆等视频网站
C. 贴吧　D. 人人网　E. QQ 空间
F. 网易相册　G. 豆瓣　H. 猫扑
I. 天涯社区　J. 其他

7. 您使用社会化媒体的时间？(　　)
A. 半年以下　B. 半年到一年　C. 一年到两年
D. 两年以上

8. 您使用社会化媒体主要用于？(可多选)(　　)
A. 与好友互动　B. 结识新朋友　C. 加入群组讨论
D. 分享视频、图片和音乐等　E. 浏览新闻或话题活动
F. 发起或参加线上活动　G. 闲逛随便看看
H. 其他

9. 您通过社会化媒体进行网购商品或服务的信息搜寻的频率？(　　)
A. 平均每月一次以下　B. 平均每月一次到五次
C. 平均每月五次到十次　D. 平均每月十次以上

10. 您觉得社会化媒体对信息搜寻行为有一定的影响吗？(　　)
A. 影响很大　B. 影响较大　C. 影响较小
D. 没有影响

附录 B　社会化媒体对消费者信息搜寻影响研究的深度访谈提纲

消费者

1. 当您进行网购商品或服务的信息搜寻时，倾向于使用哪些终端设备？这相较于传统网络环境下利用电视、报纸等进行信息搜寻，发生变化的主要原因是什么？（移动性）

2. 在社会化媒体环境中，您会和好友以及陌生人进行交互吗？这种交互多吗？是否通过社会化媒体建立和维持关系，以及交流和分享信息，请谈谈这种经历。（交互性）

3. 您认为社会化媒体能否为个体提供信息生产、积累、共享、传播内容？能否满足个体化差异所产生的不同需求？谈谈您的看法。（个性化）

4. 您认为受关注人群和普通网民对于社会化媒体环境的创造分别发挥了什么作用？缺少其中之一，社会化媒体环境会发生什么变化？（去中心）

5. 您觉得相对于传统网络环境，社会化媒体环境为您提供的周边地区的服务或商品是不是更多？说说具体情况。（位置信息需求）

6. 在朋友推荐分享信息、用户反馈信息、商家广告信息、公共主页交流信息等信息来源中，您更信任哪一种信息来源？为什么？（信任倾向）

信息源及其组织

7. 您认为在社会化媒体环境中发表言论是否具有成本低、便利性以及普及性等特点？能否畅所欲言？（自发性）

8. 您认为社会化媒体环境中的信息在组织结构、质量内容以及数量方面呈现出哪些特点？您认为信息的利用是变得方便还是困难？请您谈谈这种经历？（非结构化、非限制性、信息过载性）

9. 您认为社会化媒体环境中的信息是由什么方式进行组织的？为什么？（兴趣组织性、关系组织性）（如果访谈者不知道要回答什么，可追问：对于您创造、更新或分享的信息，是不是与个人兴趣有关？您认为社会化媒体环境中，信息的组织和人与人之间的关系存在联系吗？说说您的看法。）

搜寻过程

10. 传统网络环境下消费者行为模式为 AIDMA，即从开始关注到产生兴趣，到产生购买欲望，到记忆，最后采取行动，您认为社会化媒体环境下消费者行为模式是否发生了改变？您认为信息搜寻是一个必要的环节吗？如果是，您认为信息搜寻的环节处于什么地位？相对于传统行为模式，您认为它的功能是被强化还是弱化了？为什么？（搜寻中心性）

11. 您认为在网购商品或服务的信息搜寻之前，哪些因素引发了您对商品的关注和兴趣？（兴趣引发性、关系推动性）（如果访谈者不知道要回答什么，可追问：您会对朋友分享的信息或者陌生人的商品推荐信息感兴趣吗？是否进而会对于感兴趣的商品和服务进行相关搜索？如果您搜寻网购商品或服务的信息时，发现好友对其评价很高，您会受到影响吗？）

12. 当您购买某件商品或服务后，会在社会化媒体上进行推荐及分享吗？（参与分享性）

搜寻策略

13. 当您进行网购商品或服务的信息搜寻时，通常采用什么信息搜寻策略(搜索引擎、浏览、询问)？为什么？(多样性)

14. 信息搜寻的过程中，是否会发生路径(如顺序搜索，主要指搜索引擎；平行搜索：表格对比；社会化搜索：社区、好友群、贴吧等)的改变？为什么？(搜寻路径跳跃性)

15. 当您进行网购商品信息搜寻时，倾向于借助自身的知识储备、主观意向，还是倾向于参考外部意见？倾向于使用搜索引擎等或层级式的浏览，还是倾向于向好友或陌生人寻求帮助？(外部策略导向性、圈策略导向性)(当您要进行当地著名小吃的搜寻时，会采取什么策略，会不会用一些大众点评网之类？)

附录C 网络消费者社会化搜寻意愿影响因素调查问卷

尊敬的先生/女士：

您好，为了了解社会化媒体对网络消费者信息搜寻意愿的影响，我们开展了本次调查。请选择最符合您情况的选项。本次问卷只作研究之用，不会公开您的任何信息，您的回答对我们十分重要。此问卷共62题，需要占用您10~20分钟，谢谢您的支持和配合。

社会化媒体是一种给予用户极大参与空间的新型在线媒体，具体有博客、维基、播客、论坛、社交网络(如人人网、开心网、豆瓣)、内容社区如Youtube、Fliekr、网易相册、土豆网等)、微博等。

第一部分：

(有回答否的就直接结束答题)

1. 请问您是否使用过任何一种或多种社会化媒体？

A. 是　　B. 否

2. 在搜索、咨询、查看商品相关信息的时候，您是否使用过上述社会化媒体？

A. 有　　B. 没有

第二部分：

请针对您最近一次在社会化媒体上浏览信息的经历以及平时使用的习惯，选择最符合的一项。

1=强烈不赞同　2=不赞同　3=不确定　4=赞同　5=强烈赞同

变量		题项	1	2	3	4	5
内容	自发性	1. 社会化媒体发展迅速，普及率高，具有广泛的用户参与性					
		2. 在社会化媒体上，每个人都能自由发布原创内容					
		3. 我能任意将其他信息载体的内容添加到社会化媒体平台					
	非结构化	4. 社会化媒体上信息本身比较零散，不完整					
		5. 社会化媒体上信息没有经过有效的组织，非标准化					
	全面性	6. 社会化媒体是一个自我展示的平台					
		7. 我能根据自身需求定制所要接收的社会化媒体信息					
		8. 社会化媒体上有海量信息					
		9. 社会化媒体上的信息涉及的领域极为宽泛					
		10. 社会化媒体上的信息可以用文本、音频、视频、图片和社区等多种形式来呈现					

续表

变量		题　　项	1	2	3	4	5
关系与互动	社区性	11. 我在社会化媒体平台上加入了一些社区，社区成员具有共同的价值观或兴趣爱好					
		12. 我会与其他用户就某个共同感兴趣的商品进行讨论、评价和分析					
		13. 社会化媒体上人与人关系平等，交流自由，互动内容和行为没有受到过多限制					
		14. 社会化媒体上，我在自由的接受信息的同时也在创造着信息					
		15. 我相信经常与我互动的好友评论、分享或推荐的商品信息					
		16. 我相信有共同兴趣的社区成员的评论、分享或推荐					
		17. 对于我加入的社交或兴趣圈，我很有归属感					
		18. 在社交或兴趣圈中，我能主动维护彼此之间的关系					
	参与性	19. 在社会化媒体上，我经常评论陌生人发布的信息					
		20. 在社会化媒体上，我经常评论关注对象发布的信息					
		21. 明星、红人、达人、榜样等对我的信息搜寻影响较大					
		22. 我经常分享个人喜好或者购物体验					
		23. 我经常发起或参与话题					
		24. 我经常发起或参与活动					
	交互性	25. 社会化媒体用户能更好地连接彼此，方便快捷地双向沟通和互动					
		26. 社会化媒体平台可以实现用户对某一话题进行追踪式的多次深度沟通和互动					
		27. 在社会化媒体上，我经常评论互动好友发布的信息					
		28. 在社会化媒体上，我经常和同学、朋友和同事等进行交流沟通					

续表

变量		题　　项	1	2	3	4	5
感知风险		29. 我担心购买的商品不是物有所值					
		30. 我担心买完以后发现有更加便宜的其他同类产品					
		31. 我担心购买后不久商家会进行降价					
		32. 我担心产品出问题后商家不能很好地解决					
搜寻动机	功能性	33. 了解商品的性能和价格					
		34. 了解是否有团购、促销等优惠活动					
		35. 了解商家的信誉、购物承诺等					
		36. 了解其他消费者对商品的评价					
		37. 找到性价比更高的商品					
	享乐性	38. 消磨时间					
		39. 拓展社交和兴趣圈					
		40. 搜寻新奇的商品信息，了解当下流行商品，增长见识					
		41. 获得知识和经验，提高搜寻技能					
感知有用		42. 社会化媒体用户信息反馈及时，时效性高					
		43. 社会化媒体平台上关于商品的评论和建议更为全面深入，且真实可信					
		44. 结合用户的位置和行为偏好，社会化媒体能呈现更为精准的搜索结果					
		45. 该社会化媒体上的信息能帮助我找到最适合的商品					
感知易用		46. 利用移动终端，我可以随时随地在社会化媒体平台上查找商品信息					
		47. 社会化媒体具有强大的连通性，用一个账号能登录不同社会化媒体					
		48. 参与和利用社会化媒体中的内容几乎没有任何的障碍					

续表

变量		题　　项	1	2	3	4	5
搜寻意愿	购前搜寻意愿	49. 如果通过搜寻我能买到物有所值的商品，我愿意进行信息搜寻					
		50. 在时间充裕的情况下，我愿意进行更多的信息搜寻					
		51. 对于信誉好、有相关购物承诺的商品我会减少信息搜寻					
		52. 对于满意的商品，我会继续关注该商品是否会出新品					
	购后搜寻意愿	53. 通过团购、打折等优惠活动购买的商品，我会继续关注价格走势					
		54. 购后我会对于购前所忽略的信息，进行有针对性的信息搜寻					
		55. 购后我会搜寻有共同购物体验的人，并进行交流					

第三部分：个人信息

1. 您的性别(　　)

   A. 男　　B. 女

2. 您的年龄(　　)

   A. 18 岁以下　　B. 18~25 岁　　C. 26~39 岁

   D. 40~49 岁　　E. 50 岁及以上

3. 您所从事的工作类型(　　)

   A. 事业单位职员及公务员　　B. 企业技术人员及高层管理者

   C. 教师　　D. 学生　　E. 家庭主妇

   F. 自由职业者　　G. 其他________

4. 您的月收入(　　)

A. 1000元及以下　B. 1001~2000元　C. 2001~3000元

D. 3001~5000元　E. 5001~8000元　F. 8001元以上

5. 您平均每天花费在社会化媒体上的时间是:

A. 1小时以内　B. 1~2小时　C. 2~4小时

D. 4~6小时　E. 6小时以上

附录 D “蚂蜂窝”消费者信息搜寻行为模式正式调查问卷

尊敬的先生/女士：

您好！为了探索社会化媒体环境下消费者信息搜寻行为模式，特开展了本次调查。调查的选项没有正误之分，请在符合您的情况的选项处打√（如没有特别说明，每题只选一个）。

本次调查的结果只用于科学研究，并对此严格保密。您提供的宝贵信息将是本次研究成功的关键，诚恳地希望您认真仔细地回答如下问题。感谢您的支持！

第一部分：个人基本信息

1. 您的性别
   (1)男　　(2)女
2. 您的年龄
   (1)18 岁以下　　(2)18~25 岁　　(3)26~39 岁
   (4)40~49 岁　　(5)50 岁及以上
3. 您的最高学位
   (1)高中及以下　　(2)本科/大专(或者在读)
   (3)硕士(或者在读)　　(4)博士及以上(或者在读)
4. 您的职业
   (1)事业单位职员及公务员　　(2)企业技术人员及高层管理者
   (3)教师　　(4)学生　　(5)家庭主妇
   (6)自由职业　　(7)其他
5. 您的月收入(单位：元)
   (1)1000 及以下　　(2)1001~2000　　(3)2001~3000
   (4)3001~5000　　(5)5001~8000　　(6)8000 以上

6. 您在蚂蜂窝中扮演什么角色？

（新手上路：LV1～10　一般用户：LV11～30　旅游达人：LV31～39　长老：LV40～45）

（1）蜂窝长老　（2）旅游达人　（3）一般用户

（4）新手上路

7. 您每次登录蚂蜂窝的时间约

（1）30 分钟以下　（2）半个小时到一个小时

（3）1～2 小时　（4）2 小时以上

8. 您每周登录蚂蜂窝的次数

（1）每周5次及以下　（2）每周 6～10 次　（3）每周超过 10 次

9. 您觉得蚂蜂窝提供的信息能否给您提供切实的帮助

（1）非常有帮助　（2）比较有帮助　（3）一般

（4）没有帮助　（5）完全没有帮助

第二部分：社会化媒体环境下的关系和互动

一、关系	极少	较少	有时	较多	总是
1. 我和好友相互讨论、评价感兴趣的信息					
2. 我关注的好友会和我互粉					
3. 我会在陌生人发表的言论中进行评价					
4. 我会加入若干因不同兴趣而形成的小组					

二、互动	极少	较少	有时	较多	总是
1. 我发起旅游资讯方面的话题讨论					
2. 我参与活动，并积极讨论评价					
3. 我常积极响应其他成员的话题					
4. 我使用即时通信工具或站内消息与成员交流					

第三部分：社会化媒体环境下的信息搜寻

一、搜寻能力	极少	较少	有时	较多	总是
1. 我能够轻松地找到我所需要的信息					
2. 我能在复杂的信息中找到有价值的信息					
3. 我能够快捷地找到新奇的、独特的信息					

二、搜寻内容	极少	较少	有时	较多	总是
1. 搜寻近期推出的“一窝蜂”优惠					
2. 搜寻已经体验的人及其好友对于关注的目的地的评价					
3. 关注自己所在小组以及小组成员的动态					
4. 关注好友以及好友所在小组的动态					
5. 关注近期推出的活动以及最新话题					
6. 关注“拍卖行”的新品					

三、传统搜寻策略	极少	较少	有时	较多	总是
1. 根据自己的经验直接搜寻					
2. 按页面相关信息先后次序依次搜索					
3. 直接用搜索引擎搜索					
4. 根据导航或者浏览图片搜寻信息					

四、社会化搜寻策略	极少	较少	有时	较多	总是
1. 搜寻活跃度较高的成员的更新					
2. 为了查找旅游景点信息，我在浏览信息或者与好友讨论沟通时，发生信息偶遇(指在没有期待的情况下有用信息的发现)					
3. 一直关注某一个旅游景点信息					
4. 搜寻其他成员推荐的景点资讯					
5. 关注好友体验过的旅游资讯					

五、搜寻障碍	极少	较少	有时	较多	总是
1. 用户生成的内容具有强烈的主观色彩					
2. 信息未经组织、编目，呈现散乱状态，无法做出选择					
3. 信息被站内成员转载较多，同一页面出现较多雷同信息					
4. 体验旅游产品(如酒店、餐馆)后，会发现与蚂蜂窝上发布的信息不相符					
5. 在搜寻旅游信息时，由于等级差异，使得普通用户发布的信息处于难以触及的状态					

六、搜寻努力程度	极少	较少	有时	较多	总是
1. 对某个信息感兴趣时，我会花很长时间进行相关信息的搜寻					
2. 我会经常搜寻感兴趣的信息					
3. 在查询出行线路时，我会仔细查找出行的时间、地点等信息					
4. 为了能够找到最适当的出行线路，我会广泛的搜寻各种路线并进行对比					

七、进阶搜寻	极少	较少	有时	较多	总是
1. 再次上蚂蜂窝搜寻					
2. 到其他社会化媒体搜寻					
3. 翻阅旅游宣传册/杂志/图书					

再次感谢您抽出宝贵的时间填写此问卷，谢谢！

附录 E　社会化媒体环境下消费者信息搜寻效率评价实验流程

随着互联网的快速发展，社会化媒体的逐渐兴起改变了消费者信息搜寻方式，同时影响了消费者的信息搜寻效率。本实验将对社会化媒体环境下的消费者搜寻效率进行研究，实验分为三个部分：搜索实验、浏览实验和询问实验。

实验一：搜索实验

1. 实验要求概述

(1) 实验平台：有道(http：//www. youdao. com/)和 Google (https：//www. google. com. hk/)。

(2)限定时间：20 分钟。

(3)实验内容：分别在以上两个搜索平台中搜索完成以下的事实性任务、解释性任务、探索性任务。

(4)实验数据：将搜索结果前三页中符合实验任务要求的搜索结果网址分别记录在实验任务下方的附表 1-1、附表 1-2、附表 1-3中。

2. 实验任务

(1)事实性任务

任务背景：你最近想买双适合郊游的运动鞋，在路上看到有位路人穿着下图中的这双新百伦 996，你很喜欢，也想买一双，想知道这双鞋的款号。

任务要求：查找图中这双鞋的款号。

附表 1-1　　　　搜索实验事实性任务数据记录表

有道 前三页中有效的搜索结果网址	Google 前三页中有效的搜索结果网址
1.	1.
2.	2.
3.	3.
4.	4.
5.	5.
……	……

(2)解释性任务

任务背景：拍立得相对于其他相机有着它独特的魅力，不少人会在它拍出来的相片四周白框涂鸦写字，用来记录人生。

任务要求：富士 mini7s(蓝色)的价格浮动多大。

附表 1-2　　搜索实验解释性任务数据记录表

有道 前三页中有效的搜索结果网址	Google 前三页中有效的搜索结果网址
1.	1.
2.	2.
3.	3.
4.	4.
5.	5.
……	……

(3)探索性任务

任务背景：正处于毕业找工作阶段的你，最近接到了银行的面试通知，要求穿正装。你还缺一件比较正式的西装上衣。

任务要求：请找一件适合参加面试穿的西装上衣。

附表 1-3　　搜索实验探索性任务数据记录表

有道 前三页中有效的搜索结果网址	Google 前三页中有效的搜索结果网址
1.	1.
2.	2.
3.	3.
4.	4.
5.	5.
……	……

实验二：浏览实验

1. 实验要求概述

(1)实验平台：淘宝网(http://www.taobao.com/)和蘑菇街

(“晒货频道”：http：//www. mogujie. com/book/look/)。

(2)限定时间：40分钟(其中淘宝网20分钟，蘑菇街20分钟)。

(3)实验内容：分别在以上两个平台中浏览(注意：不可使用淘宝网和蘑菇街中的搜索引擎搜索!)完成以下的事实性任务、解释性任务、探索性任务，对你满意的浏览结果加以“收藏”(在淘宝网中)或“喜欢”(在蘑菇街中)，完成任务的同时，遇到你感兴趣的其他商品也可进行“收藏”或“喜欢”。

(4)实验数据：浏览结束后将所有“收藏夹”和“喜欢”中新增的商品清单截图分别记录在实验任务下方的附表2-1、附表2-2、附表2-3中并说明“收藏”或“喜欢”的原因。

2. 实验任务

(1)事实性任务

任务背景：你最近想买双适合郊游的运动鞋，在路上看到有位路人穿着下图中的这双新百伦996，你很喜欢，也想买一双，想知道这双鞋的款号。

任务要求：查找图中这双鞋的款号。

表 2-1　　浏览实验事实性任务数据记录表

对应收藏(或喜欢)原因：对应着截图中商品先从左到右再从上到下的顺序，依次说明收藏或喜欢的原因，有 3 种选择：a. 符合实验任务要求；b. 感兴趣的其他商品(与实验任务相关)；c. 感兴趣的其他商品(与实验任务无关)。

淘宝网		蘑菇街	
收藏截图	对应收藏原因	喜欢截图	对应喜欢原因
	1. 2. 3. 4. 5. ……		1. 2. 3. 4. 5. ……

(2)解释性任务

任务背景：拍立得相对于其他相机有着它独特的魅力，不少人会在它拍出来的相片四周白框涂鸦写字，用来记录人生。

任务要求：富士 mini7s(蓝色)的价格浮动多大。

表 2-2　　浏览实验解释性任务数据记录表

对应收藏(或喜欢)原因：对应着截图中商品先从左到右再从上到下的顺序，依次说明收藏或喜欢的原因，有 3 种选择：A. 符合实验任务要求；B. 感兴趣的其他商品(与实验任务相关)；C. 感兴趣的其他商品(与实验任务无关)。

淘宝网		蘑菇街	
收藏截图	对应收藏原因	喜欢截图	对应喜欢原因
	1. 2. 3. 4. 5. ……		1. 2. 3. 4. 5. ……

(3)探索性任务

任务背景：正处于毕业找工作阶段的你，最近接到了银行的面试通知，要求穿正装。你还缺一件比较正式的西装上衣。

任务要求：请找一件适合参加面试穿的西装上衣。

表 2-3　　　　**浏览实验解释性任务数据记录表**

对应收藏(或喜欢)原因：对应着截图中商品先从左到右再从上到下的顺序，依次说明收藏或喜欢的原因，有 3 种选择：a. 符合实验任务要求；b. 感兴趣的其他商品(与实验任务相关)；c. 感兴趣的其他商品(与实验任务无关)。

淘宝网		蘑菇街	
收藏截图	对应收藏原因	喜欢截图	对应喜欢原因
	1. 2. 3. 4. 5. ……		1. 2. 3. 4. 5. ……

实验三：询问实验

1. 实验要求概述

(1)实验平台：搜搜问问(http：//wenwen. soso. com/)(或百度知道(http：//zhidao. baidu. com/)或天涯问答(http：//wenda. tianya. cn/)或奇虎问答(http：//www. qihoo. com/)或雅虎知识堂(http：//ks. cn. yahoo. com/)或新浪爱问(http：//iask. sina. com. cn/)。

(2)限定时间：10 分钟。

(3)实验内容：请根据你对实验任务的理解重新组织语言分别提问以下的事实性任务、解释性任务、探索性任务。

(4)实验数据：分别将所提问题的网址对应记录在附表 3-1、附表 3-2、附表 3-3 中。

2. 实验任务

(1)事实性任务

任务背景：你最近想买双适合郊游的运动鞋，在路上看到有位路人穿着下图中的这双新百伦 996，你很喜欢，也想买一双，想知道这双鞋的款号。

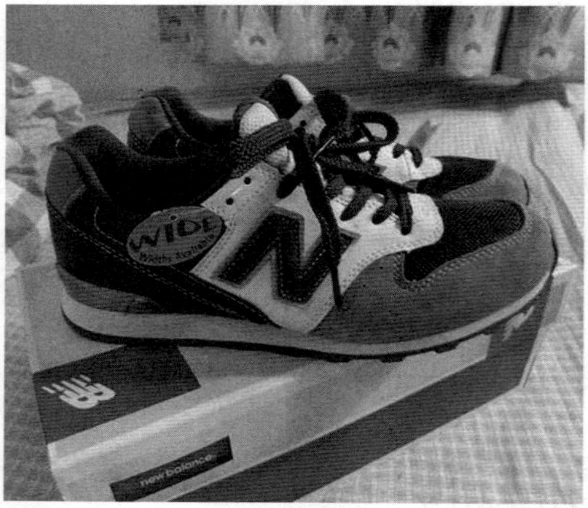

任务要求：查找图中这双鞋的款号。

表 3-1　　询问实验事实性任务数据记录表

所提问题网址

(2)解释性任务

任务背景：拍立得相对于其他相机有着它独特的魅力，不少人会在它拍出来的相片四周白框涂鸦写字，用来记录人生。

任务要求：富士 mini7s(蓝色)的价格浮动多大。

表 3-2　　询问实验解释性任务数据记录表

所提问题网址

(3)探索性任务

任务背景：正处于毕业找工作阶段的你，最近接到了银行的面试通知，要求穿正装。你还缺一件比较正式的西装上衣。

任务要求：请找一件适合参加面试穿的西装上衣。

表 3-3　　询问实验探索性任务数据记录表

所提问题网址

数据提交

请将填写完成的《社会化媒体环境下消费者信息搜寻效率评价实验流程》提交到指定电子邮箱。

致谢

最后，衷心感谢各位在百忙中抽出时间完成这次实验，您的参与将极大地助益于本研究，感谢您的耐心配合。祝您天天开心！

附录F “最爱单品”凡客达人圈研究数据

达人基本信息				晒单分享						关系			信息搜寻有效性			
店主	搭配	粉丝数	微博	晒单销量TOP10	描述内容的字符数	含词频Top10的个数	晒单照片数	搭配商品数	晒单图片量	强关系人数	一般关系人数	弱关系人数	喜欢人数	评价人数	评价条数	有购买倾向的评论条数
Miss_Puff	26	44	3	Top1	94	3	1	3	3	0	0	4	92	4	4	1
		44		Top2	68	1	1	5	5	0	0	3	42	3	3	1
		44		Top3	81	2	1	2	2	1	3	2	86	6	9	1
		44		Top4	63	1	1	5	5	0	0	2	36	2	3	2
		44		Top5	109	1	2	2	4	0	0	0	88	0	1	1
		44		Top6	70	1	1	3	3	1	2	0	45	3	4	1
		44		Top7	28	0	2	2	4	0	0	0	79	0	0	0
		44		Top8	27	1	1	1	1	0	0	1	20	1	1	0
		44		Top9	105	3	1	1	1	0	0	1	63	1	2	2

续表

达人基本信息				晒单分享						关系			信息搜寻有效性			
店主	搭配	粉丝数	微博	晒单销量TOP10	描述内容的字符数	含词频Top10的个数	晒单照片数	搭配商品数	晒单图片量	强关系人数	一般关系人数	弱关系人数	喜欢人数	评价人数	评价条数	有购买倾向的评论条数
		44		Top10	10	0	4	1	4	0	1	0	65	1	1	0
总计										**2**	**6**	**13**	**616**	**21**	**28**	**9**
康妮宝宝	144	60	158	Top1	86	2	4	2	8	0	0	0	108	0	3	2
		60		Top2	150	2	3	2	6	0	1	0	11	1	3	2
		60		Top3	38	0	1	1	1	0	1	0	5	1	1	0
		60		Top4	53	0	1	1	1	0	0	0	17	0	0	0
		60		Top5	77	1	1	2	2	0	0	0	106	0	1	0
		60		Top6	204	1	3	3	9	0	1	1	16	2	2	2
		60		Top7	89	1	2	2	4	0	0	0	124	0	0	0
		60		Top8	125	1	2	2	4	1	1	1	40	3	3	1
		60		Top9	243	4	3	1	3	0	1	0	16	1	3	2
		60		Top10	124	2	4	2	8	0	0	0	19	0	0	0

续表

店主	达人基本信息			晒单分享						关系			信息搜寻有效性			
	搭配	粉丝数	微博	晒单销量TOP10	描述内容的字符数	含词频Top10的个数	晒单照片数	搭配商品数	晒单图片量	强关系人数	一般关系人数	弱关系人数	喜欢人数	评价人数	评价条数	有购买倾向的评论条数
总计										**1**	**5**	**2**	**462**	**8**	**16**	**9**
viziyi	15	2	6	Top1	50	0	5	3	15	0	1	0	8	1	1	0
		2		Top2	16	0	1	2	2	1	0	0	8	1	1	0
		2		Top3	87	1	3	4	12	0	0	0	5	0	0	0
		2		Top4	33	1	4	2	8	0	0	0	5	0	0	0
		2		Top5	23	0	2	3	6	0	0	0	4	0	0	0
		2		Top6	28	0	5	3	15	0	0	0	4	0	0	0
		2		Top7	5	0	1	1	1	0	1	0	6	1	1	0
		2		Top8	29	1	2	2	4	0	0	0	1	0	0	0
		2		Top9	21	0	2	1	2	0	0	0	1	0	0	0
		2		Top10	23	0	2	2	4	1	0	0	6	1	1	0
总计										**2**	**2**	**0**	**48**	**4**	**4**	**0**

续表

达人基本信息				晒单分享						关系			信息搜寻有效性			
店主	搭配	粉丝数	微博	晒单销量TOP10	描述内容的字符数	含词频Top10的个数	晒单照片数	搭配商品数	晒单图片量	强关系人数	一般关系人数	弱关系人数	喜欢人数	评价人数	评价条数	有购买倾向的评论条数
lili_love1314	90	230	1455	Top1	8	0	5	2	10	1	2	0	76	3	3	0
		230		Top2	4	0	2	1	2	1	4	1	64	6	6	1
		230		Top3	93	1	2	2	4	2	4	0	93	6	6	1
		230		Top4	79	4	3	1	3	2	5	0	73	7	13	3
		230		Top5	29	0	2	3	6	1	3	0	120	4	5	1
		230		Top6	14	0	5	1	5	2	6	5	171	13	24	4
		230		Top7	9	0	3	2	6	1	2	0	72	3	7	0
		230		Top8	81	2	4	3	12	1	2	0	125	3	4	1
		230		Top9	70	4	5	1	5	3	5	1	63	9	15	3
		230		Top10	93	4	5	2	10	1	3	1	90	5	8	2
总计										**15**	**36**	**8**	**947**	**59**	**91**	**16**
乱蹦的肉丁	13	271	9	Top1	60	0	4	4	16	0	3	7	380	10	11	3

续表

达人基本信息				晒单分享						关系			信息搜寻有效性			
店主	搭配	粉丝数	微博	晒单销量TOP10	描述内容的字符数	含词频Top10的个数	晒单照片数	搭配商品数	晒单图片量	强关系人数	一般关系人数	弱关系人数	喜欢人数	评价人数	评价条数	有购买倾向的评论条数
		271		Top2	30	1	3	5	15	0	8	5	191	13	17	2
		271		Top3	188	3	2	2	4	0	6	7	131	13	20	9
		271		Top4	50	1	2	6	12	1	8	1	75	10	15	3
		271		Top5	52	1	2	3	6	0	7	5	166	12	12	1
		271		Top6	5	0	1	6	6	0	2	0	10	2	4	0
		271		Top7	47	1	2	5	10	0	4	2	60	6	9	3
		271		Top8	6	0	3	5	15	0	4	3	74	7	11	2
		271		Top9	56	0	2	1	2	0	2	0	26	2	4	1
		271		Top10	92	0	2	1	2	0	2	2	28	4	5	0
总计										**1**	**46**	**32**	**1141**	**79**	**108**	**24**
宝贝的衣衣	423	283	3060	Top1	7	0	2	1	2	0	0	0	19	0	0	0
		283		Top2	3	0	2	1	2	0	6	2	25	8	14	1

续表

达人基本信息				晒单分享						关系			信息搜寻有效性			
店主	搭配	粉丝数	微博	晒单销量TOP10	描述内容的字符数	含词频Top10的个数	晒单照片数	搭配商品数	晒单图片量	强关系人数	一般关系人数	弱关系人数	喜欢人数	评价人数	评价条数	有购买倾向的评论条数
		283		Top3	3	0	1	1	1	0	0	0	41	0	0	0
		283		Top4	10	1	2	1	2	0	1	1	26	2	5	2
		283		Top5	39	0	2	2	4	0	2	0	23	2	4	0
		283		Top6	131	2	2	1	2	0	0	0	57	0	2	2
		283		Top7	58	2	2	1	2	0	8	2	31	10	21	5
		283		Top8	60	0	3	1	3	1	1	0	22	2	2	0
		283		Top9	186	1	2	1	2	0	0	0	32	0	4	2
		283		Top10	70	0	4	2	8	0	0	0	23	0	0	0
总计										**1**	**18**	**5**	**299**	**24**	**52**	**12**
Biutiful	36	68	529	Top1	16	0	1	2	2	0	1	0	23	1	2	0
		68		Top2	21	1	1	2	2	0	0	0	20	0	0	0
		68		Top3	25	1	1	1	1	0	1	0	14	1	2	0

续表

达人基本信息				晒单分享						关系			信息搜寻有效性			
店主	搭配	粉丝数	微博	晒单销量TOP10	描述内容的字符数	含词频Top10的个数	晒单照片数	搭配商品数	晒单图片量	强关系人数	一般关系人数	弱关系人数	喜欢人数	评价人数	评价条数	有购买倾向的评论条数
		68		Top4	24	1	1	1	1	0	0	1	21	1	2	0
		68		Top5	33	2	2	2	4	0	1	0	20	1	1	0
		68		Top6	44	2	1	1	1	0	1	0	18	1	1	0
		68		Top7	29	1	1	2	2	0	0	0	12	0	0	0
		68		Top8	31	0	1	1	1	0	1	0	21	1	1	0
		68		Top9	41	2	1	1	1	0	0	1	13	1	1	0
		68		Top10	30	1	1	2	2	0	0	1	14	1	2	0
总计										**0**	**5**	**3**	**176**	**8**	**12**	**0**
夜晚的远足	11	176	1665	Top1	12	0	4	1	4	1	5	3	103	9	10	0
		176		Top2	60	0	3	3	9	2	1	1	13	4	4	0
		176		Top3	103	0	3	4	12	1	2	0	18	3	3	0
		176		Top4	10	0	2	1	2	1	4	0	81	5	5	0

续表

达人基本信息				晒单分享						关系			信息搜寻有效性			
店主	搭配	粉丝数	微博	晒单销量TOP10	描述内容的字符数	含词频Top10的个数	晒单照片数	搭配商品数	晒单图片量	强关系人数	一般关系人数	弱关系人数	喜欢人数	评价人数	评价条数	有购买倾向的评论条数
		176		Top5	12	0	2	1	2	1	4	0	84	5	7	0
		176		Top6	35	0	4	2	8	1	1	0	5	2	3	0
		176		Top7	33	0	2	1	2	2	4	0	81	6	7	0
		176		Top8	103	1	4	1	4	2	1	0	11	3	4	0
		176		Top9	68	1	3	2	6	1	1	0	12	2	2	0
		176		Top10	55	0	2	2	4	0	2	0	16	2	2	0
总计										**12**	**25**	**4**	**424**	**41**	**47**	**0**
王小宇 blog	81	212	9	Top1	323	1	3	2	6	0	3	5	337	8	15	2
		212		Top2	128	3	2	4	8	0	1	4	92	5	12	9
		212		Top3	46	1	3	3	9	0	1	2	90	3	8	4
		212		Top4	150	1	3	2	6	0	1	2	96	3	6	0
		212		Top5	235	2	3	3	9	0	0	2	31	2	5	2

续表

达人基本信息				晒单分享						关系			信息搜寻有效性			
店主	搭配	粉丝数	微博	晒单销量TOP10	描述内容的字符数	含词频Top10的个数	晒单照片数	搭配商品数	晒单图片量	强关系人数	一般关系人数	弱关系人数	喜欢人数	评价人数	评价条数	有购买倾向的评论条数
		212		Top6	41	2	2	1	2	0	2	4	423	6	10	6
		212		Top7	288	1	3	1	3	0	1	3	65	4	8	2
		212		Top8	272	1	2	1	2	0	0	0	45	0	0	0
		212		Top9	271	2	2	1	2	0	1	1	21	2	4	0
		212		Top10	34	1	3	1	3	0	0	3	71	3	5	2
总计										**0**	**10**	**26**	**1271**	**36**	**73**	**27**
香菇白菜	157	301	1255	Top1	1	0	4	1	4	0	0	0	7	0	0	0
		301		Top2	5	0	2	1	2	0	7	0	38	7	9	0
		301		Top3	161	1	5	3	15	0	1	1	53	2	3	2
		301		Top4	123	3	5	4	20	0	2	0	55	2	4	1
		301		Top5	84	2	5	3	15	0	1	2	88	3	5	4
		301		Top6	85	1	5	2	10	0	2	0	37	2	2	0

续表

达人基本信息				晒单分享						关系			信息搜寻有效性			
店主	搭配	粉丝数	微博	晒单销量TOP10	描述内容的字符数	含词频Top10的个数	晒单照片数	搭配商品数	晒单图片量	强关系人数	一般关系人数	弱关系人数	喜欢人数	评价人数	评价条数	有购买倾向的评论条数
		301		Top7	116	0	5	3	15	0	1	0	73	1	3	0
		301		Top8	94	1	5	4	20	0	1	1	52	2	3	2
		301		Top9	142	1	5	2	10	0	1	0	61	1	1	0
		301		Top10	50	1	5	2	10	0	0	0	60	0	0	0
总计										**0**	**16**	**4**	**524**	**20**	**30**	**9**
进来坐坐	110	60	21	Top1	38	0	1	1	1	0	2	3	21	5	11	0
		60		Top2	66	0	2	1	2	0	2	0	25	2	4	0
		60		Top3	72	1	2	1	2	0	0	0	30	0	0	0
		60		Top4	32	2	2	1	2	0	0	2	12	2	3	0
		60		Top5	48	0	2	1	2	0	0	0	8	0	0	0
		60		Top6	58	2	1	1	1	0	0	3	34	3	7	4
		60		Top7	101	1	1	1	1	0	1	2	19	3	7	0

续表

达人基本信息				晒单分享						关系			信息搜寻有效性			
店主	搭配	粉丝数	微博	晒单销量TOP10	描述内容的字符数	含词频Top10的个数	晒单照片数	搭配商品数	晒单图片量	强关系人数	一般关系人数	弱关系人数	喜欢人数	评价人数	评价条数	有购买倾向的评论条数
		60		Top8	44	0	2	1	2	0	0	0	12	0	0	0
		60		Top9	65	0	1	1	1	0	1	2	27	3	4	2
		60		Top10	38	1	4	1	4	0	1	1	23	2	3	0
总计										**0**	**7**	**13**	**211**	**20**	**39**	**6**
悠悠 Life	16	1	2	Top1	61	3	5	1	5	0	1	1	9	2	2	2
		1		Top2	103	2	3	1	3	0	0	0	11	0	0	0
		1		Top3	68	2	5	1	5	0	1	1	8	2	2	0
		1		Top4	67	2	4	1	4	0	0	1	9	1	1	0
		1		Top5	8	0	1	1	1	0	0	0	11	0	0	0
		1		Top6	47	2	5	1	5	0	0	2	9	2	3	0
		1		Top7	46	1	5	1	5	0	1	0	10	1	2	0
		1		Top8	32	2	1	1	1	0	0	0	9	0	0	0

续表

达人基本信息				晒单分享						关系			信息搜寻有效性			
店主	搭配	粉丝数	微博	晒单销量TOP10	描述内容的字符数	含词频Top10的个数	晒单照片数	搭配商品数	晒单图片量	强关系人数	一般关系人数	弱关系人数	喜欢人数	评价人数	评价条数	有购买倾向的评论条数
		1		Top9	35	2	4	1	4	0	1	0	8	1	1	1
		1		Top10	35	1	4	1	4	0	1	0	2	1	1	0
总计										**0**	**5**	**5**	**86**	**10**	**12**	**3**
可爱小祖宗	115	240	1	Top1	109	2	3	4	12	0	4	5	129	9	10	2
		240		Top2	12	0	2	3	6	0	0	5	508	5	9	5
		240		Top3	66	1	3	3	9	0	1	1	42	2	4	0
		240		Top4	86	1	2	4	8	0	0	0	191	0	1	0
		240		Top5	18	0	3	3	9	0	0	1	5	1	1	1
		240		Top6	8	0	2	3	6	0	1	0	138	1	1	0
		240		Top7	10	0	2	5	10	0	0	2	61	2	2	1
		240		Top8	70	2	4	2	8	0	4	5	45	9	10	4
		240		Top9	100	1	2	5	10	0	0	1	45	1	1	0

续表

达人基本信息				晒单分享						关系			信息搜寻有效性			
店主	搭配	粉丝数	微博	晒单销量TOP10	描述内容的字符数	含词频Top10的个数	晒单照片数	搭配商品数	晒单图片量	强关系人数	一般关系人数	弱关系人数	喜欢人数	评价人数	评价条数	有购买倾向的评论条数
		240		Top10	13	0	2	3	6	0	0	1	11	1	1	1
总计										**0**	**10**	**21**	**1175**	**31**	**40**	**14**
宇宙无敌小坏蛋	191	221	971	Top1	25	1	1	2	2	0	0	0	81	0	0	0
		221		Top2	10	0	3	1	3	0	1	0	86	1	1	1
		221		Top3	3	0	2	3	6	0	0	1	99	1	1	0
		221		Top4	16	0	1	2	2	0	0	0	24	0	0	0
		221		Top5	19	2	2	1	2	0	0	2	99	2	3	0
		221		Top6	29	1	1	2	2	0	1	1	126	2	3	2
		221		Top7	37	2	1	1	1	0	0	0	132	0	0	0
		221		Top8	36	1	1	1	1	0	1	1	51	2	4	2
		221		Top9	16	0	1	2	2	1	3	1	56	5	5	0
		221		Top10	29	4	2	5	10	0	1	0	60	1	1	0

续表

达人基本信息				晒单分享						关系			信息搜寻有效性			
店主	搭配	粉丝数	微博	晒单销量TOP10	描述内容的字符数	含词频Top10的个数	晒单照片数	搭配商品数	晒单图片量	强关系人数	一般关系人数	弱关系人数	喜欢人数	评价人数	评价条数	有购买倾向的评论条数
总计										**1**	**7**	**6**	**814**	**14**	**18**	**5**
符尕仙同学-	153	448	1000	Top1	76	2	3	3	9	0	0	0	73	0	0	0
		448		Top2	115	4	2	2	4	0	0	0	68	0	0	0
		448		Top3	187	5	3	2	6	0	1	1	52	2	2	0
		448		Top4	157	4	3	3	9	0	0	0	51	0	0	0
		448		Top5	113	2	3	2	6	0	1	0	62	1	5	3
		448		Top6	54	2	2	3	6	0	0	0	100	0	0	0
		448		Top7	112	6	3	4	12	0	0	0	50	0	4	2
		448		Top8	103	5	2	4	8	0	0	1	38	1	3	3
		448		Top9	87	4	1	1	1	0	1	4	45	5	10	9
		448		Top10	110	3	3	3	9	0	1	1	36	2	3	2
总计										**0**	**4**	**7**	**575**	**11**	**27**	**19**

续表

达人基本信息				晒单分享						关系			信息搜寻有效性			
店主	搭配	粉丝数	微博	晒单销量TOP10	描述内容的字符数	含词频Top10的个数	晒单照片数	搭配商品数	晒单图片量	强关系人数	一般关系人数	弱关系人数	喜欢人数	评价人数	评价条数	有购买倾向的评论条数
云昀	88	43	1	Top1	3	0	2	2	4	0	0	0	121	0	0	0
		43		Top2	100	2	5	6	30	0	0	0	20	0	8	3
		43		Top3	40	0	2	4	8	0	0	1	53	1	1	1
		43		Top4	35	1	1	2	2	0	0	0	28	0	0	0
		43		Top5	1	0	1	2	2	0	1	1	19	2	2	0
		43		Top6	80	0	1	2	2	0	0	2	22	2	2	0
		43		Top7	28	1	3	3	9	0	0	1	14	1	2	0
		43		Top8	2	0	4	2	8	0	1	5	145	6	7	2
		43		Top9	15	1	2	3	6	0	0	0	213	0	0	0
		43		Top10	19	1	3	2	6	0	0	2	66	2	5	5
总计										**0**	**2**	**12**	**701**	**14**	**27**	**11**
Viki 丹	397	758	55	Top1	36	1	3	3	9	0	2	0	182	2	2	0

续表

达人基本信息				晒单分享						关系			信息搜寻有效性			
店主	搭配	粉丝数	微博	晒单销量TOP10	描述内容的字符数	含词频Top10的个数	晒单照片数	搭配商品数	晒单图片量	强关系人数	一般关系人数	弱关系人数	喜欢人数	评价人数	评价条数	有购买倾向的评论条数
		758		Top2	91	3	3	4	12	0	2	0	56	2	2	0
		758		Top3	247	5	4	5	20	0	2	1	347	3	4	2
		758		Top4	54	0	3	5	15	0	0	0	25	0	0	0
		758		Top5	225	5	4	4	16	0	0	3	469	3	4	3
		758		Top6	94	2	4	6	24	0	3	4	87	7	13	3
		758		Top7	81	2	3	4	12	0	2	3	290	5	11	8
		758		Top8	128	4	2	5	10	0	2	1	152	3	4	2
		758		Top9	140	2	3	4	12	0	2	0	52	2	2	1
		758		Top10	46	0	2	4	8	0	4	0	104	4	5	0
总计										**0**	**19**	**12**	**1764**	**31**	**47**	**19**
布扭	71	369	2011	Top1	6	0	3	1	3	2	4	0	56	6	6	1
				Top2	99	3	2	1	2	2	4	2	129	8	19	1

续表

达人基本信息				晒单分享						关系			信息搜寻有效性			
店主	搭配	粉丝数	微博	晒单销量TOP10	描述内容的字符数	含词频Top10的个数	晒单照片数	搭配商品数	晒单图片量	强关系人数	一般关系人数	弱关系人数	喜欢人数	评价人数	评价条数	有购买倾向的评论条数
		369		Top3	105	3	5	1	5	2	3	2	111	7	20	5
		369		Top4	99	1	3	1	3	2	5	2	114	9	24	2
		369		Top5	97	3	2	1	2	1	3	1	54	5	25	2
		369		Top6	5	0	4	1	4	1	2	3	143	6	13	0
		369		Top7	100	2	4	3	12	1	3	0	85	4	14	4
		369		Top8	59	2	3	1	3	3	7	0	103	10	27	2
		369		Top9	1	0	1	1	1	1	0	0	27	1	1	0
		369		Top10	89	2	2	1	2	0	0	0	32	0	0	0
总计										**15**	**31**	**10**	**854**	**56**	**149**	**17**
百衣百顺	41	10	2	Top1	34	0	1	1	1	0	0	0	18	0	2	0
		10		Top2	42	3	1	5	5	0	0	0	12	0	0	0
		10		Top3	43	0	1	5	5	0	0	0	8	0	3	0

续表

达人基本信息				晒单分享						关系			信息搜寻有效性			
店主	搭配	粉丝数	微博	晒单销量TOP10	描述内容的字符数	含词频Top10的个数	晒单照片数	搭配商品数	晒单图片量	强关系人数	一般关系人数	弱关系人数	喜欢人数	评价人数	评价条数	有购买倾向的评论条数
		10		Top4	42	0	1	1	1	0	0	0	12	0	1	1
		10		Top5	14	0	1	1	1	0	0	0	8	0	0	0
		10		Top6	12	0	1	1	1	0	0	2	13	2	2	0
		10		Top7	36	2	1	2	2	0	0	1	19	1	1	0
		10		Top8	49	0	1	3	3	0	0	0	14	0	2	0
		10		Top9	56	3	1	5	5	0	0	0	11	0	3	1
		10		Top10	5	1	1	1	1	0	0	0	19	0	0	0
总计										**0**	**0**	**3**	**134**	**3**	**14**	**2**
郭童鞋	16	32	3	Top1	34	0	4	3	12	0	0	0	57	0	0	0
		32		Top2	7	0	1	2	2	0	0	0	139	0	0	0
		32		Top3	19	0	1	2	2	0	0	0	190	0	0	0
		32		Top4	25	0	1	1	1	0	0	0	32	0	1	0

续表

达人基本信息				晒单分享						关系			信息搜寻有效性			
店主	搭配	粉丝数	微博	晒单销量TOP10	描述内容的字符数	含词频Top10的个数	晒单照片数	搭配商品数	晒单图片量	强关系人数	一般关系人数	弱关系人数	喜欢人数	评价人数	评价条数	有购买倾向的评论条数
		32		Top5	29	0	1	2	2	0	0	0	35	0	0	0
		32		Top6	3	0	2	1	2	0	0	0	7	0	2	0
		32		Top7	5	0	1	1	1	0	0	0	7	0	0	0
		32		Top8	6	0	1	1	1	0	0	1	13	1	1	1
		32		Top9	3	0	3	1	3	0	0	0	9	0	1	1
		32		Top10	3	1	3	1	3	0	0	0	4	0	0	0
总计										**0**	**0**	**1**	**493**	**1**	**5**	**2**
某 C	29	142	990	Top1	19	0	1	1	1	0	0	0	26	0	0	0
		142		Top2	4	0	1	1	1	0	3	0	27	3	3	0
		142		Top3	10	0	3	1	3	0	1	5	7	6	8	2
		142		Top4	9	0	3	1	3	0	6	8	21	14	14	2
		142		Top5	19	0	1	1	1	0	1	0	23	1	1	1

续表

达人基本信息				晒单分享						关系			信息搜寻有效性			
店主	搭配	粉丝数	微博	晒单销量TOP10	描述内容的字符数	含词频Top10的个数	晒单照片数	搭配商品数	晒单图片量	强关系人数	一般关系人数	弱关系人数	喜欢人数	评价人数	评价条数	有购买倾向的评论条数
		142		Top6	9	0	1	1	1	0	2	0	19	2	2	0
		142		Top7	10	0	1	1	1	0	0	2	28	2	2	1
		142		Top8	3	0	1	1	1	0	0	0	27	0	0	0
		142		Top9	6	1	1	1	1	0	0	0	26	0	0	0
		142		Top10	7	0	1	1	1	0	0	0	29	0	0	0
总计										**0**	**13**	**15**	**233**	**28**	**30**	**6**
janary	23	123	49	Top1	13	0	4	1	4	0	0	1	28	1	1	0
		123		Top2	50	1	2	4	8	0	1	4	37	5	6	0
		123		Top3	223	1	3	3	9	1	3	0	32	4	8	2
		123		Top4	75	0	4	1	4	1	0	0	58	1	1	0
		123		Top5	85	0	4	1	4	1	1	0	68	2	2	0
		123		Top6	10	0	5	1	5	3	3	2	126	8	9	3

续表

达人基本信息				晒单分享						关系			信息搜寻有效性			
店主	搭配	粉丝数	微博	晒单销量TOP10	描述内容的字符数	含词频Top10的个数	晒单照片数	搭配商品数	晒单图片量	强关系人数	一般关系人数	弱关系人数	喜欢人数	评价人数	评价条数	有购买倾向的评论条数
		123		Top7	100	1	3	1	3	0	0	0	28	0	2	1
		123		Top8	59	0	2	1	2	0	0	0	24	0	0	0
		123		Top9	57	1	2	1	2	0	0	0	24	0	4	1
		123		Top10	142	3	3	1	3	1	1	0	173	2	2	0
总计										**7**	**9**	**7**	**598**	**23**	**35**	**7**
隐退江湖	92	295	81	Top1	26	0	4	3	12	0	0	0	20	0	1	0
		295		Top2	43	3	5	4	20	0	0	1	233	1	2	2
		295		Top3	49	3	2	4	8	0	0	1	115	1	2	2
		295		Top4	23	0	3	4	12	0	0	1	71	1	4	4
		295		Top5	65	1	5	4	20	1	2	1	67	4	8	0
		295		Top6	74	6	3	3	9	0	0	0	48	0	6	3
		295		Top7	98	2	4	3	12	0	0	0	63	0	0	0

续表

达人基本信息				晒单分享						关系			信息搜寻有效性			
店主	搭配	粉丝数	微博	晒单销量TOP10	描述内容的字符数	含词频Top10的个数	晒单照片数	搭配商品数	晒单图片量	强关系人数	一般关系人数	弱关系人数	喜欢人数	评价人数	评价条数	有购买倾向的评论条数
		295		Top8	28	0	4	1	4	0	1	0	89	1	1	0
		295		Top9	61	2	4	4	16	0	0	0	75	0	0	0
		295		Top10	77	0	4	5	20	0	0	0	31	0	2	1
总计										**1**	**3**	**4**	**812**	**8**	**26**	**12**
凡人翻身	15	31	22	Top1	61	1	3	1	3	0	1	2	23	3	5	0
		31		Top2	32	1	3	1	3	1	0	0	5	1	1	0
		31		Top3	39	1	2	1	2	0	2	0	20	2	8	0
		31		Top4	109	1	3	2	6	0	0	0	25	0	3	1
		31		Top5	45	0	3	3	9	0	0	0	19	0	0	0
		31		Top6	107	3	5	1	5	0	1	0	25	1	4	3
		31		Top7	45	1	1	2	2	2	0	1	28	3	3	0
		31		Top8	49	2	2	1	2	2	1	0	39	3	3	0

续表

达人基本信息				晒单分享						关系			信息搜寻有效性			
店主	搭配	粉丝数	微博	晒单销量TOP10	描述内容的字符数	含词频Top10的个数	晒单照片数	搭配商品数	晒单图片量	强关系人数	一般关系人数	弱关系人数	喜欢人数	评价人数	评价条数	有购买倾向的评论条数
		31		Top9	79	2	4	1	4	2	1	0	49	3	3	0
		31		Top10	65	1	1	1	1	2	1	0	33	3	3	0
总计										**9**	**7**	**3**	**266**	**19**	**33**	**4**
涂泓仪	22	2	1	Top1	31	4	1	2	2	0	0	0	78	0	2	1
		2		Top2	9	0	1	2	2	0	0	0	96	0	0	0
		2		Top3	7	0	2	2	4	0	0	0	64	0	3	0
		2		Top4	17	1	1	2	2	0	0	0	60	0	0	0
		2		Top5	1	0	1	2	2	0	0	0	33	0	0	0
		2		Top6	1	0	1	1	1	0	0	1	36	1	1	0
		2		Top7	18	0	1	2	2	0	0	1	41	1	1	0
		2		Top8	23	0	1	1	1	0	0	1	16	1	1	0
		2		Top9	22	1	1	1	1	0	0	1	19	1	1	0

续表

达人基本信息				晒单分享						关系			信息搜寻有效性			
店主	搭配	粉丝数	微博	晒单销量TOP10	描述内容的字符数	含词频Top10的个数	晒单照片数	搭配商品数	晒单图片量	强关系人数	一般关系人数	弱关系人数	喜欢人数	评价人数	评价条数	有购买倾向的评论条数
		2		Top10	19	0	1	1	1	0	0	0	22	0	0	0
总计										**0**	**0**	**4**	**465**	**4**	**9**	**1**
范芝星	59	106	5	Top1	100	2	1	1	1	0	1	1	236	2	5	2
		106		Top2	100	1	3	1	3	1	1	0	27	2	2	1
		106		Top3	88	5	2	1	2	0	3	0	71	3	4	2
		106		Top4	70	2	1	1	1	0	1	0	99	1	2	0
		106		Top5	63	1	3	1	3	0	0	0	82	0	1	0
		106		Top6	106	2	1	3	3	0	1	0	23	1	1	0
		106		Top7	112	1	1	1	1	0	3	0	69	3	4	1
		106		Top8	35	2	2	1	2	0	0	0	50	0	1	0
		106		Top9	79	3	3	1	3	0	2	0	176	2	6	2
		106		Top10	87	1	2	1	2	2	0	0	52	2	4	0

续表

达人基本信息				晒单分享						关系			信息搜寻有效性			
店主	搭配	粉丝数	微博	晒单销量TOP10	描述内容的字符数	含词频Top10的个数	晒单照片数	搭配商品数	晒单图片量	强关系人数	一般关系人数	弱关系人数	喜欢人数	评价人数	评价条数	有购买倾向的评论条数
总计										**3**	**12**	**1**	**885**	**16**	**30**	**8**
主播家	14	42	0	Top1	38	1	5	5	25	0	2	0	33	2	3	2
		42		Top2	17	0	4	1	4	0	0	2	29	2	4	2
		42		Top3	90	5	5	2	10	1	0	4	61	5	8	5
		42		Top4	61	0	3	3	9	0	4	2	84	6	7	3
		42		Top5	93	3	4	3	12	1	0	0	13	1	3	3
		42		Top6	59	2	3	1	3	0	1	2	44	3	5	4
		42		Top7	25	0	4	4	16	0	0	0	51	0	3	0
		42		Top8	50	1	3	1	3	0	1	3	17	4	6	5
		42		Top9	46	1	3	2	6	0	2	0	3	2	2	0
		42		Top10	18	0	3	1	3	1	0	0	86	1	1	0
总计										**3**	**10**	**13**	**421**	**26**	**42**	**24**

续表

达人基本信息				晒单分享						关系			信息搜寻有效性			
店主	搭配	粉丝数	微博	晒单销量TOP10	描述内容的字符数	含词频Top10的个数	晒单照片数	搭配商品数	晒单图片量	强关系人数	一般关系人数	弱关系人数	喜欢人数	评价人数	评价条数	有购买倾向的评论条数
薇薇安 V	183	3125	99	Top1	116	4	1	3	3	0	3	0	425	7	45	7
		3125		Top2	104	2	5	1	5	0	1	5	379	6	70	11
		3125		Top3	56	1	5	4	20	0	5	4	242	9	16	5
		3125		Top4	63	0	5	3	15	0	2	7	476	9	23	5
		3125		Top5	350	4	4	1	4	0	3	5	460	8	19	1
		3125		Top6	11	0	5	3	15	0	3	2	189	5	71	10
		3125		Top7	150	2	5	3	15	0	2	4	418	6	20	6
		3125		Top8	256	3	2	4	8	0	5	2	419	7	24	5
		3125		Top9	53	0	5	1	5	0	8	1	262	9	28	5
		3125		Top10	69	3	4	3	12	0	5	1	370	6	7	3
总计										**0**	**37**	**31**	**3640**	**72**	**323**	**58**
傻蚊蚊	92	332	258	Top1	53	1	1	2	2	0	2	5	158	7	50	3

续表

达人基本信息				晒单分享						关系			信息搜寻有效性			
店主	搭配	粉丝数	微博	晒单销量TOP10	描述内容的字符数	含词频Top10的个数	晒单照片数	搭配商品数	晒单图片量	强关系人数	一般关系人数	弱关系人数	喜欢人数	评价人数	评价条数	有购买倾向的评论条数
		332		Top2	41	3	1	4	4	0	3	1	42	4	7	1
		332		Top3	37	0	1	2	2	0	1	0	24	1	1	0
		332		Top4	16	1	1	1	1	0	1	0	20	1	1	0
		332		Top5	22	1	2	1	2	0	1	0	18	1	1	0
		332		Top6	14	1	1	2	2	0	1	1	23	2	3	0
		332		Top7	57	0	2	2	4	0	2	1	23	3	7	1
		332		Top8	35	2	3	1	3	0	4	0	26	4	5	1
		332		Top9	15	1	1	1	1	0	0	0	16	0	0	0
		332		Top10	24	2	1	1	1	0	0	0	16	0	2	0
总计										**0**	**15**	**8**	**366**	**23**	**77**	**6**
张小荷	37	65	1282	Top1	29	3	1	1	1	0	0	1	33	1	2	2
		65		Top2	35	4	1	3	3	1	1	3	33	5	7	2

续表

达人基本信息				晒单分享						关系			信息搜寻有效性			
店主	搭配	粉丝数	微博	晒单销量TOP10	描述内容的字符数	含词频Top10的个数	晒单照片数	搭配商品数	晒单图片量	强关系人数	一般关系人数	弱关系人数	喜欢人数	评价人数	评价条数	有购买倾向的评论条数
		65		Top3	4	1	1	6	6	0	1	0	25	1	1	0
		65		Top4	4	0	1	1	1	0	0	0	20	0	0	0
		65		Top5	6	1	1	1	1	0	1	0	33	1	3	0
		65		Top6	15	1	1	1	1	0	0	0	78	0	0	0
		65		Top7	23	2	2	1	2	0	0	0	3	0	2	0
		65		Top8	6	0	2	1	2	0	0	0	10	0	2	0
		65		Top9	6	0	1	1	1	0	0	0	10	0	0	0
		65		Top10	13	2	1	1	1	0	1	1	29	2	2	0
总计										**1**	**4**	**5**	**274**	**10**	**19**	**4**
陈妞妞	218	65	18	Top1	13	0	1	1	1	0	1	0	29	1	1	0
		65		Top2	8	0	4	1	4	0	1	1	40	2	3	0
		65		Top3	24	0	5	8	40	0	1	0	32	1	1	1

续表

达人基本信息				晒单分享						关系			信息搜寻有效性			
店主	搭配	粉丝数	微博	晒单销量TOP10	描述内容的字符数	含词频Top10的个数	晒单照片数	搭配商品数	晒单图片量	强关系人数	一般关系人数	弱关系人数	喜欢人数	评价人数	评价条数	有购买倾向的评论条数
		65		Top4	32	1	2	2	4	0	0	0	17	0	5	1
		65		Top5	12	0	5	2	10	0	1	0	22	1	1	0
		65		Top6	59	3	4	1	4	0	1	0	20	1	1	1
		65		Top7	11	0	4	2	8	0	0	0	27	0	0	0
		65		Top8	47	0	5	1	5	0	0	1	30	1	3	0
		65		Top9	64	0	5	1	5	0	0	2	25	2	2	1
		65		Top10	12	0	5	8	40	0	0	1	36	1	1	0
总计										**0**	**5**	**5**	**278**	**10**	**18**	**4**
骆小金	122	256	3272	Top1	17	3	3	1	3	0	4	0	81	4	8	2
		256		Top2	53	3	5	1	5	1	4	0	79	5	13	3
		256		Top3	56	3	2	1	2	2	3	0	66	5	9	1
		256		Top4	16	1	1	1	1	0	2	0	33	2	3	2

续表

达人基本信息				晒单分享						关系			信息搜寻有效性			
店主	搭配	粉丝数	微博	晒单销量TOP10	描述内容的字符数	含词频Top10的个数	晒单照片数	搭配商品数	晒单图片量	强关系人数	一般关系人数	弱关系人数	喜欢人数	评价人数	评价条数	有购买倾向的评论条数
		256		Top5	27	1	3	1	3	1	3	0	29	4	4	0
		256		Top6	34	2	4	3	12	0	2	0	69	2	4	1
		256		Top7	49	2	4	2	8	2	4	0	193	6	13	4
		256		Top8	94	3	1	3	3	1	2	0	51	3	5	0
		256		Top9	51	4	4	1	4	0	2	0	28	2	2	2
		256		Top10	142	5	2	2	4	0	1	0	17	1	1	1
总计										**7**	**27**	**0**	**646**	**34**	**62**	**16**

附录G “豆瓣读书”用户社会化搜寻行为模型调查问卷

尊敬的先生/女士：

您好，为了更加科学地研究社会化媒体下消费者的信息搜寻行为，我们选择了部分豆瓣读书用户进行了本次调查。调查的选项没有正误之分，请您在符合您的情况的选项下打√，如果没有特别说明，每题只能选择一个您最同意的答案。

本次调查的结果只用于科学研究，并对此严格保密。您提供的宝贵信息将是本次研究成功的关键，诚恳地希望您认真仔细的回答如下问题。感谢您的支持！

第一部分：基本信息

1. 您的性别(　　)

   A. 男　　B. 女

2. 您的年龄(　　)

   A. 18岁以下　　B. 18~25岁　　C. 26~39岁

   D. 40~49岁　　E. 50岁及以上

3. 您所从事的工作类型(　　)

   A. 事业单位职员及公务员　　B. 企业技术人员及高层管理者

   C. 教师　　D. 学生　　E. 家庭主妇

   F. 自由职业者　　G. 其他

4. 您的月收入(　　)

   A. 1000元及以下　　B. 1001~2000元　　C. 2001~3000元

   D. 3001~5000元　　E. 5001~8000元　　F. 8001元及以上

5. 您目前所在的城市__________

社会化媒体是指“能互动的”媒体，社会化媒体改变以往媒体一对多的传播方式为多对多的“对话”。常见的社会化媒体有：人人网、Facebook、Twitter、新浪微博、You Tube、优酷网、土豆网、蘑菇街、美丽说、堆糖网、花瓣网、豆瓣网、大众点评网、千品网、爱物网等。

第 6~9 题与您对社会化媒体的使用情况有关。

6. 您是否经常参与社会化媒体进行信息搜寻？(　　)

A. 是　　B. 不是

7. 您是否经常通过社会化媒体进行购物？(　　)

A. 是　　B. 不是

8. 社会化媒体上通常哪些形式的信息更能吸引你？(　　)

A. 文字　　B. 图片　　C. 音频

D. 视频(包括微电影、MV、宣传短片等)

E. 活动　　F. 其他(请注明)__________

9. 您平均每天在社会化媒体上所花费的时间为多少？(　　)

A. 1 小时以下　　B. 1~3 小时　　C. 3~5 小时

D. 5~7 小时　　E. 7 小时以上

本研究是以社会化电子商务平台的典型代表——豆瓣网为研究对象，以下的第 10~13 题将与豆瓣读书平台密切相关。

10. 您使用豆瓣读书平台这一功能的时间为多久？(　　)

A. 1 年以下　　B. 1~3 年　　C. 3~5 年

D. 5 年以上

11. 您通常每周登录豆瓣读书的天数(　　)

A. 1 天　　B. 2~3 天　　C. 3~5 天

D. 6~ 7 天

12. 您每次登录豆瓣读书平台的时间为多久？(　　)

A. 0.5 小时以内　　B. 0.5~1 小时　　C. 1~2 小时

D. 2 小时以上

13. 您觉得在豆瓣读书能满足您对读书的需求？(　　)

A. 很不赞同　　B. 不赞同　　C. 一般

E. 赞同　　F. 很赞同

第二部分：消费者社会化搜寻行为

请根据您的实际情况选择最符合的项：

1—很不赞同　2—不赞同　3——般　4—赞同　5—很赞同

题　　项	1	2	3	4	5
一、关系					
1. 您的友邻中有许多互相关注的好友					
2. 您会去关注豆瓣红人、明星、知名作家和书评人等					
3. 对于您未关注的豆瓣成员您也会去了解其读书动态以及主页信息					
4. 您在豆瓣中加入了许多有关读书的小组					
二、互动					
1. 您会通过发送豆邮和回复豆邮与他人进行交流					
2. 您会在广播里@好友发表观点以及回复好友的@来进行沟通					
3. 您会在相关的读书小组中积极进行交流					
4. 您会主动积极地参加豆瓣中的线上线下活动					
三、关注					
1. 您通常都是直接进入豆瓣首页浏览当日推荐的图书					
2. 您通常会受微博及其他社会化媒体好友分享的影响进入豆瓣读书平台					
3. 您的友邻中您单向关注的人对您的阅读影响很大					
4. 您的友邻中双向关注的好友对您的阅读影响很大					
5. 有时陌生友邻也能在很大程度上影响您的选择					
四、搜寻意愿					
1. 您愿意通过豆瓣读书平台来搜寻图书以及自己感兴趣的内容					

续表

题　　项	1	2	3	4	5
2. 当搜寻出的内容量过于丰富时您愿意继续搜寻					
3. 当搜寻时间超过您搜寻平均时间您愿意继续搜寻					
4. 当某本书的关注度不高时您愿意继续搜寻					
五、搜寻模式					
1. 您只通过搜索引擎或浏览器来搜寻作品、作者和出版社信息					
2. 你在搜寻过程中较少与其他用户的互动交流交互，虽然花费了时间和精力，经常搜寻不到感兴趣的图书					
3. 您在搜寻时会和其他用户有一些互动，会进行持续搜寻，能找到想要的图书					
4. 您比较注重互动及社会化策略的使用，搜寻能力突出，搜寻效率高					
5. 无论怎么调整搜寻策略，您在查找图书时总是困难重重					
6. 您能灵活使用搜寻策略，搜寻过程自由，善于互动，结果令您满意					
六、搜寻效率					
1. 您通常能在豆瓣中找到自己喜欢的内容					
2. 您觉得您每次消耗在豆瓣读书的时间太长					
3. 通常情况下对于搜寻过程您感到满意					
七、分享					
1. 对于喜欢的图书您会分享给其他社交媒体的好友					
2. 对于喜欢的书评您会分享给其他社交媒体的好友					
3. 您会点击“有用”或“无用”按钮来评价某篇书评					

再次感谢您能从百忙之中抽出宝贵的时间来回答本次问卷，谢谢！